A QUEDA DOS
ANJOS

A SAGA DOS CAPELINOS

A QUEDA DOS ANJOS

Albert Paul Dahoui

VOLUME 1

H
HERESIS

© 2011 by Albert Paul Dahoui

Instituto Lachâtre
Caixa Postal 164 – CEP 12914-970
Tel./Fax (11) 5301-9695
site: http://www.lachatre.com.br
e-mail: contato@lachatre.org.br

Produção Gráfica da Capa
Andrei Polessi

Revisão Textual
Cristina da Costa Pereira
Kátia Leiroz

7ª edição
Outubro de 2014
2.500 exemplares

A reprodução parcial ou total desta obra, por qualquer meio, somente será permitida com a autorização por escrito da Editora. (Lei nº 9.610 de 19.02.1998)

Impresso no Brasil
Presita en Brazilo

CIP-Brasil. Catalogação na fonte

D129q   Dahoui, Albert Paul, 1947-2009.
      Varuna, o messias da Atlântida / Albert Paul Dahoui – 2ª ed. – Bragança Paulista, SP : Heresis, 2014.
      v. 0   (A saga dos capelinos, 0)
      296 p.

      1.Capela (estrela). 2.Capela (estrela) – evasão de. 3.Ahtilantê (planeta) – civilizações de. 4.Oriente Médio – civilizações antigas. 5.Literatura esotérica-romance épico. 6.Romance bíblico. 7.Jesus Cristo, c.6a – C-33. I.Título. II.Série: A Saga dos Capelinos.

          CDD   133.9   CDU 133,7
                 232   232

Prólogo
Capela – 3.700 a.C.

A estrela de Capela fica distante 42 anos-luz da Terra, na constelação do Cocheiro, também chamada de Cabra. Esta bela e gigantesca estrela faz parte da Via Láctea, galáxia que nos abriga, e a distância colossal entre Capela e o nosso Sol é apenas um pequeno salto nas dimensões grandiosas do universo. Nossa galáxia faz parte de um grupo local de vinte e poucos aglomerados fantásticos de cem a duzentos bilhões de estrelas, entre as quais o Sol é apenas um pequeno ponto a iluminar o céu. Capela é uma bela estrela, cerca de quatorze vezes maior do que o Sol, com uma emanação de calor levemente abaixo de nosso astro-rei. É uma estrela dupla, ou seja, são dois sóis, de tamanhos diversos gravitam um em torno do outro, formando uma unidade, e, em volta deles, num verdadeiro balé estelar, um cortejo constituído de inúmeros planetas, luas, cometas e asteróides.

Há cerca de 3.700 a.C., num dos planetas que gravitam em torno da estrela dupla Capela, existia uma humanidade muito parecida com a terrestre, à qual pertencemos atualmente, apresentando notável padrão de evolução tecnológica. Naquela época, Ahtilantê, nome desse planeta, o quinto a partir de Capela, estava numa posição social e econômica global muito parecida com a da Terra do século XX d.C.. A humanidade que lá existia apresentava graus de evolução espiritual extremamente heterogêneos, similares aos terrestres do final do século XX, com pessoas desejando o aperfeiçoamento do orbe enquanto outras apenas anelavam seu próprio bem-estar.

Os governadores espirituais do planeta, espíritos que tinham alcançado um grau extraordinário de evolução, constataram que Ahtilantê teria que passar por um extenso expurgo espiritual. Deveriam ser retiradas do planeta, espiritualmente, as almas que não tivessem alcançado um determinado grau de evolução. Elas seriam levadas para outro orbe, deslocando-se através do mundo astral, onde continuariam sua evolução espiritual, através do processo natural dos renascimentos. No decorrer desse longo processo, que iria durar cerca de oitenta e quatro anos, seriam dadas oportunidades de evolução aos espíritos, tanto aos que já estavam jungidos à carne, como aos que estavam no astral – dimensão espiritual mais próxima da material – através das magníficas ocasiões do renascimento. Aqueles que demonstrassem endurecimento em suas atitudes negativas perante a humanidade ahtilante seriam retirados, gradativamente, à medida que fossem falecendo fisicamente, para um outro planeta que lhes seria mais propício, possibilitando que continuassem sua evolução num plano mais adequado aos seus pendores ainda primitivos e egoísticos.

A última existência em Ahtilantê era, portanto, vital, pois ela demonstraria, através das atitudes e dos atos, se o espírito estava pronto para novos voos, ou se teria que passar pela dura provação do recomeço em planeta ainda atrasado. A última existência, sendo a resultante de todas as anteriores, demonstraria se a alma havia alcançado um padrão vibratório suficiente para permanecer num mundo mais evoluído, ou se teria que ser expurgada.

Os governadores espirituais do planeta escolheram para coordenar esse vasto processo, um espírito do astral superior chamado Varuna Mandrekhan, que formou uma equipe atuante em muitos setores para apoiá-lo em suas atividades. Um planejamento detalhado foi encetado de tal forma que pudesse abranger de maneira correta todos os aspectos envolvidos nessa grave questão. Diversas visitas ao planeta que abrigaria parte da humanidade de Ahtilantê foram feitas, e, em conjunto com os administradores espirituais desse mundo, o expurgo foi adequadamente preparado.

Ahtilantê era um planeta com mais de seis bilhões de habitantes e, além dos que estavam renascidos, ainda existiam mais alguns bilhões de almas em estado de erraticidade. O grande expurgo abrangeria a todos, tanto os renascidos como os que estavam no astral inferior, e, especialmente, aqueles mergulhados nas mais densas trevas. Faziam também parte dos candidatos ao degredo os espíritos profundamente desajustados, além dos assassinos enlouquecidos, os suicidas, os corruptos, os depravados e uma corja imensa de elementos perniciosos.

Varuna, espírito nobilíssimo, que fora político e banqueiro em sua última existência carnal, destacara-se por méritos próprios em todas as suas atividades profissionais e pessoais, sendo correto, justo e íntegro. Adquirira tamanho peso moral na vida política do planeta que era respeitado por todos, inclusive por seus inimigos políticos e adversários em geral. Esse belo ser, forjado no cadinho das experiências, fora brutalmente assassinado por ordem de um déspota que se apossara do Império Hurukyan, um dos maiores daquele mundo.

Ahtilantê era um planeta muito maior do que a Terra, e apresentava algumas características bem diferentes do nosso atual lar. Sua gravidade era bem menor, assim como a sua humanidade não era mamífera e, sim, oriunda dos grandes répteis que predominaram na pré-história ahtilante. A atmosfera de Ahtilantê era bem mais dulcificante do que a agreste e cambiante atmosfera terrestre. Tratava-se de um verdadeiro paraíso, um jardim planetário, complementado por uma elevada tecnologia.

As grandes distâncias eram percorridas por vimanas, aparelhos similares aos nossos aviões, assim como a telecomunicação avançadíssima permitia contatos tridimensionais em videofones com quase todos os quadrantes do planeta, além de outras invenções fantásticas, especialmente na área da medicina. Os ahtilantes estavam bastante adiantados em termos de viagens espaciais, já tendo colonizado as suas duas luas. Porém essas viagens ainda estavam na alvorada dos grandes deslocamentos que outras civilizações mais adiantadas, como as de Karion, já eram capazes de realizar.

Karion era um planeta do outro lado da Via Láctea, de onde viria, espiritualmente, uma leva de grandes obreiros que em muito ajudariam Varuna em sua árdua missão. Todavia, espiritualmente, os ahtilantes ficavam muito a desejar. Apresentavam as deficiências comuns à humanidade da categoria média em que se encaixam os seres humanos que superaram as fases preliminares, sem ainda alcançarem as luzes da fraternidade plena.

Havia basicamente quatro raças em Ahtilantê, os azuis, os verdes, os púrpuras e os cinzas. Os azuis e verdes eram profundamente racistas, não tolerando miscigenação entre eles, acreditando que os cinzas eram de origem inferior, podendo ser utilizados da forma como desejassem. Naquela época, a escravidão já não existia, mas uma forma hedionda de servilismo econômico persistia entre as nações. Por mais que os profetas ahtilantes tivessem enaltecido a origem única de todos os espíritos no seio do Senhor, nosso Pai Amantíssimo, os ahtilantes ainda continuavam a acreditar que a cor da pele, a posição social e o nome ilustre de uma família eram corolários inseparáveis para a superioridade de alguém.

Varuna fora o responsável direto pela criação da Confederação Norte-Ocidental, que veio a gerar novas formas de relacionamento entre os países membros e as demais nações do globo. A cultura longamente enraizada, originária dos condalinos, raça espiritual que serviu de base para o progresso de Ahtilantê, tinha uma influência decisiva sobre todos. Os governadores espirituais aproveitaram todas as ondas de choque – físicas, como guerras, revoluções e massacres; culturais, como peças teatrais, cinema e livros; e, finalmente, telúricas, como catástrofes – para levar as pessoas a modificarem sua forma de agir, de pensar e de ser. Aqueles, cujo sofrimento dos outros e os seus próprios não os levaram a mudanças interiores sérias foram deportados, sob a coordenação de Varuna Mandrekan, para um distante planeta Azul que os espíritos administradores daquele jardim ainda selvático chamavam de Terra.

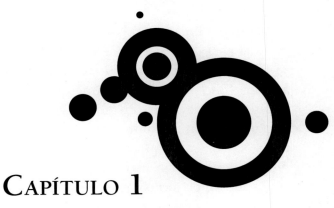

Capítulo 1
O Primeiro Poderoso
Suméria – 3.600 a.C.

Os sumérios eram uma raça proto-indo-europeia que se tinha implantado no vale mesopotâmico por volta do ano 8.500 a.C., tendo vindo das margens do mar Cáspio, atravessado o planalto do Irã e alcançado o vale que os dois rios irmãos, Tigre e Eufrates, ladeavam. Eram vários clãs da mesma raça, que se tornaram sedentários durante o período neolítico e se dedicaram à agricultura. Não tinham, em 3.600 a.C., nenhuma unidade política. A Suméria era constituída de dezenas de pequenos vilarejos e algumas poucas aldeias predominantes. Os vilarejos tinham de cem a trezentas pessoas e as aldeias maiores atingiam os três mil habitantes. Essas localidades espalhavam-se às margens dos rios Eufrates e Tigre, cujas cheias eram muito irregulares. Ambos nasciam nas distantes montanhas Taurus na Ásia Menor e o nível de suas águas dependia do degelo das neves acumuladas no alto dos montes.

Os antigos sumérios usavam uma irrigação tosca, abrindo valas e pequenos canais para levar a água dos rios até os locais mais ermos. Formavam pequenos açudes, onde a água ficava represada para depois ser levada em jarras para irrigar os campos.

Eventualmente, as autoridades de um vilarejo, constituídas de anciãos – homens com mais de quarenta anos –, convocavam a população para abrir um novo canal ou construir uma obra de importância para a comunidade, o que era feito em regime de mutirão. Não havia, naquela época, um exército regular, assim como a religião também não era constituída e formalizada. Algumas vezes, as disputas por terras, canais e água levavam as aldeias a terem confrontos, que não passavam de escaramuças, onde se gritava muito, gesticulava-se e, eventualmente, alguém saía levemente ferido devido a algum entrevero ou a uma pedra arremessada por um homem mais esquentado. Mas não havia batalhas cruentas nem ataques traiçoeiros para destruir, conquistar e escravizar.

Certa feita, uma cheia terrível destruiu o pequeno vilarejo de Shurupak e a nova aldeia foi reconstruída a certa distância do Eufrates. Com o aumento gradual e lento da população, houve necessidade de se aumentar a área de plantio. Havia terras disponíveis no lado oriental do vilarejo, excessivamente secas, exigindo que a água fosse levada para lá através de um canal.

O Conselho dos Anciãos reuniu-se e determinou que fosse construído um canal que levasse água do Eufrates à localidade escolhida. A construção do canal que teria de passar pelas terras da aldeia de Kulbab, um minúsculo vilarejo vizinho, foi iniciada com uma turma de voluntários sob o comando de um coordenador. Os aldeões de Kulbab sentiram-se prejudicados e expulsaram os trabalhadores de Shurupak aos gritos, ameaças, jogando-lhes pedras. Os infelizes saíram em desabalada carreira, largando as ferramentas no campo, retornando a Shurupak, contando o que lhes sucedera.

O Conselho de Anciãos deliberou que pelo menos as ferramentas deveriam ser devolvidas. Mandaram dois representantes para negociar com os aldeões de Kulbab. Eles voltaram de mãos vazias e contaram que foram injuriados e, até mesmo, ameaçados de morte caso voltassem novamente, e que as ferramentas haviam sido confiscadas para cobrir os prejuízos causados pela abertura dos vinte primeiros metros do canal.

    O Conselho, então, determinou que seria formado um grupo de homens que iria retomar as ferramentas; estas eram caras e difíceis de encontrar. A Suméria era pobre em metais e as ferramentas vinham de outros lugares, por meio de escambo por cereais. Deste modo, o Conselho convocou os homens que tinham mais de quatorze anos e cada um se armou de paus, machados, picaretas, facões, facas e enxadas, dirigindo-se juntos para a aldeia inimiga, que distava uns cinco quilômetros. Colocaram como chefe do grupo e principal negociador um dos homens mais destacados da aldeia.

    Cus era um homem de cinquenta anos, filho mais velho de Ziusudra. Era casado com Kigal e tinham uma filha chamada Geshtinanna, que já era casada, e um filho de vinte anos chamado Nimrud. O antigo chefe do Conselho dos Anciãos de Shurupak, Ziusudra, principal lugal (homem importante) após o terrível dilúvio que destruíra a aldeia, divulgara a notícia de que em sua localidade houvera menos mortes devido a sua previdência. Ele propagara que fora avisado do dilúvio pelos deuses num sonho e, assim, levara o seu povo e os animais para lugar seguro. Pura balela, mas que o povo simples acreditara, tornando-o um eleito dos deuses. Na Babilônia, Ziusudra seria chamado de Utnapishtin, mais tarde, em grego tornar-se-ia Xisuthros e, finalmente, na Bíblia, Noé. Devido a isso, Cus, seu primogênito, tornara-se o lugal de Shurupak.

    Quando chegaram perto da aldeia adversária, muitos camponeses de Kulbab saíram de suas casas, gritando e vociferando, proferindo pragas e maldições terríveis. Vários dos aldeões de Shurupak estacaram fixos no lugar, e outros deram as costas para fugir. Cus começou a gritar de volta. Os dois grupos pararam frente a frente a uns dois metros de distância, começando agora a segunda fase do confronto. Ficariam gritando durante alguns minutos até que um dos grupos cedesse. Não eram comuns os combates e todos esperavam que houvesse negociações civilizadas. Shurupak queria as ferramentas de volta e Kulbab, uma certa compensação. Quem sabe, uma dúzia de sacas de grãos de cevada?!

Assim que os dois grupos se confrontaram, Nimrud, filho de Cus, tomado de súbita e estranha fúria, lançou-se à frente com um facão e, num movimento rápido, golpeou sua arma no pescoço do homem que estava diante dele. A vítima o olhou com a mais viva surpresa por um décimo de segundo, enquanto o sangue jorrava abundante, em guincho, de sua jugular cortada, e, logo depois, caiu, estrebuchando horrorosamente.

Nimrud era fisicamente igual aos demais, tendo cerca de um metro e setenta e cinco centímetros, pele branca queimada pelo sol inclemente da Suméria, cabelos pretos anelados e uma barba ainda rala, mal cuidada. Seu nariz reto, levemente pronunciado, era típico daquela raça. Era magro, mas seus ombros largos lhe davam uma aparência mais forte. Seus olhos negros, muito juntos e grandes, lembravam uma coruja. Ele definitivamente não era um modelo de beleza masculino.

Ele vivia cercado de uma pequena entourage de dezessete amigos, dos quais dois se destacavam sobre os demais. Urgar era um homem de incomum força, enquanto que Antasurra era dado a visões, alucinações, ataques epilépticos e terrores noturnos. Os demais, da mesma idade de Nimrud, também o consideravam o seu líder.

Os amigos de Nimrud tiveram uma resposta quase que imediata, como se fossem movidos por invisíveis laços. Quando o facão de Nimrud cortou a jugular do infeliz, os demais atacaram os aldeões de Kulbab, com rara velocidade. Urgar foi o segundo a atacar. Ele estava com uma faca curta de cortar cevada, levemente curva, e lançou-se no pescoço do oponente. O coitado assustou-se com a velocidade do ataque de Urgar que o alcançou em menos de um segundo; largou sua enxada e tentou se virar para correr. Urgar pegou-o na hora em que se volvia para fugir, segurou-o com força com o braço esquerdo e, com a mão direita empunhando sua faca, cortou a sua garganta num único talho de orelha a orelha. O homem caiu estrebuchando, e Urgar sentiu o mais vivo prazer de sua vida. Um sorriso de imensa satisfação surgiu no seu semblante e seus dentes crisparam-se de um gozo súbito.

Antasurra, que segurava uma pequena lança, enfiou-a com prazer no estômago do seu rival e, à medida que ela entrava, ele a rodava na mão dilacerando as tripas do infeliz, que urrava de dor. Os outros, todos armados com punhais, facões e lanças, arrojaram-se num ataque frenético, atingindo os seus inimigos em frações de segundo. Os aldeões, tanto de Shurupak, como de Kulbab, estavam atônitos. Os primeiros a se recuperarem do susto do ataque fulminante foram os habitantes de Kulbab que logo voltaram correndo, aos gritos de terror, para sua aldeota.

Os homens de Kulbab não passavam de setenta presentes na aldeia na hora do confronto. O ataque inicial durou menos de um minuto e a aldeia de Kulbab já tinha mais de trinta baixas entre feridos e mortos. O líder Nimrud matara dois homens, Urgar matara três, enquanto os demais feriram ou mataram cerca de dois cada um. Os aldeões de Kulbab não opuseram resistência. Foram tomados de surpresa; aquilo jamais havia acontecido. Todos esperavam um verdadeiro balé de insultos e gritos, com algumas ameaças e depois, quando as partes estivessem mais cansadas, poderiam conversar e discutir o assunto. Não esperavam que alguém os atacasse e, muito menos, que fossem ser mortos ou feridos.

Quando alguns tentaram reagir, levantando suas armas, os amigos de Nimrud, demonstrando um preparo militar incomum, aniquilaram-nos num instante. Os que fugiram para a aldeia foram perseguidos pelos dezoito enfurecidos que entravam de casa em casa, esfaqueando, furando, cortando, decepando tudo o que encontravam. Os homens que se abrigaram no interior das casas foram perseguidos e mortos sem dó, mesmo aqueles que gritavam por piedade. Suas mulheres foram esfaqueadas, assim como as crianças. A sanha assassina tinha sido liberada e, durante meia hora, os que lhes caíram às mãos foram mortos ou feridos. Os demais largaram tudo e saíram correndo campo afora.

Do momento em que Nimrud se precipitou no pescoço do primeiro infeliz ao final daquele massacre brutal, os demais habitantes de Shurupak ficaram, na sua maioria, estarrecidos e parados onde estavam. Nunca tinham visto nada parecido e suas mentes ficaram subitamente embotadas. Calaram-se e baixaram suas mãos, alguns atônitos e outros trêmulos de medo. Houve um ou dois que gritaram para que não fizessem aquilo, mas ninguém efetivamente fez algo para impedir.

A aldeia foi inicialmente saqueada e, depois, incendiada. Nimrud era o herói do dia, o grande vencedor. A batalha de Kulbab fora vencida com audácia e coragem, e agora, com o butim da conquista, havia dezenas de quilos de cevada, milho, aves, ferramentas e uma dúzia de mulheres jovens e bonitas para serem usadas pelos vencedores como bem o quisessem.

A aldeia de Shurupak estava dividida. Uns poucos aprovaram a atitude de Nimrud e sua tropa. A maioria, por sua vez, estava horrorizada com a atitude dos jovens. Os comentários eram que esses jovens sempre foram diferentes, eram estranhos, viviam caçoando de tudo e de todos, não seguiam os costumes da aldeia, trabalhavam pouco e estavam sempre juntos. Algumas verdades foram ditas e muitas mentiras foram inventadas. Diziam que foram vistos falando com demônios, pois isso era um assunto que fascinava os sumérios, que acreditavam em espíritos de mortos e diabos. Os mais velhos diziam que sempre houvera espíritos dos mortos que viviam rondando as casas onde viveram, muitos tentando falar com parentes e amigos. Mas, desde o nascimento de Nimrud e de seus amigos, os espíritos dos mortos fugiram do lugar, sendo substituídos por uma horda jamais vista de horríveis diabos.

Naquele tempo, 3.600 anos antes do nascimento de Yeshua Ben Yozheph, em Beit Lechem, na Judeia, a aldeia de Shurupak registrava em torno de vinte e cinco nascimentos por ano e uma mortalidade geral quase igual. Dos recém-nascidos, um terço morria antes de completar um ano. Desse modo, quando Nimrud nasceu, cerca de vinte outras crianças também nasceram na mesma época, mas por sorte, ou por outro fator alheio à vontade humana, somente dois morreram, fato extraordinário devido à alta mortalidade infantil da região.

Antasurra, Urgar e alguns outros eram parecidos entre si. As demais crianças eram comuns, especialmente as mais velhas, enquanto esses três e mais os seus amigos da mesma idade eram, intelectualmente, brilhantes. No início, quando eram crianças pequenas, esse fato não era visível, a não ser por uma profunda melancolia que parecia ser marca registrada do grupo. Enquanto as outras crianças corriam e faziam a algazarra natural da idade, Nimrud e seus amigos eram quietos e tristes. Mas, a partir da puberdade, a diferença entre eles tornou-se mais notável.

Cus lembrava-se bem do primeiro filho que morrera no dilúvio. Era buliçoso como os outros meninos e trabalhava com grande afinco. Levara o tempo normal para aprender todas as técnicas agrícolas e, com doze anos, quando os deuses o levaram embora, já sabia quase tudo. Já Nimrud aprendera todas as técnicas em muito menos tempo. O que o primeiro filho levara quase cinco anos para aprender ele aprendera em um ano e, mesmo sendo pequeno, com apenas oito anos, fazia os trabalhos de forma mais correta do que seu primogênito com doze. Não há dúvida de que era mais inteligente, mas era preguiçoso. Abominava o trabalho braçal, procurando fugir de todos os modos de sua responsabilidade no campo.

Além desse defeito, o pai descobriu entristecido que seu filho era um ótimo mentiroso. Era capaz de mentir com tamanha desfaçatez que, mesmo apanhado em flagrante, tecia histórias que deixavam todos em dúvida. Ademais, era capaz de falar as coisas mais desconcertantes, sempre argumentando que se podia fazer tudo de outro modo. O moço era dado a pesadelos e acordava gritando, urinando-se e, muitas vezes, tornando-se violento. A mãe escondia tais fatos dos vizinhos, assim como o pai não os comentava com seus amigos.

O pai de Antasurra, igualmente, tinha problemas com seu filho. Além de ser muito mais inteligente do que os outros, também era acometido de terrores noturnos. Falava coisas desconexas e ficava em êxtase, totalmente parado. Esses transes duravam alguns segundos, não mais do que uma dúzia, mas o suficiente para deixar a mãe e o pai preocupados. Quando voltava a si, continuava sua tarefa como se nada tivesse acontecido. Essas crises começaram a acontecer aos doze e treze anos, e sumiram aos dezoito. Antasurra era mais baixo e franzino do que Nimrud. Quanto ao resto, era muito parecido, com os mesmos olhos juntos e o mesmo olhar inteligente, vivo, que não perdia nenhum detalhe.

Urgar era diferente dos demais. Forte como um touro, com vinte anos, era capaz de levantar sozinho o tronco que servia como arado, mas por inteligência ou sagacidade não demonstrava sua força colossal a ninguém. Seu corpo não era diferente dos outros meninos, apenas seus músculos podiam fazer façanhas que os outros não eram sequer capazes de imaginar. Era levemente mais alto do que os demais, mas era sóbrio, lúgubre mesmo, calado e sisudo, impenetrável.

Todas as crianças do bando de Nimrud tinham o olhar inteligente, mas profundamente angustiado. A marca do grupo era uma angústia indefinida, algo que não poderia ser expresso em palavras. Eles se atraíam pela angústia que sentiam e suas brincadeiras eram o reflexo disso. Suas conversas eram a exteriorização de suas aflições existenciais. O que eram, de onde vinham, por que estavam ali eram apenas algumas das perguntas que viviam formulando uns aos outros. Por um desses sentimentos irracionais, eles se achavam diferentes, notando que os demais eram mais limitados, nunca entendendo suas brincadeiras, seus comentários sarcásticos e suas piadas picantes.

Nimrud atingira a idade adulta com bastante saúde e com demonstrações de ser muito esperto e atento. As poucas horas de folga do trabalho doméstico e de campo que, desde cedo, o pai lhe impusera, eram passadas com os amigos da mesma idade. Ele era líder inconteste entre seus amigos de brincadeiras.

Nimrud fazia seu trabalho no campo de forma automática, perfunctória. Não tinha prazer em arar o campo – abominava qualquer esforço físico – mas apreciava o resultado. A colheita era a melhor época e ele ficava satisfeito em ver os grãos enchendo os sacos. Gostava de observar como o pai vendia os excedentes em troca de utilidades para a casa. Os sacos de grãos eram levados para uma aldeia maior, vizinha, a vinte quilômetros de seu vilarejo, sendo trocados por objetos úteis, como facas de cobre ou osso, cerâmicas e tecidos de linho rústico.

Nimrud gostava de ir para aquele povoado maior. O movimento de pessoas era mais intenso do que na sua localidade e sempre acontecia alguma coisa diferente: uma briga, uma discussão pública entre dois negociantes, uma mulher bonita com roupas um pouco mais decotadas, sorrindo para ele. Erech era, sem dúvida, mais alegre e divertida do que a sua pequena aldeia de Shurupak. Erech não passava de uma aldeia maior, com ruas de barro batido, estreitas, quase sempre sujas. As casas eram redondas, algumas feitas de tijolos cozidos ao sol e colocados uns sobre os outros, presos com caniços, cipós e, eventualmente, com betume, que era abundante na região.

Pouco tempo antes do ataque a Kulbab, Nimrud alcançara os vinte anos, e era a época de colheita e de negociar a safra em Erech. Nunca fora sozinho e desejava se livrar da presença incômoda do pai, que o cerceava em excesso. Não lhe foi muito difícil colocar um pó, conseguido da maceração de uma palha do campo, na comida do pai. A violenta diarreia provocada pelo pó quase levou o velho a uma morte prematura. Ficou prostrado no leito por quase dez dias, e não havia outra forma: o filho tinha que ir negociar a safra. O pai, fraco de tanto perder líquidos vitais, cobriu-o de recomendações, as quais não escutou. Sabia o que comprar, o que vender, a quem e de que forma poderia obter certo lucro.

Assim, Nimrud, Antasurra, Urgar e sua irmã Dutura, e mais vinte e oito pessoas se deslocaram juntas com seus burricos carregados de sacos de grãos para Erech. A roda ainda não tinha sido inventada pelos sumérios; portanto, não existiam carroças para transportar a valiosa carga. Dirigiram-se ao mercado, que não passava de um espaço aberto, sem construções, onde alguns aldeões armavam tendas e barracas para vender seus objetos e artesanatos. Ele vendeu os grãos de acordo com o preço fixado e adquiriu os bens de que precisava. Os sumérios nunca tiveram moeda, mas usavam um intricado sistema de escambo, pelo qual determinada quantidade de cereal valia determinado peso de prata, que servia como padrão monetário.

Após as negociações e os pagamentos de praxe, resolveu flanar pelo lugarejo, com seus amigos. Naquela época, a cidade estava cheia de gente estranha, todos sumérios, vindos de outras aldeias. Havia, num raio de trinta quilômetros, mais de vinte e cinco aldeias, cada uma com seus mil e poucos habitantes, agricultores que trabalhavam o rico solo do vale do Eufrates.

Levaram certo tempo passeando pela cidade até que, no final da tarde, o pequeno grupo dirigiu-se para uma vendinha de cerveja e petiscos, que ficava na praça do mercado. Foram todos para a venda de cerveja, onde encontraram o marido de Dutura em adiantado estado de embriaguez. O velho alegrou-se com a chegada da esposa e a abraçou efusivamente, tentando beijá-la, e a muito custo conseguiu dar-lhe um ósculo na face.

Pediram cerveja e ficaram bebendo, entrosando-se com um grupo de jovens da mesma idade que retornava da vizinha cidade de Adab. Mesanipada e seu grupo fizeram boa amizade com Nimrud e seu grupo, tendo todos bebido além da conta.

Cus não se mostrou insatisfeito com as compras do filho e até o elogiou por umas aquisições bem feitas de alguns materiais de que precisavam. O jovem pouco se importou com os elogios paternos e, cheio de desdém, retirou-se, deixando o pai atônito com sua atitude intempestiva.

Shurupak viveu dias conturbados. Ninguém sabia ao certo o que devia fazer. Expulsar os bandidos e correrem o risco de serem assassinados também? Fazer de conta que nada acontecera e continuar a vida normalmente? Muitas palavras foram gastas no Conselho dos Anciãos para tentar definir uma posição da aldeia. Nesse ínterim, a história se espalhara. Os sobreviventes começaram a contar histórias de como centenas de atacantes os tinham trucidado, de como foram apanhados dormindo e mortos à traição, e outros exageros. As autoridades de Erech, mesmo que não passasse de uma aldeia um pouco mais populosa, estavam alarmadas e enviaram mensageiros para descobrirem o que acontecera de fato. Será que Shurupak, aquela aldeota insignificante, tinha tanta gente assim e fizera uma devastação tão grande em Kulbab?

Os mensageiros chegaram cuidadosamente e conversaram longamente com o Conselho. Foi-lhes contado que, na verdade, não era intenção de Shurupak atacar os habitantes de Kulbab, e sim recuperar as ferramentas e, se possível, abrir o canal de que tanto necessitavam. Ao chegarem perto da aldeia, um confronto normal e civilizado ia ser estabelecido, quando uns poucos jovens de sangue quente atacaram e mataram alguns homens. O resto fugiu e os jovens, fora de si, atacaram a aldeia e mataram mais alguns homens e, eventualmente, algumas mulheres, recuperando as ferramentas. Por um descuido ou acidente, a aldeia foi incendiada, mas os jovens foram seriamente repreendidos e castigados pelo Conselho da aldeia.

Os mensageiros pediram para conhecer os jovens e foram levados até alguns deles, já que a maioria estava trabalhando no campo, como se nada tivesse acontecido. Nimrud e Antasurra estavam sentados debaixo de uma das poucas árvores que existiam.

Os emissários olharam surpresos para os dois jovens, não querendo acreditar que eles pudessem, junto com mais dezesseis, ter provocado tamanha destruição. Não passavam de homens jovens que tinham apenas alcançado os vinte anos. Tinham imaginado gigantes ou, pelo menos, homens de armas, e nunca dois jovens comuns, sem armas, sem preparo. Como era possível? O Conselho teve muita dificuldade em fazê-los acreditar e, quando se retiraram, os mensageiros passaram, a pé, perto dos dois, que ainda estavam sentados. Nimrud estava descansando, enquanto Antasurra, acocorado, parecia estar brincando com umas pedrinhas. Subitamente, Antasurra estremeceu, exatamente na hora em que os dois mensageiros passavam perto deles a caminho de Erech, levantou-se num pulo e numa voz estentórica e cavernosa, falou, olhando para os dois homens:

– Tremam, homens de Erech. Tremam, porque a espada flamejante de Nimrud estará sobre toda a Suméria. Sob seus pés, ele pisará na garganta de seus inimigos, fundará cidades, instituirá impérios e seu nome será cantado em glória no mundo inteiro. Tremam, pois a espada de sangue e fogo já foi desembainhada e só voltará para sua bainha quando estiver saciada do sangue de seus inimigos.

Os dois mensageiros tinham sido tomados de surpresa. Não esperavam nada parecido e um deles sentiu seu sangue gelar e correu. O outro ficou estático, olhando por cima da cabeça de Antasurra, como se estivesse vendo o mais terrível dos demônios. Sentiu sua cabeça girar, seu coração disparou em um ritmo frenético. Quis correr, não pôde. Quis gritar, mas estava aterrorizado. De repente, como se algo o tivesse soltado, o homem saiu em desabalada carreira, gritando e gesticulando como um louco.

Nimrud, que estava meio sonolento, levantou-se assustado e olhou surpreso para Antasurra. Já conhecia seu amigo e sabia que era dado a esses acessos. Mas, dessa vez, ele parecia estar realmente fora de si. Achou ridículo como o segundo homem saíra correndo e riu-se a valer. Olhou para Antasurra e notou que ele já estava novamente calmo. Alguns aldeões se aproximaram temerosos para ver que gritaria tinha sido aquela, mas, ao vê-lo rindo desbragadamente, acalmaram-se e voltaram para seus afazeres.

Os dois homens do Conselho dos Anciãos de Erech voltaram contando as mais estranhas histórias, afirmando que o povoado de Shurupak estava protegido por um enorme e forte deus que soltava fogo pelas ventas. O povo simples e supersticioso da Suméria não pôde deixar de acreditar e logo essa história fantástica espalhou-se pelas aldeias vizinhas. Todos estavam amedrontados com o massacre de Kulbab e com as histórias de deuses e demônios que circulavam livremente entre as aldeias da vizinhança.

Dois dias após a visita dos mensageiros do Conselho de Erech, a aldeia de Shurupak recebeu algumas visitas. Era Mesanipada, o rapaz que Nimrud conhecera em Erech, após as negociações de compra e venda. O jovem de Adab estava com um grupo de doze homens. Vinham em paz, não trazendo armas. Entraram na aldeia pelo caminho de Erech. Procuraram por Nimrud que, agora, não mais trabalhava o campo, o que obrigava o seu pai a fazê-lo. Ele estava debaixo de sua árvore favorita com seus inseparáveis amigos. Mesanipada aproximou-se e foi reconhecido, sendo cumprimentado por todos. Nimrud convidou-o a sentar e a conversarem.

– O que o traz aqui, amigo Mesanipada? – perguntou Nimrud.

– É uma longa história – respondeu, sorrindo, Mesanipada.

– Ah! Então, você deve nos contar tudo – respondeu Nimrud, sorrindo intrigado.

Mesanipada, tomando-se de ares de importância, como convinha a um contador de histórias, principiou:

– Akurgal, meu amigo aqui presente, é bafejado pelos deuses – disse Mesanipada, apontando com a mão espalmada para um rapaz franzino, com ar de doente, que sorria timidamente. – Ele consegue se comunicar com os deuses e, há alguns anos, vem contando-nos algumas histórias estranhas.

O grupo acercou-se mais de Mesanipada para melhor escutar. Ele não se fez de rogado e continuou, saboreando cada palavra que dizia.

– Há alguns dias, Akurgal foi tomado violentamente por um deus que predisse que aparecerá um grande chefe guerreiro. Disse também que todos deverão segui-lo; ele nos levará a grandes vitórias; esse chefe será acompanhado por deuses e demônios e nada lhe resistirá. Quem o seguir tornar-se-á imortal; os que lhe resistirem serão mortos e esquecidos.

Ele continuou sua exposição e afirmou com determinação:

– Depois que ouvimos o que você fez na aldeia de Kulbab, concluímos que você é esse chefe. E, por isso, vim com meus amigos para nos unirmos a você e a sua tropa.

Nimrud ficou inicialmente surpreso e depois riu, batendo com a palma da mão no ombro direito de Mesanipada.

– Mas que tropa? Nós somos apenas dezoito homens e nem armas nós temos.

– É assim que se começa um exército. Nós somos doze. Contando com mais seus dezoito homens, já formamos um início promissor.

Antasurra contava nos dedos quanto eram dezoito mais doze e exclamou:

– Nós somos trinta!

Nimrud e Mesanipada olharam para ele e sorriram. Urgar, sempre muito calado e taciturno, falou com sua voz grave, meio cavernosa:

– Montar uma tropa armada é fácil. Só precisamos de homens e armas, mas o difícil é fazer esse exército ser bom.

Todos olharam para Urgar. Ninguém ali tinha experiência militar. Eram apenas camponeses e suas armas não passavam de enxadas e facões.

– Eu sei como reunir uma tropa – continuou com sua voz monocórdia. O silêncio reinava – Vamos enviar cinco homens para cada aldeia e falar com os jovens. Vamos contar esta história de deuses e demônios, convidando-os para formar o maior exército de Sumer.

Enquanto isso, cada um terá que trazer uma ferramenta ou alguma coisa que possuir de valor, para que possamos fazer armas. Precisaremos de muitos arcos e flechas, lanças e espadas – e fazendo uma pequena pausa, complementou: – Todos devem se concentrar em Shurupak e, depois, nós os treinaremos no nosso modo de lutar.

Não era um camponês falando, e sim um general habituado a organizar legiões e a comandar tropas. Não era Urgar, o rude camponês; era Urgar, o astuto e sanguinário guerreiro. De onde vinha esse conhecimento?

– Quem conhece um forjador? – perguntou Urgar.

O cobre era trazido das montanhas distantes, ao norte de Sumer, sendo negociado por gado e vários tipos de grãos que os aldeões plantavam. Chegava de forma bruta e precisava ser forjado. Eram construídas fossas onde se queimava o cobre até que derretesse a mais de mil e oitocentos graus centígrados. Depois, com o cobre derretido, podia-se moldá-lo para fazer ferramentas, armas e outros artefatos.

– Eu sou forjador. Meu pai tem uma forja em Adab.

Quem tinha falado era um dos amigos de Mesanipada, conhecido como Agha.

– Você acha que poderia fazer armas para nós?

– Posso, mas o cobre é muito macio. Vocês devem ter notado que, quando o facão bate numa pedra ou em algo muito duro, ele fica todo machucado.

Todos menearam positivamente a cabeça. O cobre realmente não tinha a resistência desejada, amassando com facilidade. Esse metal, quando derretido, ficava com algumas bolhas de ar presas no seu interior, o que não só o enfraquecia, como também oxidava o material.

– Pois acontece que meu pai comprou arsênico e eu fiz uma experiência outro dia: misturando arsênico e cobre consegui uma liga mais forte, que não verga com tanta facilidade. Chamo-a de bronze e tenho certeza de que servirá para fazer espadas muito melhores do que as atuais.

Urgar perguntou-lhe:

– Quantas espadas você poderá fazer?

– Não tenho muito arsênico e, por isso, creio que poderei fabricar umas trinta espadas.

– Ótimo! Dividiremos nossas forças por categoria. Os mais fortes combaterão com as espadas de bronze, os mais fracos serão arqueiros e os outros usarão lanças com terminais de cobre – e com uma expressão de prazer em seu rosto, Urgar complementou:

– Já antevejo como será a formação de combate.

O olhar de Urgar parecia estar a quilômetros de distância, pensando em formações de combate, guerras e, principalmente, na sensação arrebatada de matar. Ele descobrira no combate que matar era uma sensação majestosa. Sentir o outro ser dobrando-se de dor, com o sangue correndo, o medo no rosto, os gritos, os estertores... Aquilo era poder de vida e morte; sentia-se um deus.

Nimrud e Mesanipada passaram o resto da tarde em preparativos e planejaram os próximos passos de modo detalhado. Formaram agrupamentos de cinco pessoas, num total de cinco grupos, para visitarem as vinte e cinco aldeias. Cada uma distava de dez a vinte quilômetros, podendo ser coberta em até um dia de marcha. Cada grupo visitaria cinco aldeias durante a semana – uma por dia –, conversando com os jovens. Diriam que Nimrud era filho de um deus poderoso, o grande deus Anu, senhor dos céus, e que estava juntando um exército para conquistar um reinado que duraria mil anos. Que todos que viessem teriam fama, fortuna e vida longa. Os que recusassem seriam considerados inimigos e estariam afrontando o poder descomunal de Anu.

A ideia de usar o nome do deus Anu foi de Nimrud. Sabia que as pessoas eram supersticiosas e que viriam mais pelo medo da vingança do deus do que pela glória que pudessem colher. O ouro e a prata não faziam parte da cultura daquele povo. Não havia ainda os acúmulos de riqueza que iriam modificar a existência dos homens. Portanto, a ganância e a ambição ainda não haviam se manifestado entre os sumérios e nenhum outro povo da Terra.

O outro grupo de quatro, formado por Mesanipada, Urgar, Antasurra e Agha, encarregar-se-ia de pegar todo o material necessário para fazer as armas, na forja do pai de Agha. O novo líder ficaria em Shurupak para receber os prováveis candidatos ao seu exército.

Naquela noite, as casas de Shurupak tiveram que ceder provisões para a viagem dos vinte e cinco. Não o fizeram de bom grado, mas com grande receio do deus Anu de Nimrud. Este não acreditava nas histórias de deuses e demônios, mas as usava com grande maestria. Nas casas em que encontrava maiores relutâncias ou negativas, eles invocavam os poderes do deus tenebroso, amaldiçoando a casa, os moradores e as suas terras. Muito rapidamente, eles mudavam de ideia e cediam os víveres necessários à empreitada.

As aldeias receberam os grupos de cinco rapazes, muitos ainda imberbes, com desconfiança. Mas, em todos os lugares, os mesmos jovens de olhar inteligente, arguto, astucioso e angustiado eram suas plateias. Os mais velhos os expulsavam com palavrões e maldições, mas os mais jovens os recebiam bem, escutando suas arengas a respeito do jovem desconhecido e da formação de um exército. Muitos desses moços não acreditavam em deuses, mas o gosto da aventura lhes era irrecusável. Não houve vilarejo em que não conseguissem aliciar pelo menos dez jovens, muitos ainda com idade inferior a quatorze anos. Mas não eram só os homens; também muitas jovens fugiram de casa para ir até Shurupak. Muitas eram irmãs ou apenas namoradas de alguns jovens, mas todas tinham a mesma marca no olhar: a inteligência viva e a profunda angústia.

Durante toda a semana, foram chegando mais e mais pessoas, formando um largo contingente. Shurupak era pequena demais para abrigar tantas pessoas e todas queriam ver e conhecer Nimrud. Quando o viam e com ele falavam, parecia que o conheciam por toda a vida. Muitos o cumprimentavam como se fosse um velho conhecido e outros, mais respeitosos, falavam com ele como se fosse um semideus. Sua fama o precedera, o que facilitava a aceitação de sua liderança.

Enquanto isso, na forja do pai de Agha, as coisas não corriam tão bem. O pai se recusara terminantemente a dar o arsênico, dizendo que custara muito caro e era difícil de ser conseguido. Agha usou de muita paciência com o pai até que, sentindo que não o conseguiria por bem, obrigou-o a sujeitar-se pelo uso da força. Agha e Mesanipada ameaçaram o pobre velho que, assustado, acabou cedendo, já que sentia que, se recusasse, seu filho e seus amigos o matariam sem pestanejar. Agha e seus amigos colocaram em quatro jumentos que tinham trazido todas as ferramentas, cobre e arsênico que puderam juntar, assim como comida e objetos que pudessem ser úteis. De madrugada, os quatro homens saíram furtivamente da aldeia para nunca mais voltar.

Em Shurupak, foi necessário preparar-se um forno para a forja. Cinco dias depois, começaram a fabricar as primeiras espadas de bronze do mundo. O fogo era alimentado com caroços de tâmaras, já que madeira era rara em Sumer. Agha era muito hábil e testou durante vários dias múltiplas combinações de cobre e arsênico, tendo, no final, conseguido uma mistura que considerou perfeita. Urgar pediu que fizesse diversas espadas com vários formatos e pesos, testando-as de diversas maneiras, até que conseguiu um tipo que lhe satisfez. Era uma espada reta, com duas lâminas, com uma ponta aguda e uma braçadeira simples que protegia o punho. A espada tinha cerca de sessenta centímetros de comprimento e pesava em torno de seis quilos. No momento em que Agha e Urgar conseguiram chegar à espada que consideraram ideal, essa passou a ser produzida para atender às necessidades do exército em formação. Agha tinha conseguido três ajudantes que pareciam ter o dom para o negócio, pois, além de pegarem rapidamente a forma de trabalhar, ainda davam valiosas contribuições ao projeto.

Shurupak não estava exultante com essa invasão. Pelo contrário, naquela semana, cerca de trezentos e setenta e cinco homens tinham chegado para formar o exército e estavam acompanhados de duzentas e vinte e oito moças. As mulheres logo foram acolhidas por Dutura e três amigas, formando um grupo muito especial. Uma das moças teve a ideia de que o exército deveria ter roupas parecidas e, quando falaram com Nimrud sobre esse assunto, foram muito bem recebidas.

– Uma boa ideia! – dissera Nimrud – pois, num combate, será mais fácil saber quem é amigo ou inimigo.

As moças sugeriram diversas roupas e o grupo em comando escolheu um modelo que não era o mais elegante, mas que possibilitava o combate de modo mais livre. Era um saiote que terminava logo abaixo dos joelhos, com um cinto de cordas trançadas. O torso ficaria desnudo, como era de praxe nos homens sumérios. Para completar, um boné bicudo para proteger a cabeça do sol inclemente que, no futuro, seria substituído por um capacete de bronze.

Conseguir o pano para fazer as roupas exigiu um pouco mais de esforço. A vizinha Erech foi visitada por alguns rapazes e moças à procura de tecido. Eles encontraram no mercado a céu aberto de Erech um linho rústico, grosso, marrom-escuro que parecia servir muito bem e não era muito caro. Eles dispunham de vários sacos de grãos, prata ou ouro para trocar pelo tecido; mas, mesmo assim, houve uma discussão entre compradores e o vendedor, referente ao valor total a ser pago. Os compradores, não sabendo fazer as contas mais simples, só queriam pagar uma determinada quantia e o vendedor exigia mais. Urgar, que perdia facilmente a tranquilidade, acabou levando o pano à força e só pagou o que achou justo. Para completar a violência, empurrou o vendedor que queria obstruir sua saída.

O vendedor ficou furioso e foi falar com o Conselho dos Anciãos de Erech. Naqueles tempos, não existia polícia nem autoridade policial ou judiciária, sendo cada aldeia um pequeno estado governado por um Conselho de Anciãos, cujo número variava de acordo com a quantidade de idosos. Alguns tinham dois ou três anciãos e outros chegavam a ter mais de quarenta. Erech era uma cidade grande para a época e tinha um Conselho formado de trinta e dois membros. Até reunir todos e deliberar sobre o que fazer, Urgar e seus amigos já estavam longe. O Conselho de Anciãos, após muitas discussões, resolveu que mandaria um grupo de pessoas a Shurupak para trazer de volta o tecido e os bandidos que haviam roubado o honesto negociante.

O amontoado de gente recrutada por Nimrud e intitulada de exército era um desastre. Faltavam-lhes disciplina, tática militar e conhecimento de armas e combates. Urgar os estava treinando por algum tempo, mas não se forma uma boa tropa da noite para o dia. Os homens ainda não sabiam manejar adequadamente todas as armas e seu líder guerreiro esforçava-se em ensinar-lhes, enquanto ele mesmo aprendia. Urgar e seus escolhidos duelavam horas a fio, com suas espadas de madeira, poupando as de bronze, e Nimrud sentia que eles ainda não estavam prontos. Faltava união e comando firme em batalha.

Um dos rapazes, que fora levemente ferido no braço esquerdo por uma espada, tivera a ideia de fabricar um escudo feito de cipós entrelaçados e amarrados, que ele levava no braço esquerdo para se proteger dos golpes contra o local ferido. A ideia fora bem absorvida e todos estavam fazendo escudos de cipós e caniços dos pântanos. Observaram que, se os cipós fossem bem amarrados e presos uns contra os outros, dificilmente seriam trespassados pelas flechas e lanças.

Nimrud teve a ideia de juntar nove lanceiros num pequeno grupo e formar uma parede de escudos e lanças que avançaria pelo campo de batalha. Esse agrupamento seria comandado por um outro lanceiro e seria chamado de falange. Atrás deles viriam os arqueiros, que não carregariam escudos, disparando suas flechas por cima da cabeça dos lanceiros. Os espadachins viriam atrás dos lanceiros e arqueiros, atacando o inimigo pelos flancos. No caso de uma carga do inimigo, os lanceiros abririam uma passagem pelo centro, deixando os atacantes penetrarem numa espécie de bolsão, onde seriam exterminados pelos espadachins. Nimrud começara a organizar seu pequeno exército em grupos autônomos e nomeava chefes e subchefes de acordo com a esperteza e a destreza de cada um.

Os enviados de Erech chegaram dois dias depois do pretenso roubo dos tecidos e se avistaram com os conselheiros de Shurupak. Contaram o acontecido e exigiram a prisão dos culpados para que fossem sentenciados à morte. Os conselheiros, que nada sabiam desse fato, mandaram chamar Nimrud, que levou Mesanipada consigo. Ouviram as queixas do Conselho em silêncio. Mesanipada sussurrou no ouvido de Nimrud:

– Procure ganhar tempo. Nossas tropas não estão ainda prontas para um combate.

Nimrud assentiu com a cabeça e falou com uma humildade que não lhe era peculiar:

– Dê-nos sete dias para que investiguemos a queixa e, no final desse prazo, levaremos os culpados para Erech para que sejam justamente sentenciados à morte.

O exército só tinha duas semanas de treinamento. Era preciso mais tempo para que estivessem prontos. Nimrud, humildemente, parecia ceder às reivindicações de Erech.

Os mensageiros acabaram concordando e ficou estabelecido que, dentro de uma semana, Nimrud, em pessoa, levaria os culpados para Erech. Com a saída dos mensageiros, os conselheiros de Shurupak aproveitaram para fazer suas próprias reivindicações. Vendo-o humilde, acharam que cederia às suas próprias pressões. Shurupak já não tolerava mais seiscentos novos personagens que se alimentavam de suas safras, que dormiam nas suas casas e que passavam o dia em intermináveis treinamentos estranhos aos costumes sumérios. Além disso, o que mais os deixava horrorizados era o fato de que as moças mantinham contatos íntimos com os rapazes, sem serem legalmente casados. Exigiram que isso terminasse e que fossem todos embora, abandonando a aldeia.

Sempre humilde, Nimrud disse que partiriam em duas semanas e que até lá Shurupak tivesse paciência. O Conselho pareceu estar mais tranquilo. Duas semanas e se livrariam para sempre daqueles intrusos mal-educados, barulhentos e comilões.

Quando o prazo de uma semana terminou, ninguém de Shurupak apareceu em Erech. Eles esperaram por mais dois dias e enviaram três mensageiros para ver o que acontecera. Os infelizes não chegaram a entrar em Shurupak. Foram capturados no caminho por uma falange avançada de Urgar e mortos. Seus corpos foram despedaçados e queimados para homenagear o deus Anu. As cinzas dos infelizes foram espalhadas pelos campos.

Erech aguardou por mais dois dias pelo retorno dos seus mensageiros. No final desse prazo, para reunir o Conselho perderam mais um dia. Decidiram que iriam todos a Shurupak para reclamar providências. Levaram mais um dia para reunir duzentos e oitenta homens. Muitos, já em idade madura, não levavam armas, apenas um punhal que costumavam carregar normalmente. Existia uma espécie de milícia, constituída de cinquenta homens que sabiam lidar razoavelmente bem com espadas de cobre e estavam dispostos a mostrar que não se brinca impunemente com os homens de Erech. Tinham perdido quinze dias em marchas e contramarchas, tempo precioso e vital para o incipiente exército de Nimrud, que, durante trinta dias, estivera em árduo e ininterrupto treinamento militar.

Os homens de Erech não vinham andando em formação militar. Pareciam amigos indo para uma festa. Conversavam alegremente, sendo que alguns não estavam satisfeitos por terem que andar tantos quilômetros apenas para dar uma lição em alguns jovens mal-educados e selvagens. Teriam preferido ficar em suas terras, plantando o painço e a cevada, assim como cuidando da plantação de legumes e hortaliças que tanto sabor davam à comida. O calor era insuportável e alguns tinham trazido cerveja fresca que vinham bebendo pelo caminho. Estavam quase bêbedos e riam de suas pilhérias grosseiras.

A estrada era de barro batido pelos milhares de pés que caminharam durante séculos entre Shurupak e Erech. Assim que passaram um pequeno córrego, onde muitos pararam para se refrescar, os espiões de Nimrud, bem escondidos, foram avisá-lo. Ele, então, deu ordem para que todos saíssem sorrateiramente da aldeia e se colocassem no trigal que beirava a estrada. A seara estava razoavelmente alta para esconder os homens, mas suficientemente baixa para não impedir uma boa luta.

Nimrud dividiu seus homens em vários grupos sob o comando de Urgar, Mesanipada e mais outros subchefes que haviam se destacado nos treinos. Eram cinco grupos. Nimrud ficou com os arqueiros e parte dos lanceiros, e combinou a estratégia com os seus subchefes. O ataque deveria ser fulminante e concentrado na milícia de Erech. Aqueles cinquenta homens deveriam ser eliminados no início do combate, para não oporem resistência e também para destruir o ânimo de outros combatentes.

Os homens de Erech vinham tranquilamente andando pela estrada, quando entraram pela parte em que o trigal ladeava ambos os lados. Subitamente, um som de trompa fez-se ouvir perto e os homens da milícia de Erech, que vinham na frente, foram atingidos em cheio por setas vindas da seara. Na primeira saraivada de flechas, caíram mais de vinte homens trespassados por várias delas. Os demais não estavam entendendo o que estava acontecendo – estavam por demais bêbedos – e ficaram parados por alguns segundos. Foi tempo suficiente para que mais dardos de ambos os lados da estrada chovessem sobre eles, matando-os ou ferindo-os gravemente.

A primeira reação dos homens de Erech foi a de voltar pelo caminho em que vinham e tentar se abrigar em algum lugar seguro. Nessa hora, saíram do trigal várias falanges do pequeno exército de Nimrud que lhes cortou a retirada. Estavam todos enfileirados com seus escudos de cipós trançados, fechando o caminho, e suas lanças prontas para perfurarem eventuais atacantes. Esses, assim que os viram, assustaram-se e tentaram sair pela direita e esquerda da formação. Então, os arqueiros começaram a flechá-los, abatendo os que procuravam fugir.

As falanges de Nimrud andavam rapidamente, em formação cerrada, em direção aos atacantes. Alguns tentaram correr para a seara, pois imaginaram que havia dois ou três arqueiros escondidos e eram eles que estavam atirando. Entraram cerca de dois metros na plantação, brandindo suas facas e facões, quando daquele local surgiram novas falanges tão bem estruturadas quanto as anteriores. Os atacantes de Erech estavam quase encurralados. Havia uma falange atrás deles, bloqueando o caminho de volta e mais duas, uma de cada lado, que os estavam aprisionando numa pinça mortal. As flechas caíam por todos os lados e os homens de Erech tentaram se agrupar para furar o cerco. O único caminho livre era para Shurupak, mas eles estavam receosos de ir para aquela direção e cair em outra emboscada. Formaram, no fragor da batalha, sob o comando de um líder de ocasião, um grupo razoavelmente coeso de cento e cinquenta homens, e procuraram avançar em direção à falange que defendia a estrada de volta para suas casas. Foram se chocar com as lanças dos homens de Nimrud que os perfuraram e feriram com facilidade extrema. O terror havia possuído os infelizes, a ponto de não raciocinarem mais de forma correta. Sentiam que iam morrer e não havia como fugir do cerco. Alguns se urinavam de medo enquanto outros caíam no chão de joelhos, tremendo e balbuciando palavras incompreensíveis.

Os homens de Erech voltaram-se para o trigal e tentaram fugir entre duas falanges postadas por Urgar para impedir qualquer fuga. Uma delas estava plantada ali e embaraçava a fuga pela direita, mas, entre essa e a falange que fechava o caminho de Erech, havia uma abertura de trinta metros. Foi por essa brecha que tentaram fugir e, aos gritos e imprecações, correram para aquela providencial abertura, enquanto algumas flechas atingiam os mais morosos e velhos. Quando chegaram à passagem, depararam-se, saído da seara, onde tinha estado agachado, com um outro grupo de trinta homens armados com espadas e escudos. Não existia outra saída; deviam lutar para fugir. Lançaram-se com fúria e terror contra os que barravam sua fuga.

O choque dos setenta homens contra os escudos e espadas dos guerreiros de Nimrud, liderados por Urgar, criou uma súbita parada no ímpeto dos atacantes. As espadas perfuravam, cortavam e amassavam os infelizes. A carga estancou e os que vieram atrás tropeçaram nos cadáveres dos que tinham tombado na frente. Enquanto isso, as duas falanges de lanceiros, agilmente, já os tinham cercado e os estavam espetando mortalmente com suas lanças.

Em menos de dez minutos, o local estava coberto de cadáveres, de feridos e de homens que se renderam de joelhos, chorando, histéricos, gritando por misericórdia. Nimrud não permitiu que os que se renderam fossem mortos, mas mandou eliminar todos os que apresentassem feridas profundas, difíceis de curar, que os levariam a uma morte lenta. Contaram-se os mortos em cento e oitenta e três homens; e os prisioneiros, em cinquenta e dois.

No outro lado, na tropa de Nimrud, apenas um dos homens de Urgar fora ferido no antebraço por um facão e outro levara uma flechada, de suas próprias tropas, na perna. Os dois feridos foram levados para Shurupak, onde foram cuidados pelas mulheres.

Após os gritos de vitória e as celebrações no próprio campo, Nimrud pôs seu exército em marcha contra Erech. Ainda não sabia bem o que fazer com aquela vitória. Com pouco mais de vinte anos e com um poder incontestado até aquele momento, pressentia que tinha algo de fantástico na mão, mas ainda não se conscientizara do que poderia fazer. Enquanto andava com sua tropa em direção a Erech, sua cabeça parecia estar possuída por um redemoinho de pensamentos e sentimentos. Tantas ideias haviam lhe passado pela mente que não sabia o que fazer quando alcançasse Erech. Destruiria a cidade ou a tomaria? Saquearia a aldeia e ficaria com as mulheres ou devia passar todos na espada e demonstrar a Sumer o que aguardava os que lhe resistiam?

Chegaram a Erech no final da tarde, ocupando a cidade sem lutas. O saque, a destruição e o ataque às mulheres foram proibidos. Não havia planos maiores para Erech, mas Nimrud já resolvera que não a destruiria. O povo amedrontado de Erech não opôs resistência. Assim que se estabeleceram, os conquistadores exigiram alimentos e bebidas, no que foram prontamente atendidos.

Naquela noite, Nimrud reuniu-se com seus amigos e discutiram a situação. Seria a mais importante reunião que aquele grupo jamais teria. Se optassem por um determinado caminho, tornar-se-iam bandidos que a história faria questão de esquecer. Mas, se tomassem a decisão correta, instituiriam o mais importante passo para civilizar a Terra.

Mesanipada tinha uma ideia mais nítida do poder que estavam adquirindo; por isso, foi um dos primeiros a definir um plano de ação.

– Temos que demonstrar grandeza junto ao povo de Erech. Matamos seus homens num combate legítimo, mas não devemos abusar de suas casas e mulheres, pois senão até os velhos irão se revoltar contra nós.

Todos os membros do grupo concordaram. A maioria conhecia Erech desde pequeno e gostava do lugar e das pessoas.

Nimrud falou, enquanto degustava um pernil de carneiro.

– Mesanipada tem razão. Devemos preservar Erech, mas nossas conquistas devem se espalhar. Não desejo voltar para minha vida anterior. Precisamos obter mais alimentos, bebidas, mulheres e tudo o mais que aparecer no caminho. Erech é a maior cidade que conhecemos, mas devem existir outras que desconhecemos e que podem nos oferecer oportunidades semelhantes.

Nimrud complementou, fazendo um trejeito com a cabeça, como se estivesse insatisfeito consigo mesmo:

– Concordo que não devemos mais saquear as cidades de Sumer. Nossa atitude em Kulbab foi errada e trouxe-nos a pecha de assassinos. Não devemos repetir a mesma coisa aqui em Erech.

– Para estendermos nossas conquistas, é preciso ampliar as nossas forças. Iremos precisar de mais homens, armas, comida, tecidos, abrigo e muitas outras coisas. Precisamos de um lugar que nos sirva de acampamento definitivo – disse, interrompendo, Urgar.

– Urgar está certo. Por que não usarmos Erech? – perguntou Mesanipada – É uma cidade razoavelmente grande e poderá nos sustentar.

– Gosto da ideia de ficar em Erech, por enquanto. Mas aqui é um campo aberto e não há como nos defendermos num caso de um ataque externo – falou Urgar, como sempre, preocupado com assuntos militares.

– Mas, Urgar, onde é que existe abrigo neste vale? Tudo aqui é plano! – retrucou Mesanipada.

O líder ficara escutando a conversa e se pronunciou:

– Erech deve ser nossa base, pois conhecemos o terreno, e as aldeias em volta poderão nos dar apoio, já que nossas tropas são destes lugares. Para proteger nossa base, precisamos construir um forte. Um lugar onde possamos nos abrigar.

– Um forte é pouco – disse Urgar, com sua voz grave. – O que precisamos é fortificar a cidade toda.

– Isso é impossível! – exclamou Mesanipada.

– Claro que não. Basta construir um muro em torno da cidade – disse Urgar.

– Um muro? Em torno da cidade? – perguntou Mesanipada, assustado com o enorme trabalho que deveria ser encetado.

Antasurra, que escutava a conversa desde o início, exclamou, como se subitamente tivesse tido uma ideia luminosa.

– Um muro, não. Uma muralha!

Todos os presentes voltaram-se para ele:

– O que é uma muralha? – perguntou Akurgal.

– Sim, é isso mesmo. Uma muralha. Um muro alto, largo, onde os defensores possam subir para atirar flechas e lanças sobre os atacantes – respondeu Antasurra, fazendo gestos para demonstrar algo que ninguém conhecia e que lhe passara como um relâmpago pela mente.

Houve um certo burburinho na assistência, mas logo a voz do chefe militar se fez presente.

– A ideia de Antasurra é muito boa – concordou Urgar – Precisamos de uma muralha rodeando toda a cidade para nos proteger de atacantes.

Todos meneavam a cabeça em sinal de assentimento. Nimrud também assentiu e complementou a ideia.

– Sim, a ideia de Antasurra é muito feliz. No entanto, precisamos ser práticos. Para construir uma muralha em torno de Erech, precisaremos de muitos homens, tijolos e comida em quantidades enormes e, principalmente, de muita motivação. Sem isso, teremos que obrigá-los a trabalhar e, desse modo, não nos resta opção a não ser usar a força. Se tivermos que usar a violência, tenho minhas dúvidas se isso irá funcionar.

Akurgal, amigo de Mesanipada, tímido e franzino, que sempre estava perto dos líderes e participara das conversas, interrompeu, como se tomado de súbito fervor. Com uma voz diferente da sua, falou fortemente:

– Usem o terror sem usar a força. O grande deus Anu, senhor dos céus, que nos protege, deve ser glorificado. Levantem para ele um grande templo. Não há quem não queira trabalhar na sua construção, pois isso irá trazer boa sorte a todos. Para proteger o templo, será necessário fazer-se uma muralha, que envolverá não só a casa do grande deus, como também toda a cidade. Deste modo, usando o medo do deus Anu, vocês conseguirão o que desejarem do povo.

Os presentes estavam surpresos com a voz forte e a postura de Akurgal, pois isto não lhe era comum. De um rapazola simples e humilde, levemente afeminado, transformara-se num homem tonitruante, de voz cava e impositiva. Nimrud sentiu que havia algo a mais do que simplesmente um homem ali presente. Havia um deus falando, mesmo que ele não acreditasse em deuses e demônios.

A ideia era ótima. Aquele povo simples e temeroso faria qualquer coisa para, nem tanto agradar aos deuses, mas, principalmente, não irritá-los. Os sumérios acreditavam em deuses com características humanas, logo, um grande deus precisa de uma grande casa, com alimentação farta e muitos servos.

No outro dia, Nimrud convocou o Conselho da cidade, os habitantes e seus soldados, e mandou trazer os prisioneiros. Os conselheiros apareceram muito desconfiados e certos de que seriam mortos. Nimrud reuniu-os no espaço aberto que era usado como mercado ao ar livre e dirigiu-lhes a palavra.

— Amigos de Erech! Grande é o poder do deus Anu. Foi ele que me deu a vitória sobre os guerreiros de Erech, numa batalha onde não perdi nenhum soldado, e vocês perderam todos.

Nimrud estava localizado no centro da praça, sobre uma pequena elevação. Ao falar, levantava as mãos para o alto em gestos largos, denotando poder e majestade.

— O grande e insuperável Anu, deus dos deuses, incumbiu-me de uma missão sagrada.

Os presentes olhavam-no fixamente. Anu era um deus conhecido dos sumérios, mas não era o mais importante, naquela época. Erech adorava Inana, mas Anu também tinha seus devotos entre os habitantes da aldeia.

— Anu escolheu Erech como sua casa, seu lar e jurou proteger esta cidade contra os invasores que nos atacarem. Ele, com seu poder invencível, destruirá todos os inimigos de Erech, dando a esta cidade primazia sobre as demais da região.

Os mais velhos, eminentemente tradicionais, não estavam muito empolgados com a ideia. Durante anos viveram suas vidas monotonamente e achavam que nada mudaria no decorrer dos anos. Não viam vantagens especiais em serem protegidos por Anu ou por outros deuses, pois estes viviam brigando entre si e, quando se enfureciam, eram os homens que pagavam a amarga conta.

Um grupo de jovens cuja idade regulava com a de Nimrud, alguns até recém-saídos da puberdade, achou o plano do predomínio de Erech, da proteção de Anu e de mudanças uma excelente ideia. Todos esses jovens tinham uma característica comum: eram inteligentes e angustiados. Em muitos, o olhar demonstrava uma crueldade e uma frieza que chegava a assustar. Eles começaram a demonstrar profundo interesse pelas palavras de Nimrud.

– Anu deseja um esagil (uma casa de alta cabeça). E eu, seu lugal, prometi dar-lhe este zicurat (edifício elevado). Os que trabalharem nesta construção serão recompensados pelo grande Anu; e os que não desejarem serão amaldiçoados.

Nesse instante, já possuído por suas próprias palavras, extremamente empolgado, bradou:

– Quem deseja construir o grande Etemenanki (casa do fundamento do céu e da terra)?

Os seus soldados, assim como os mais jovens, gritaram uníssonos que tudo fariam para agradar o grande deus Anu. Os mais velhos estavam calados e assim ficaram. Não estavam alegres com as mudanças. Uma grande aldeia sempre atraía desgraças, e suas vidas pacatas não seriam nunca mais as mesmas.

Nimrud virou-se para os prisioneiros e lhes disse:

– O grande Anu é misericordioso. Não deseja sangue inocente. Serão liberados desde que jurem eterna devoção e obediência a Anu e a Nimrud, seu lugal. Caso contrário, serão devorados pelo fogo que acenderemos para honrar o nosso grande deus. Decidam-se agora! Jurem pelo poderoso Anu!

Sob tais condições, todos os prisioneiros juraram obedecer ao grande deus Anu e foram libertados. O gesto de misericórdia de Nimrud foi muito bem recebido pelos conselheiros. Eles imaginavam que todos seriam postos à morte e tiveram a surpresa de ver a misericórdia funcionando onde só esperavam ódio e destruição.

Os meses que se seguiram foram de atividades febris. Ninguém tinha construído nada tão grande. Nimrud foi apresentado a um jovem, Urnanshê, que havia tido a ideia de um grande templo e desenhara toscamente na areia para que todos pudessem ver. Era um edifício alto, que ficava sobre uma grande base que teria quinze metros de altura, alcançável por ampla escadaria, quadrada, com trinta e cinco metros de largura. Iniciando-se sobre essa base, seria construída uma escadaria em volta que permitiria que se pudesse ter acesso ao prédio. As escadarias teriam doze metros. Onde finalmente as escadarias terminassem, começaria, então, um prédio de vinte metros de altura, cercado de colunas altas, e mais escadarias para dar acesso ao interior. O prédio superior seria um grande cubo de vinte metros, encimado por um telhado de duas águas, cobertas com telhas superpostas.

A edificação era perfeita para todos os propósitos. Em volta do prédio principal, seria construída uma série de edificações onde seriam concentrados celeiros, escritórios para controlar o recolhimento dos grãos, cozinhas, habitações para sacerdotes e soldados e um almoxarifado de armas. Uma grande forja seria construída no local, possibilitando que a fabricação de armas e outros utensílios fosse exclusividade do templo. O edifício era bastante alto para que se pudesse olhar toda a planície e, por isso, seria um bom posto de observação militar. E por último, finalmente, a edificação também seria a casa do deus Anu, que deveria ser homenageado de tempos em tempos.

Urnanshê modificou a forma das casas de Erech. Ao invés da tradicional casa arredondada, estabeleceu casas quadradas, com pé direito mais alto, um pátio interno, um telhado feito de madeira atravessada, coberta ou não com argamassa. Em breve, essa forma iria se espalhar por toda a Suméria e os países vizinhos, substituindo as casas arredondadas, típicas das primeiras civilizações.

Nimrud instituiu Mesanipada como seu turtanu, ou seja, o segundo em comando. Seria o responsável pela construção do zicurat e da grande muralha que cercaria a cidade. Enquanto isso, Urgar iria recrutar mais homens; era plano do chefe fazer três excursões guerreiras. Uma seria dirigida ao leste para atacar o Elam, nas montanhas Zagros; a outra seria dirigida ao norte para atacar a tribo primitiva dos acadianos que, de vez em quando, gostavam de fazer incursões guerreiras nas terras de Sumer; e, finalmente, a última seria contra tribos caldeias, que perturbavam um pouco, a sudoeste. Para tal, imaginou um exército de três mil homens.

Urgar partiu com cinquenta soldados para correr as aldeias vizinhas e trazer homens que estivessem dispostos a participar do novo exército e da construção de Erech. Urgar passou a ser recebido nas aldeias pelos jovens com grande entusiasmo; e com desconfiança pelos velhos.

Na pequena aldeia de Ur, um dos homens gritou para Urgar que aquilo não passava de um exército de crianças, lideradas por uma outra criança. Ele batia com a mão no próprio peito, dizendo-se chamar Entemena, sendo o mais forte guerreiro de Ur. Urgar chamou-o para um combate singular e demonstrou sua enorme força ao duelar com o seu oponente. Lutou sem armas, como convinha a um combate singular da época, e, antes que o seu oponente tivesse a oportunidade de reagir, Urgar derrubou-o e o envolveu com um amplexo mortal. O homem, aprisionado no chão pelos braços e pernas do atacante, sentiu quando as mãos de Urgar procuraram sua garganta. Debateu-se para fugir do forte aperto das mãos, até que, sem ar, começou a estrebuchar. Essa era a sensação que mais agradava Urgar, a ponto de sentir forte excitação. Enquanto a vida se esvaía lentamente do homem, Urgar gozou como nunca tinha gozado com mulher nenhuma. O infeliz morreu nas suas mãos e sua tropa gritava de satisfação pela vitória de seu chefe. Urgar levantou-se com seu saiote sujo, enquanto o homem morto tinha se urinado de medo e dor.

Daquele momento em diante, o recrutamento da tropa nas aldeias em torno de Erech foi-se processando de forma mais rápida do que se podia imaginar. Isso acabou gerando outros tipos de problemas. Entre eles, o mais premente era o fato de que era preciso alimentar uma pequena multidão de operários, soldados e chefes, que não estavam cultivando os campos. Logo, foi necessário que cada aldeia cedesse parte de suas colheitas para Erech. Isso não foi muito bem aceito e, não desejando se indispor com a população, Nimrud mandou que todo alimento dado fosse contabilizado, porque seria devolvido futuramente. Para tanto, foi necessário pensar-se em alguma forma de registro escrito.

Mesanipada, que era um homem extremamente metódico, teve a intuição de desenhar uma figura para cada tipo de grão e, ao lado, colocar um risco para determinar quantos sacos estavam sendo entregues. Mesanipada ensinou esse método a vários dos seus subalternos, que, por sua vez, desenvolveram outros sinais, de acordo com a necessidade. Finalmente, após alguns meses, os sumérios tinham desenvolvido a primeira escrita do mundo. Os escribas começaram a escrever em suas tabuinhas de argila tudo que entrava na casa grande de Erech. As aldeias cediam, relutantemente, os grãos, os legumes e o sésamo, de onde se extraía óleo. Tinham receio de que uma recusa fosse interpretada como uma ofensa, cujo castigo poderia ser não só a maldição do deus Anu, mas, principalmente, a crueldade de Nimrud.

Novos fatos foram acontecendo em catadupas. Um dos jovens, filho de um ceramista, aproveitara uma plataforma redonda de fazer cerâmica do pai e montara duas rodas, ligadas por uma barra fixa, que girava dentro de dois suportes que estavam presos a uma pequena plataforma. Ele desenvolvera este artefato alguns anos antes, enquanto ajudava o pai a fazer cerâmica. Sua função era a de ir até perto do pântano e buscar barro para que o pai trabalhasse e fizesse potes, jarras, panelas e outros artefatos simples. No início, o rapazinho ia buscar barro e trazia num pote grande, mas o esforço e o pouco que trazia aborreciam-no enormemente. Ficara imaginando um método para trazer o barro sem tanto esforço. Não passava de um adolescente de treze anos e aquela atividade fatigante deixava-o irritado e de mau humor.

Numa manhã chuvosa, que não era própria para trabalhar o barro, pois o ambiente ficava excessivamente úmido, o pai lhe ordenou que lavasse a sua roda debaixo da chuva para que pudesse ficar mais limpa e menos cheia de pedaços de barro seco. O garoto, irritado, pegou a roda, levantou-a de sua bancada, onde o pai a rodava manualmente sobre um eixo fixo, e a jogou na chuva. A roda bateu em pé no chão e rolou por alguns metros. O garoto olhou para aquilo e seu semblante se iluminou, como se ele se lembrasse de algo de que sempre soubera, mas que estava enterrado fundo em seu íntimo. Lavou a roda com redobrado prazer e a colocou de novo no lugar. Depois, saiu no meio da chuva para fazer duas rodas idênticas. Trabalhou por cinco dias, nas suas horas de folga, e fez duas rodas; colocou-as numa barra que as ligava e, finalmente, dez dias depois, ele fazia a primeira carroça que a Terra tinha visto.

Daquele dia em diante, ele aprimorou sua invenção. Desenvolveu uma carroça puxada por um boi, com uma plataforma maior. Depois colocou laterais na carroça, para que o barro molhado não caísse. Com o tempo, desenvolveu um sistema ainda mais sofisticado. Nessa época, já contava com dezenove anos, vivendo numa aldeia distante de Shurupak, mas razoavelmente perto de Erech. Sua nova invenção contava com quatro rodas, puxadas por dois bois ou onagros, sendo que as rodas da frente podiam se mover de um lado para outro de forma a facilitar as curvas. Quando Urgar começou a recrutar novos soldados e trabalhadores, nosso pequeno inventor, de nome Eanatum, trouxe sua carroça, cheia de víveres e cerâmicas, abandonando a casa paterna definitivamente. Urgar, quando viu a carroça, ficou admirado e logo levou a ideia e seu inventor para apreciação geral.

Durante mais de cinco anos, o inventor Eanatum passeara a sua invenção pela aldeia, tendo sido ridicularizado e criticado por todos os seus colegas aldeões, com exceção de alguns poucos amigos, que pediram que fizesse algumas carroças similares. Esses amigos acompanharam-no a Erech, com cinco carroças cheias de víveres, muitos roubados dos próprios pais. Nimrud exultou quando viu as carroças, vislumbrando logo as suas diversas aplicações. Uma carroça era capaz de carregar três vezes mais peso do que um burrico de carga. Em uma carroça grande poderiam se locomover seis homens sentados. Urgar logo reconheceu que poderia se transformar numa arma de guerra. Mesanipada percebeu que serviria para carregar os tijolos, cozidos nos fornos de caroços de tâmara, que seriam utilizados nas construções do templo e da muralha.

Um segundo fato surgiu e veio acelerar o processo revolucionário da Suméria. Agha, que tinha sido muito útil em desenvolver espadas de bronze, desenvolvera um instrumento de enorme utilidade. Remontando ao tempo de sua adolescência, Agha fora obrigado a trabalhar no campo de seu pai. A forja era um negócio esporádico, dependendo de pedidos da freguesia que nem sempre tinha grãos para trocar por ferramentas muito caras. Dependiam também de matérias-primas que eram trazidas de longe por caravanas que vinham em intervalos irregulares. Desse modo, Agha, junto com seus irmãos mais velhos, tinha que trabalhar a terra seca e dura do pai.

A terra, naquela época, era trabalhada com enxadas simples, eventualmente picaretas de osso e um arado extremamente tosco. Tomava-se um pedaço de tronco de árvore – já tão rara em Sumer – e, enquanto um homem puxava, por meio de cordas, o instrumento, o outro enfiava a ponta do tronco na terra, rasgando um sulco superficial. Agha abominava essa atividade. Quando era colocado para puxar, o esforço o exauria e seu mau humor logo eclodia. Por outro lado, quando tinha que colocar o tronco no sulco e abrir novas esteiras, seu rumo se perdia e os sulcos ficavam enviesados, invadindo os sulcos vizinhos. Seus irmãos o detestavam, já que Agha lhes era inútil nessa tarefa, além de reclamar incessantemente.

Agha não era de esmorecer diante de um obstáculo. Não era só o esforço físico que o irritava, mas também a morosidade da operação. Ficou imaginando como desenvolver algo mais produtivo. Inicialmente, pensou em puxar o tosco arado com um boi e tentou amarrar uma corda no animal. A corda logo machucou o infeliz, que começou a sangrar. Desistiu do mecanismo e, algum tempo depois, voltou com uma canga feita de madeira a ser colocada sobre o pescoço do animal. Funcionou a contento, mas ele procurou aperfeiçoar o sistema, colocando dois bois ao invés de um. Além de conseguir melhor equilíbrio na tração, conseguiu uma duplicação de força de trabalho. Mas, ao fazer a canga, que se ligava ao tronco por correias, tornou-se difícil tracioná-lo. O tronco saía de prumo e o trabalho se perdia. Agha não desistiu e partiu para uma outra forma de arado. Quebrou a cabeça durante alguns dias até que lhe veio a ideia de substituir o tronco por algo mais sólido.

Usando a forja de seu pai, fez um modelo de arado que misturava uma parte de madeira e outra de cobre. O primeiro exemplar não funcionou; a ponta de cobre não estava solidamente presa à madeira e soltou-se sob os risos e galhofas de seus irmãos. Fez uma segunda peça, mas era pesada demais e, mesmo que o boi puxasse com facilidade, ninguém conseguiria segurar e guiar durante muito tempo. Finalmente, acertou o peso e as amarrações e logrou fazer o primeiro arado de cobre do mundo. Mais tarde, substituiria o cobre pelo bronze, obtendo efeitos ainda melhores.

Quando Agha juntou-se ao grupo formado por Nimrud, teve a oportunidade de lhe mostrar o arado. O jovem líder, que tinha conhecimento de lavoura, logo entendeu que aquele instrumento era uma maravilha. A carroça de Eanatum e o arado de Agha poderiam tornar-se instrumentos valiosos para aumentar a produção agrícola, já que Nimrud estava particularmente preocupado com esse aspecto da questão. Ele sabia que existiam mais de três mil homens trabalhando em Erech, precisando ser alimentados e vestidos, além de terem necessidade de habitação decente. Sem isso, em breve, ele perderia sua equipe de trabalhadores, pois resolvera, temerariamente, começar a construção do templo e da muralha simultaneamente, e o esforço e os recursos para tais obras eram muito grandes.

Urnanshê, o arquiteto e construtor, tinha o domínio completo sobre todas as construções. Era um trabalho estafante que, exigindo deslocamentos permanentes entre o local da construção do templo e da muralha, obrigava-o a desenvolver estimativas completas de logística, número de tijolos, pessoas, betume para juntar os tijolos, refeições e assim por diante. O genial arquiteto era um homem extremamente destemperado. Tinha acessos de fúria, quando era contrariado ou desobedecido. Surrava impiedosamente os operários e não tinha o menor tino organizacional. Mesanipada procurava ajudá-lo, mas Urnanshê estava tão imbuído de sua tarefa que qualquer ordem contrária, qualquer intromissão, por menor que fosse, era muito mal recebida. Finalmente, Nimrud teve que intervir e com muito tato conseguiu conciliar a situação.

Para que a obra corresse a contento, Nimrud estabeleceu que a equipe fosse dividida em três grupos. O primeiro construiria o templo; o segundo, a muralha; e o terceiro providenciaria a logística, ou seja, tijolos cozidos, alimentação, betume, transporte e madeiras. Cada um teria um chefe, que dividiria o trabalho com encarregados e estes, somente estes, dariam as ordens aos trabalhadores. Nimrud teve o cuidado de escolher pessoalmente os encarregados e chefes, que se reportariam a Urnanshê. Este continuaria como o grande chefe das construções, mas só daria ordens aos seus três supervisores de construção. A muralha fora planejada para não só abranger a cidade e o templo, como também para deixar um enorme espaço vazio, onde se poderiam construir casas no futuro, pois Nimrud previa que haveria uma expansão natural.

Assim que se estabeleceram em Erech, foram construídas várias casas para abrigar os recém-chegados. Nimrud tomou uma casa ampla e confortável, onde se alojou com suas duas esposas, escolhidas a dedo da grande massa de mulheres que seguia a tropa. Mais tarde, iria ampliar seu plantel de mulheres com prisioneiras de guerra, presentes de chefes de aldeias e eventuais conquistas amorosas. Mesanipada também tinha sua casa e morava com uma mulher que tinha sido sua namorada desde a infância, sendo-lhe fidelíssimo, o que era raro entre os novos conquistadores.

Nimrud fez uma reunião com sua equipe principal, que incluía Mesanipada, Urgar, Antasurra, Akurgal, Urnanshê, Eanatum, Agha e mais quatro pessoas que ele escutava muito. Eanatum ganhara a admiração de todos por ter desenvolvido a carroça; Agha, por ser um grande forjador e ter desenvolvido o arado; e os demais quatro, pelos seus pendores pela arte. Eram, respectivamente, pintor, escultor, astrônomo e matemático. Esses quatros apareceram da enorme massa de pessoas requisitadas nas aldeias por Urgar e logo se destacaram pela sua inteligência, inventividade e tino político.

Esses novos elementos da equipe trabalhavam com Urnanshê. O astrônomo, por falta de palavra melhor para definir sua atividade, desde cedo na infância, sentia fascinação pelo céu e, com seu olhar arguto, marcara as principais estrelas e sua posição no decorrer do ano. Os sumérios, naquele tempo, tinham uma vaga noção da passagem do ano e dividiam o mesmo, grosseiramente, em duas grandes estações, a das cheias, que ia de junho a outubro, e a das plantações e colheitas, que ocupava o resto do ano. Se as cheias atrasassem ou não viessem, eles ficavam profundamente confusos e não sabiam quando deviam plantar. Nimrud fora informado de que existia um homem que havia desenvolvido um método de estipular as datas certas do plantio e ficara curioso em conhecê-lo.

Depois de conversar longamente com o jovem, notou que o seu conhecimento era importante. Nimrud tinha sido agricultor, não muito bom, mas o suficiente para saber que, se perdesse a data do plantio, não teria boa safra. O que esse homem propunha era lógico. Olhando a posição dos astros, era possível determinar que eles estariam na mesma posição de tanto em tanto tempo. Sua principal base de observação tinha sido a Lua e dividira o ano em doze períodos lunares. Cada mês tinha vinte e oito dias. Mais tarde, séculos depois, veriam que, em cada dezenove anos, era preciso colocar um ano com treze meses lunares para que as observações estelares coincidissem. Mas, a curto prazo, doze meses de vinte e oito dias já era um avanço para quem não tinha calendário nenhum.

Nimrud começou sua reunião externando a preocupação com a alimentação. As aldeias vizinhas não estavam dando conta de alimentarem tantas bocas. Começava a faltar comida.

– Precisamos de muito mais alimento. Não só para alimentar os trabalhadores, como também para o exército. Temos também outras necessidades. Precisamos comprar cobre e arsênico para fazermos bronze. Também faltam-nos muitas outras coisas que precisamos adquirir, como madeira, tanto para construção como para móveis, arados e carroças. Para comprarmos tais materiais, precisamos de mais grãos.

Continuou sua exposição:

– Para aumentarmos a produção no campo, é preciso melhorarmos as técnicas agrícolas. Há séculos que nós plantamos mal e colhemos pouco. Precisamos introduzir novos instrumentos. Em primeiro lugar, o arado de Agha e a carroça de Eanatum. Para fabricá-los precisamos de madeira e cobre. Quantos arados existem?

Agha respondeu: – Um.

Coçou a barba, pensou um pouco e indagou:

– Agha, quantos arados você pode fazer por dia?

O jovem olhou para o teto, procurando fazer algumas contas mentais e respondeu lentamente:

— Se nós tivermos uma forja alimentada continuamente, tendo material para a fabricação e cinco ajudantes, poderemos fazer de oito a dez arados por dia.

— Você tem cobre e arsênico para fazer bronze?

— Muito pouco.

— Para quantos arados?

— No máximo uns trinta. Mas, se eu fizer arados, não farei espadas. Atualmente, estamos fazendo espadas em um ritmo de trinta por dia. Urgar encomendou-me seiscentas, e já fizemos mais da metade. Na realidade, falta material até para fazer as restantes. Estamos esperando uma caravana do Elam que deverá trazer estanho.

Agha descobrira, há alguns meses, que o estanho dava resultados melhores do que o arsênico.

— E o arsênico? — perguntou Nimrud.

— Prefiro estanho. Dá um bronze muito melhor. O arsênico libera odores que nos fazem vomitar. Além do que, o arsênico tem vindo do Norte e as caravanas rarearam recentemente.

— Por quê?

— Eles têm sido atacados pelos gutos — respondeu Urgar.

— Onde podemos obter estanho? — perguntou Mesanipada.

— As caravanas que trazem estanho têm vindo do Elam, mas andam também rareando porque os elamitas têm cobrado um tributo muito alto para deixar as caravanas passarem. O estanho tem chegado a preços altíssimos. Além disso, as caravanas que vêm do Elam são muito irregulares. Algumas trazem estanho, e outras, não. Não se pode contar com elas — respondeu Agha.

Nimrud olhou para todos e concluiu:

— Nossa situação é difícil e muito precária. Precisamos aumentar a produção agrícola para poder alimentar todos os operários. Precisamos introduzir o arado e a carroça o mais rápido possível. Além disso, existem terras ao leste e ao nordeste que não estão sendo trabalhadas porque são secas demais. Precisamos levar água até aquelas bandas. Temos que abrir um grande canal, construindo dois ou mais açudes na região, deslocando trabalhadores para lá.

Parou de falar, enquanto reunia seus pensamentos. Fez uma pequena pausa e continuou:

– Para fazermos isso, precisaremos de mais trabalhadores, mais enxadas, mais instrumentos, mais cobre, mais estanho e muito mais comida. Só vejo uma solução a curto prazo.

Todos ficaram olhando para ele à espera da solução. Ele perquiriu, ao invés de responder:

– Urgar, de quantos homens dispomos devidamente treinados e armados?

O chefe das armas respondeu imediatamente:

– Temos oitocentos e quarenta arqueiros, dois mil, quinhentos e oitenta lanceiros e trezentos e vinte homens com espadas. Podemos marchar com três mil, setecentos e quarenta homens. Ademais, temos oitenta e cinco carroças para transportar víveres e armas, puxadas por dois jumentos cada.

– Quando você acha que podemos atacar o Elam?

Os olhos de Urgar brilharam de satisfação.

– Hoje – respondeu exultante.

Nimrud ficou pensando um pouco e disse:

– Temos que pensar nesse assunto um pouco mais. Vejam o que pode acontecer. Iremos ao Elam e tomaremos o estanho de que precisamos. Ainda assim faltará cobre. O estanho que tomarmos irá acabar em breve, e teremos que voltar para atacar o Elam novamente. Só que, dessa vez, os elamitas estarão preparados para o nosso ataque e, cada vez, tornar-se-á mais difícil.

Nimrud fez uma pequena pausa e arrematou com uma voz decidida.

– Do que precisamos é de uma excursão de conquista e posse. Temos que construir uma cidade ou tomar uma cidade já existente no Elam e mantê-la. Assim poderemos fazer com que o fluxo do estanho seja permanente e certo.

Urgar interrompeu o raciocínio e lhe perguntou:

— Mas, dessa forma, precisaremos de muito mais gente. De onde retiraremos essas pessoas?

Nimrud já havia pensado nisso e respondeu com determinação:

— Eis o problema, Urgar. O que vejo é a necessidade de uma operação mais vasta. De nada adianta irmos até o Elam e destruirmos, matarmos e tomarmos o que queremos. Em breve, teremos que fazer tudo de novo. Devemos recrutar nossa gente com a promessa de uma vida melhor, mais terras e melhores condições de vida.

Mesanipada interrompeu e apresentou uma sugestão ao plenário.

— Nimrud, acho que existe uma opção. Podemos tirar cinquenta homens de cada aldeia e levar para o Elam. Eles ficariam lá com mil soldados. Nós voltaríamos com prisioneiros e substituiríamos os que enviamos por prisioneiros de guerra que passariam a trabalhar para as casas dos homens que levamos.

— A sua ideia é boa, mas será que os homens de nossas aldeias viriam de bom grado? – perguntou Nimrud.

Urgar respondeu com sua voz seca e taciturna:

— Eles não terão muita escolha!

Nimrud riu, mas no fundo estava preocupado. A maioria dos seus soldados provinha das aldeias. Não era boa política atacar as suas terras. Haveria mortes entre parentes e amigos e eles poderiam ficar ressentidos. Não era hora para demonstrar força. O momento era de persuasão.

— Não devemos usar a força contra os nossos homens, se temos outros instrumentos de pressão – interrompeu Antasurra.

— Vocês esquecem que os deuses falam por nós e o que o grande deus Anu deseja deve ser satisfeito?

Nimrud tinha se esquecido dos deuses. É claro, usar os deuses era uma excelente opção. Mesanipada teve outra ideia.

— Usar os deuses é uma boa saída, mas poderíamos usar também a ganância do povo a nosso favor. O que mais faz falta ao povo do que trabalhadores? Resolveremos esse problema. Cada casa que ceder um filho receberá três prisioneiros de guerra como escravo. Se não ceder voluntariamente, a ambição o fará vender até a sua mulher e filhos. Também poderemos oferecer terras novas para serem cultivadas. Quem ceder um varão em condições de lutar receberá uma gleba de terra no nordeste, perto do rio Tigre. Que acham?

O grupo estava radiante. As ideias surgiam em catadupas e a forma de operar estava ficando cada vez mais clara. Urgar iria com Antasurra, que faria a pregação, falando das ordens dos deuses e oferecendo as vantagens. Quem fosse até o Elam ganharia três prisioneiros para trabalhar as novas terras a serem cultivadas ao nordeste de Erech.

Os próximos dias foram de grande agitação. As aldeias foram visitadas e Antasurra em sua roupa de cerimonial fazia sua arenga. Algumas aldeias tinham muitos jovens de quatorze anos ou mais que se predispuseram imediatamente a ir para o Elam. Nas aldeias menos povoadas, os homens não se mostraram muito dispostos a largar tudo e partir. De qualquer modo, Nimrud não queria mais do que mil e quinhentos homens. Mais do que isso faria falta aos campos já depauperados de trabalhadores, exigindo um deslocamento maior do que estavam preparados para fazer.

Dois meses depois da reunião que decidira a invasão do Elam, a tropa partia com três mil soldados, deixando Erech protegida por setecentos homens sob o comando de Mesanipada. Iam também mil e trezentos civis para se implantarem nas montanhas Zagros, terra dos elamitas.

Durante dez dias, a tropa se deslocou, atravessando o rio Tigre e vários outros menores. A travessia era sempre um grande problema, sendo solucionada de forma complexa e perigosa. Alguns homens atravessavam a nado para o outro lado, com cordas amarradas na cintura. Em futuro próximo, passariam a usar bexigas cheias de ar para flutuarem. Não era incomum alguns morrerem nessa tentativa e os que conseguiam passar para o outro lado esticavam as cordas que haviam amarrado na cintura por sobre o rio. Procuravam amarrar a corda em árvores e pedras, e a tropa passava agarrada a elas. Mesmo assim, alguns homens morriam. Quando conseguiam passar um número razoável de soldados, eles amarravam grossas cordas e puxavam pequenas balsas que levavam não só o grosso do exército como também os jumentos, os bois e as carroças. Era uma operação demorada e arriscada que nem sempre terminava bem.

A região era desconhecida dos sumérios e Nimrud estava sendo guiado por um homem que a conhecia, já que trabalhara em algumas caravanas elamitas. Depois de alguns dias de marcha, chegaram aos pés da serra e iniciaram a lenta subida aos altos morros. Nimrud destacara cinco patrulhas de dez homens para fazer um reconhecimento adiantado. Não queria ser surpreendido em terras estranhas. No terceiro dia, após subirem várias escarpas e passarem por entre montanhas, avistaram uma pequena aldeia elamita de, no máximo, quinhentas pessoas.

Os elamitas eram um povo nômade, branco, indo-ariano, parecido com os sumérios, que vivia de forma nômade pelas montanhas Zagros e o planalto iraniano. Esses morros não eram próprios para agricultura, mas ofereciam razoável quantidade de comida que podia ser recolhida das árvores, e eram cheios de estanho, cavado de forma rudimentar. Alguns rios da região tinham estanho que era lavrado como se fosse ouro.

Nimrud preparou sua tropa para um rápido e fulminante ataque que, bem concatenado, pegou o acampamento de surpresa. Houve poucos combates; os sumérios tiveram duas baixas e o inimigo perdeu dez homens. Em alguns minutos, a aldeia estava sob o domínio dos sumérios. Terminada a batalha, Nimrud reuniu todos os elamitas e os passou em revista, analisando-os um por um. Aqueles em que ele notou uma centelha de orgulho, de eventual rebelião ou excessiva subserviência separou dos demais. Contou dezenas de homens perigosos, na sua concepção, de várias idades, retirou-os do agrupamento e mandou executá-los friamente. Suas cabeças foram cortadas à vista dos outros e, usando o guia, que também era intérprete, disse aos demais cativos:

– Os que se sujeitarem ao nosso domínio serão poupados. Serão levados de volta a Sumer, onde servirão ao grande deus Anu, ou ficarão aqui para lavrar o estanho de seus rios e de suas minas. Os que se revoltarem ou não trabalharem a contento serão mortos como foram esses homens. As mulheres e as crianças nos acompanharão e nada lhes acontecerá se obedecerem. Caso contrário, serão mortas, pois, na minha concepção, as mulheres e as crianças não são diferentes dos homens.

O terror estava estampado nas faces dos elamitas. Não havia como resistir. Mais de quatrocentos prisioneiros foram tomados naquele dia.

A campanha no Elam continuou por mais um mês lunar. Oito vilarejos foram destruídos e mais de cinco mil prisioneiros tomados. Em cada aldeia, repetia-se o ritual macabro de selecionar os perigosos e matá-los publicamente. Numa das aldeias, Nimrud aproveitou para matar também três mulheres e duas crianças, sendo que uma apresentava um aleijão de nascença e outra, no início da adolescência, tivera a ousadia de encará-lo cheia de petulância.

Descobriram uma pequena mina de estanho que era trabalhada por uma das aldeias. A produção era pequena, mas o veio oferecia boas possibilidades. Mais uma vez a engenhosidade de Nimrud se fez presente. Destacando um chefe de falange que era mais habilidoso, ele se instruiu sobre como se minerava e, junto com o seu grupo, instituiu aprimoramentos no sentido de aumentar a produtividade da mina.

Perto do local da mina, foi montado um acampamento. Dos cinco mil prisioneiros, cerca de mil foram postos a trabalhar para construir um vilarejo que foi cercado de altas paliçadas de madeira, que era farta na região. A cidade foi chamada de Susa em homenagem à Suméria e à conquista do Elam. Susa tornar-se-ia uma grande cidade, futuramente a capital do Elam, importante fornecedora de estanho e madeira.

Retornaram a Erech após três meses de viagens e conquistas com as carroças cheias de estanho, árvores, alimentos exóticos, armas de bronze e outras riquezas do Elam. Entretanto, uma surpresa desagradável esperava por Nimrud no seu retorno: Erech havia se revoltado em sua ausência. Mesanipada, a muito custo, conseguira debelar com seus setecentos soldados um início de rebelião comandada pelos anciãos de Erech, que nunca aceitaram a dominação dos recém-chegados. Durante duas semanas, o grupo de Mesanipada refugiou-se no templo ainda em construção e resistiu bravamente aos ataques ferozes, mas sem concatenação, dos revoltosos.

Nimrud atacou com sua tropa e cercou os revoltosos na grande praça que antecedia o templo. Os combates foram terríveis, já que os insurrectos lutavam por suas vidas. Rapidamente, Urgar e sua tropa de elite exterminaram os dissidentes em combates furiosos. Alguns homens imploraram por clemência, mas Urgar estava particularmente feroz naquele dia e preferiu que todos fossem mortos.

Nimrud teve um acesso de fúria, ordenando a prisão dos Anciãos, e mandou matá-los sem dó nem piedade. Dois mil cento e trinta e cinco homens foram mortos e seus corpos dilacerados jogados às feras que margeavam os pântanos do Eufrates. Dominada a rebelião, Nimrud, irritado com o fato, resolveu mudar o nome da cidade. Não seria nunca mais conhecida como Erech e quem pronunciasse esse nome seria banido ou morto. Daquele dia em diante, seria chamada de Uruck. A Bíblia a conhece como Arac. Com o sangue dos revoltosos, Erech deixou de existir, e a grande cidade de Uruck nascia. Uruck seria a primeira cidade-estado, onde leis, regras e uma administração burocrática e profissional seriam instauradas. Ainda naquele tempo, Uruck atingiria a população total de trinta mil habitantes. Após Uruck, o mundo não seria mais o mesmo. A civilização estava definitivamente implantada na Terra.

Os homens de Nimrud estavam felizes e satisfeitos com o butim de conquista do Elam. Novas mulheres foram distribuídas entre os soldados, e as terras do leste e do nordeste foram doadas para os que se destacaram na conquista. A maioria das terras do vale, no entanto, ficou reservada para o deus Anu e seus seguidores. Para todos os efeitos, Nimrud era o supremo sacerdote do deus Anu, o ensil – o rei-sacerdote. Antasurra e os outros apenas cuidavam do dia a dia do deus. Uma grande estátua do deus Anu estava sendo feita com pedras trazidas do Elam. Tudo isso fora gerado por um fato estranho presenciado por Akurgal e Antasurra que acontecera alguns dias depois do retorno de Nimrud ao Elam.

O templo não estava ainda pronto e Akurgal, premido por um sentimento possante, resolveu levar um carneiro para ser morto ao deus Anu. Subiu com o pequeno terneiro, branco como a neve, levando-o pelas incompletas escadarias até o topo, onde um altar tinha sido começado, mas não estava pronto.

Havia sentido este desejo logo depois do jantar e, mesmo contrariando sua razão e os rogos de Antasurra, seu amante, ele selecionou o vitelo, levando-o para o topo do altar. Antasurra havia-lhe dito que era um desperdício de tempo e esforço, mas Akurgal queria ir assim mesmo. Ele fez um muxoxo, alisou o rosto de Antasurra com a mão espadada num gesto de carinho e o convidou para ir com ele. Antasurra acabou assentindo, contrariado, afinal, o que não faria por Akurgal?!

A noite estava clara, o silêncio reinava sob uma magnífica lua plena. Devia ser para mais de dez horas da noite quando Akurgal chegou ao topo. Escorregara duas vezes na escadaria, mas não caíra. O terneiro berrava baixinho de vez em quando e Akurgal falava com ele, mansamente, com sua voz feminil. Quando chegou ao topo do templo, com sua cobertura ainda por terminar, ele viu a pedra sacrificial colocada sobre a estrutura onde ele iria matar a oferenda.

Antasurra era um descrente, mas Akurgal havia sido possuído várias vezes pelos deuses. Rolara no chão, babando e grunhindo quando pequeno, e todos diziam que era a doença sagrada. No entanto, ele não perdia a consciência. Lembrava-se de tudo depois. Naquelas horas, ele vaticinava sobre a colheita, a gravidez das mulheres e a sorte dos homens nas caçadas. A aldeia de Adab acostumara-se a ouvi-lo, pois nunca errava!

No topo, o terneiro se debateu e Akurgal pediu ajuda a Antasurra que, de má vontade, segurou o animal. Sem muitas palavras, já que ninguém estava vendo, Akurgal degolou o infeliz bicho que estrebuchou enquanto o sangue esguichava de sua jugular. Naquele momento, uma sombra medonha se interpôs entre a lua e os ofertantes. Antasurra olhou para cima e, assustando-se, largou o terneiro e ficou atônito, diante da aparição. Akurgal levou mais tempo para ver do que se tratava, mas, após tomar consciência do que estava vendo, assustou-se terrivelmente e prostrou-se de joelhos.

Da jugular aberta do carneiro emanava um fluido branco, leitoso, que evolava lentamente em direção a um espectro medonho. Os dois sacerdotes de Anu viram, então, de forma cada vez mais nítida, um homem gigantesco, de três metros de altura, pele púrpura e duas enormes asas negras que saíam do seu dorso. Sobre a sua cabeça, um grande capacete com plumas raras que encimava um rosto estranho de olhar feroz. Usava uma grande lança e uma espada na cintura, vestindo-se com uma curta túnica vermelha que deixava à mostra suas pernas brutalmente fortes e levemente arqueadas. Seu torso era recoberto por uma armadura de escamas argentinas que brilhavam, dando-lhe um aspecto horrendo.

Antasurra deixou-se cair lentamente de joelhos e, levantando as duas mãos juntas em direção à aparição, disse, com um fio de voz subjugada por um indizível pavor:

– Oh, grande deus Anu, receba esta oferenda dos seus humildes servos.

A assombração riu-se de forma desbragada, jogando seu torso para trás e, numa voz límpida e clara, grave e cava, disse:

— Sou Oanes, seu deus, seu guia e seu rei.

Os dois homens entenderam o que aquela visão dissera e ficaram ainda mais amedrontados. Eles entenderam que Oanes era Anu. Quem seria este Oanes de aspecto tão medonho? O espírito respondeu-lhes, como se houvesse lido suas interrogações:

— Sou o chefe de uma poderosa legião que domina esta terra. Atravessei os mares que circundam o mundo em enormes barcas que nos trouxeram até estas plagas. Vim com meus soldados para tornar-me um deus, um guia de homens e um rei. E assim será!

Aquilo tudo era extremamente misterioso para os dois assustados servidores do deus dos céus. Ele falava como um homem e não como um deus. Será que ele não era o deus Anu? Onde estava então o temido deus? Será que ele realmente existia ou era fantasia dos anciãos? Oanes respondeu-lhes com sua voz cava:

— Chamem-me de Anu, se isto irá satisfazê-los. Meu nome verdadeiro não tem importância. Que isto fique entre nós. Digam que vocês falaram com Anu e que, através de vocês, eu darei minhas ordens.

Akurgal, completamente dominado pela visão, pensou o que tudo aquilo representava, e o espírito, lendo suas perquirições mentais, respondeu-lhe:

— Nós todos fomos trazidos para este lugar para nos tornarmos humanos. Todos não passamos de bestas-feras e só através de muitas vidas nos transformaremos em homens. Eu estou aqui para guiá-los nesta difícil senda.

Antasurra, que tudo via e escutava, tomou-se de coragem e perguntou:

— O que deseja de nós, oh grande Oanes?

O espírito, subitamente, mostrou-se com toda a sua legião de asseclas. Atrás dele apareceu uma dezena de espíritos muito semelhantes a ele e, mais atrás, cerca de uma centena de aparições fantasmagóricas. A voz tonitruante de Oanes explodiu no cérebro dos dois:

– Desejamos ser cultuados todos os dias. Queremos que nos ofereçam carneiros, bois, cabras e aves no altar do sacrifício. Façam uma estátua de Anu e glorifiquem o nome do deus com oferendas diárias. Queremos o sangue dos nossos inimigos, dos homens que se opuserem à nossa dominação. Desejamos ver o sangue dos inimigos de Uruck escorrendo sobre o altar!

Enquanto assim falava, sua fisionomia tornou-se ainda mais estranha e impressionante. Akurgal desmaiou de susto e Antasurra meneou a cabeça, abobalhado e boquiaberto.

Como um fantasma, a aparição desapareceu lentamente na noite clara. Os dois levaram alguns minutos para recuperarem o fôlego. Antasurra foi buscar água para Akurgal. Depois que ele voltou a si, conversaram sobre o que tinham ouvido e visto. Na verdade, não tinham ideia do que se passara. Entenderam que Oanes era Anu. Quem sabe este era um outro nome para o deus? Como o fantasma dissera que havia atravessado o oceano em enormes barcas e viera com sua tropa – aqueles que apareceram por trás dele –, logo imaginaram que eles haviam vindo fisicamente num barco. Mas de onde eles vieram? De que terra ignota?

Correram e contaram com riqueza de detalhes para Nimrud e Mesanipada, que conversavam após a refeição da noite, sobre o que havia acontecido. Eles disseram que Oanes era o chefe guerreiro que viera para aquela terra para dominar e tornar-se um rei. Que eles deviam sacrificar animais e homens para este terrível deus. Mesanipada entendeu que devia tratar-se do espírito de um falecido guerreiro que havia aportado naquelas plagas vindo de distante terra, pelo mar, e que devia estar vagando por entre as casas de Uruck. Ele achou por bem seguir o que aquele espírito pedira, já que devia estar com fome no outro mundo. Mesanipada, pragmático como sempre, achou que deviam não só oferecer tudo o que ele pedira, mas sempre lembrá-lo de que Nimrud e seu grupo eram seus aliados. O turtanu de Nimrud acreditava que seria bom ter aliados no mundo espiritual.

Nimrud, por sua vez, após meditar a sós por alguns minutos, achou a ideia toda fantasiosa, acreditando que devia ter saído da cabeça de Akurgal, que era dado a alucinações. Ele devia ter influenciado Antasurra com suas histórias de deuses, demônios e espíritos. Ele não acreditava em nada disso, mas sempre achava um modo de tirar proveito dos deuses e da crença da população. A partir deste ponto, ele começou a construir a ideia de uma dominação cada vez mais acirrada sobre o povo, impedindo-o de se revoltar contra seu poder, usando para tal o medo aos deuses, os castigos pelas faltas cometidas e, especialmente, pelos pecados inconscientes. Com isso os sumérios tornaram-se um povo cheio de culpas, acreditando que todas as coisas ruins que lhes aconteciam eram frutos de seus pecados, mesmo quando a consciência não os acusasse de nada.

Por outro lado, Mesanipada, sob o olhar condescendente de Nimrud, incentivava Akurgal, Antasurra e um grande grupo de novos sacerdotes a praticarem magia negra. Tudo era permitido, desde que fortalecesse o poder de Nimrud, da recém-constituída religião e dos sacerdotes que passaram a dominar cada vez mais as pessoas. A saúde era uma prerrogativa dos sacerdotes, que curavam fazendo magia, ou pelo menos assim o afirmavam. O povo pagava caro para ter sementes abençoadas por Ninkilim, a deusa dos campos e dos ratos. As casas deviam ser limpas sob severos rituais que custavam carneiros e bodes aos donos. E assim, Uruck foi se tornando o centro de uma magia imitativa que obtinha resultados impressionantes.

Com a chegada de uma caravana trazendo cobre da Ásia Menor, puderam fazer muitos arados, e Agha viajou pelas aldeias mostrando o novo produto. Os jovens logo aderiram a essa nova peça, e os campos começaram a ser arados com profundidade, conseguindo-se um aproveitamento da terra muito melhor. Antes, o arado tosco apenas arranhava o solo e as sementes ficavam muito expostas ao sol tórrido, germinando menos de um terço delas. Agora, com o novo arado, a lâmina penetrava mais fundo, revolvendo a terra fértil da Mesopotâmia e protegendo mais e melhor as sementes que brotavam. Em poucos meses, a produtividade quadruplicou. Nimrud dedicava boa parte do seu tempo e esforço em conduzir os assuntos do nascente estado de Uruck. A cidade recebia visitantes de vários outros lugares da Suméria e muitos se fixavam, atraídos pelo florescente comércio. A maioria dos recém-chegados a Uruck era constituída de artesãos que sabiam trabalhar o ouro e a prata, assim como faziam belíssimas obras em lápis-lazúli, trazido do planalto iraniano.

Nimrud sentia crescente necessidade de mais material para ser empregado, assim como o uso de mais mão de obra barata. Os escravos incrementavam os negócios, aumentando o tempo livre dos donos de terras para que fizessem outras atividades, na maioria das vezes mais lucrativas, tais como o comércio, a agiotagem, a guerra e a pilhagem.

Nimrud foi apresentado a um jovem rapaz que navegava o Eufrates, ganhando a vida como pescador. O rio era muito piscoso e o peixe fazia parte da dieta dos sumérios. Agha, nas suas andanças para vender arados e carroças, conhecera o pescador ao tentar vender-lhe um dos seus implementos agrícolas. O pescador lhe dissera que não precisava, já que ganhava a vida com pescaria. A maioria dos pescadores pescava com varas ou lanças, com resultados mínimos. Agha ficara vivamente impressionado com o novo sistema daquele jovem que desenvolvera um barco feito de juncos e caniços da beira do Eufrates. Até este ponto não havia novidades, pois já existiam barcos semelhantes. O jovem usava uma rede, tosca, é verdade, mas muito eficaz, e conseguia pescar mais peixes num dia do que a maioria num mês. Agha não pôde deixar de levá-lo à presença do grande chefe que estava com seu turtanu.

Agha explicou o que o jovem fizera e Nimrud, que tinha pedido que todas as novidades lhe fossem trazidas para uma avaliação pessoal, sorriu satisfeito. Realmente, era uma ideia engenhosa, mas o

que lhe chamara a atenção era o fato de o rapaz ter feito um navio sozinho, e era isso que lhe dava real valor aos olhos de Nimrud.
– Quantos homens cabem no seu bote?
– Apenas dois, lugal Nimrud – dissera o jovem, timidamente.
– Você acha que seria capaz de fazer um barco maior?
– Não sei, lugal. Mas grande como?
– Grande o suficiente para carregar mais de dois mil quilos de cobre.
– No meu barco, posso carregar cinquenta quilos de peixes. Acho que, se tentasse fazer um maior, provavelmente conseguiria.
– Diga-me, qual é seu nome, jovem?
– Urshanabi, seu humilde servo, grande lugal.
– Você gostaria de fazer um grande barco, Urshanabi, suficientemente grande para caber cinco mil quilos de mercadorias e dez homens?

O jovem espantou-se, sentiu medo e baixou a cabeça, esfregando as mãos nervosamente uma na outra.

– Oh! Grande Nimrud. Não me peça isso! Eu nunca fiz nada parecido e tenho medo de não lhe ser útil. Se eu fracassar, sem dúvida, sua ira será grande e serei passado na espada.
– Seu medo é infundado. Nunca mandei matar um homem que trabalha para mim e não assassinaria alguém que vai tentar algo novo. Sou amigo das invenções e da arte.

Nimrud levantou-se de sua cadeira e começou a andar pela sala, excitado, pensativo.

– Vou lhe dar uma equipe de cinco homens e quero que tente. Se você conseguir, tornar-se-á imensamente rico e poderoso, tendo um lugar assegurado ao meu lado. Se falhar, voltará para as suas pescas e nada farei para prejudicá-lo. Esta é a palavra do lugal.

O jovem, que tinha se mantido de pé, ajoelhou-se e seus olhos encheram-se de lágrimas. A fama de Nimrud era de ser terrível, não devendo ser desobedecido; caso contrário, o desafeto seria morto. O jovem chorava de medo e não de satisfação. Nimrud aproximou-se do jovem, tomou o seu braço, ajudando-o a levantar-se e lhe disse calmamente:

– Não tenha medo, Urshanabi. O grande deus Anu o escolheu para uma grande missão, e ele, na sua magnificência, nunca erra. Se você se dedicar ao trabalho e tiver confiança em Anu, será vencedor.

O rapazinho, que não passava dos quinze anos, ficou mais calmo com a atitude amável e paternal de Nimrud, que tivera a intuição de que esse jovem era mais do que os olhos podiam ver. Havia nele aquele mesmo brilho de inteligência, argúcia e angústia que caracterizava a nova geração.

Com a saída de Urshanabi, acompanhado de um estupefato Agha, Mesanipada, que acompanhara a conversa, perguntou qual o motivo de fazer um grande navio para carregar tanta gente e tantos quilos. O Eufrates, em sua opinião, jamais poderia fornecer tanto peixe assim.

– Não é para pescar no Eufrates que quero o navio. Veja bem, Mesanipada, os antigos nos disseram que existe um mar além do rio que é formado pela união do Tigre e Eufrates. Esse mar leva a terras distantes e as caravanas que passam, beirando-o, trazem marfim, cobre, madeira e especiarias finas. É óbvio que, se pudermos fazer essa rota de barco, será melhor do que fazê-la a pé. Poderemos transportar mais coisas e ir mais longe do que qualquer caravana. Além do que, não existem bandidos ou tributos para impedir uma embarcação de ir e vir.

Mesanipada sempre se espantava com Nimrud. Por mais que ele tivesse boas ideias, o seu chefe parecia sempre estar pensando em coisas anos à frente.

Urshanabi levou dois anos para construir o barco definitivo. O primeiro adernou ao ser lançado ao rio. O segundo era duro demais e se quebrou na junção do Tigre e do Eufrates, devido às pequenas ondas formadas pela união. O terceiro flutuava perfeitamente, mas Urshanabi não conseguia manobrá-lo bem e acabou à deriva, encalhando num banco de areia. Finalmente, o quarto e último barco navegou rio abaixo e voltou. Foi mostrado a Nimrud que não quis subir a bordo, preferindo acompanhá-lo por alguns quilômetros rio abaixo, confortavelmente sentado numa carroça puxada por dois jumentos.

Finalmente, chegou o dia de navegar à procura de novos mercados. A bordo, iam Urshanabi, oito marinheiros e dois guias que já tinham sido caravaneiros e conheciam as línguas estrangeiras. Junto com eles foram cinco toneladas de cevada, cerveja, óleo e outros produtos sumérios.

Enquanto Urshanabi desenvolvia seus pendores de construtor naval, Nimrud atacara a região de Acad e fizera considerável número de prisioneiros, trazendo cobre, estanho, frutas, cerâmica, prata e ouro. Mais de oito mil prisioneiros foram escravizados e duzentos e setenta e cinco homens foram martirizados como exemplo para os demais. Os combates foram acirrados, mas os semitas acadianos lutavam de forma desorganizada e não foram páreo para as falanges disciplinadas de Urgar.

Nesse mesmo período, enquanto Nimrud descansava de suas aventuras na terra de Acad, nos braços de uma beleza acadiana, recebeu notícias de que a margem direita do Eufrates estava sendo atacada por bandidos semitas, vindos dos desertos árabes. Reuniu sua tropa, cruzou o Eufrates e atacou os caldeus, quando eles estavam cercando a cidade de Eridu, uma das mais velhas de Sumer, que, no entanto, não passava de um vilarejo um pouco maior do que a antiga Erech. Uruck já tinha quase trinta mil habitantes e Eridu não chegava a cinco mil.

As tropas bem equipadas e bem treinadas de Nimrud, sob o comando do implacável Urgar, destroçaram os caldeus e se muitos fugiram é porque usavam camelos, animais desconhecidos de Nimrud e que iam mais rápido do que qualquer homem a pé. Os sumérios não tinham cavalaria e não gostavam de montar nos seus jumentos. Esses animais eram relativamente lentos e empacavam muitas vezes, exigindo grande dose de paciência para movimentá-los. Alguns eram ferozes, dando coices terríveis e mordidas abomináveis, quando eram montados. Os caldeus que ousaram enfrentar os guerreiros de Uruck foram mortos ou feitos prisioneiros.

Nimrud entrou em Eridu como o salvador da cidade. Foi festejado durante dias e pôde conversar longamente com os conselheiros da cidade. Os anciãos não lhe deram muito ouvido, mesmo que escutassem atentamente com grande respeito e temor. Nimrud explicou o que fizera em Uruck, mas a sua fama de homem destemperado e feroz lhe precedera. As coisas boas que desenvolvera em Uruck ficaram no esquecimento, mas o mal que fizera se propagara enormemente.

Aos anciãos de Eridu a ideia de construir muralhas, de ter um exército para se defender, arados de bronze, carroças, e outras novidades não lhes apeteceu. Afinal, Eridu tinha mais de três mil anos e nada mudara naquele período. Na opinião dos mais velhos, as novidades eram perigosas, pois desvirtuariam as novas gerações, exterminando a tradição. Para o Conselho de Anciãos de Eridu, a tradição era a certeza da continuação das coisas e da garantia da subsistência de sua raça.

Em Eridu, no entanto, também existiam jovens com olhares argutos, inteligentes e angustiados. Também tinham sido discriminados, quando menores, por serem diferentes e estarem sempre querendo mudar as coisas. Com esses, as palavras de Nimrud encontraram terreno fértil. Muitos pediram para voltar com ele para conhecerem Uruck e foram bem recebidos pelo líder. Muitos anos depois, alguns voltariam a Eridu e transformariam aquele pequeno vilarejo numa cidade tão importante como Uruck. No entanto, as transformações maiores viriam com a descendência de Nimrud.

Nimrud tinha quatro filhos, três homens e uma mulher. Sua idade estava por volta dos trinta anos. O seu filho mais velho era chamado de Banda. Com a morte do pai, viria a se tornar rei de Uruck, tomando o nome de Lugalbanda. Haveria após sua morte quatro descendências importantes. Lugalbanda teria um filho – Emmerkar – que lhe sucederia, que teria, por sua vez, um primogênito – Dumuzi – que ascenderia ao trono, que, por sua vez, teria um filho – Gilgamesh – que se tornaria famoso num longo poema épico. A epopeia de Gilgamesh seria uma mistura de fatos reais de Gamesh o Grande, rei de Uruck, e de lendas orientais de imortalidade e de monstros e deuses.

Dumuzi tornar-se-ia famoso e entraria na história como um deus que viera ensinar os homens a ler e escrever. Muitos acharam que fora ele o inventor da escrita, mas, na realidade, ele fora apenas o que dera maior impulso à mesma, tendo montado várias escolas. Dumuzi iria alterar a escrita pictórica para uma escrita mais fonética, baseada em sons. Nas lendas sumérias, Dumuzi seria o homem que teria feito os homens passarem do estágio rural para o urbano, mas seu bisavô, o famoso Nimrud, que a Bíblia chama de Nemrod, "famoso caçador perante Jeová, o primeiro poderoso da Terra", foi quem introduziu esse estágio com o uso da religião e do terror.

Dumuzi, no entanto, seria o grande impulsionador das mudanças introduzidas por seu bisavô Nimrud. Ele propagaria por toda a Suméria e regiões vizinhas uma forma de governo em que cada cidade teria seu próprio Conselho de Anciãos, mas obedeceria a um único poder central, fixado no ensil de Uruck.

As lendas sobre as caçadas de Nimrud foram, em parte, verdadeiras e, em parte, forjadas pela propaganda oficial. Nimrud era realmente hábil com o arco e flecha, mas o grande número de animais abatidos, num único dia de caça, devia-se muito mais ao fato de seus amigos, ao os abaterem, outorgarem o feito ao ensil. As lendas acabaram por notabilizá-lo como grande caçador perante Deus e sua fama chegaria até nossos dias graças à Bíblia.

Com a revolução cultural suméria, o número de palavras cresceu de forma assustadora. Novos empregos e técnicas fizeram nascer vocábulos que os mais velhos não conheciam, dificultando a difusão de novas ideias. Em menos de dezoito anos, cerca de cinco mil novas palavras foram introduzidas, assim como tempos verbais, aglutinações, sufixos, flexões e infixos. A língua suméria primitiva, quase infantil, proto-indo-europeia, recebeu uma influência tamanha que se modificou a ponto de não se reconhecer mais sua origem, a não ser por um ou outro vocábulo.

Dois anos depois da partida de Urshanabi para o desconhecido, ele voltou são e salvo, trazendo especiarias, marfim e outros bens. Entre as novidades, ele trouxe sete belíssimas mulheres, das quais deu duas de presente a Nimrud, uma para Mesanipada, que não aceitou a sua prenda, dando-a para Nimrud, uma para seu benfeitor Agha, uma para Urgar, e ficou com duas magníficas mulheres. Elas eram totalmente diferentes das mulheres sumérias, de pele preta, olhos negros imensos, cabelo negro, liso, comprido e cheio.

Urshanabi foi levado à frente de Nimrud pelo seu amigo Agha e relatou sua viagem. Contou as peripécias marítimas de forma rápida e, finalmente, contou que havia aportado num lugar de luxuriante beleza onde, após vagar alguns dias, beirando a costa, encontrou um vilarejo. A surpresa foi enorme por encontrarem pessoas de pele negra, hospitaleiras e que se vestiam de forma simples, mas colorida. O guia não conhecia a língua nativa e durante alguns dias tiveram enorme dificuldade em se comunicar com os nativos. Foi por intermédio de sinais e gestos que conseguiram se entender.

A viagem de ida havia tomado duas luas e mais um pouco e lá ficaram fundeados por quase vinte luas. Aprenderam a língua local com grande dificuldade e puderam, após algumas luas, se entender razoavelmente bem. Tratava-se de uma língua dravídica, uma variação do tâmil. A localidade era chamada pelos nativos de Magan. Era próxima de um grande rio que eles chamavam de Meluhha, dando nome a toda a região.

Pelas explicações de Urshanabi, os nativos eram pessoas simples, muito pouco afetos à guerra, que cultivavam de forma extremamente rudimentar seus campos. Suas casas eram arredondadas e suas aldeias pequenas. A mortalidade era alta devido a doenças, e o intrépido navegador informara ao poderoso Nimrud que não havia muita diferença entre a civilização dos dravídicos e a dos sumérios antes do nascimento de Nimrud.

A excursão marítima, portanto, tinha obtido inegável êxito, mesmo que não tivessem encontrado nenhuma civilização igual à deles. Compraram marfim, madeiras, cobre e especiarias em vários pequenos povoados de gente negra na longínqua terra dos dravídicos que, futuramente, seria chamada de Índia.

Um dia, a irmã de Nimrud, Geshtinanna, veio procurá-lo. Ela era casada com um homem bem mais velho do que o irmão e continuava pobre, vivendo em Shurupak. Geshtinanna estava preocupada com seu pai. Sua mãe morrera havia alguns anos e Nimrud não participara do seu enterro, já que estava em campanha contra os arameus ao norte. O velho Cus estava muito doente e Geshtinanna não podia tomar conta dele. O seu próprio marido estava cansado e não tinha escravos para trabalhar o seu pequeno pedaço de terra. O velho homem estava doente e Geshtinanna pediu que Nimrud o aceitasse até o último dos seus dias.

Nimrud mandou vir o pai, não porque o amasse, mas, se não o fizesse, estaria dando um mau exemplo, e o líder, em sua opinião, deveria sempre dar exemplos construtivos ao seu povo, para continuar sendo venerado e amado. O pai foi instalado num quarto afastado e alimentado convenientemente. O velho estava muito alquebrado e não resistiria muito tempo. Alguns meses depois de ter sido instalado no palácio de Nimrud, Cus pediu para falar com o filho; sentia que suas forças se esvaíam e queria vê-lo pela última vez. Nimrud atendeu ao seu pedido um tanto contrariado. Desde que o pai chegara, nunca fora vê-lo. Não tinha, portanto, ideia de como estava velho, cansado e doente.

Nimrud atravessou os compridos corredores do seu palácio e entrou no pequeno quarto onde estava seu pai. Levou um susto ao ver o pai deitado na cama, pois estava macérrimo. A cabeça tinha poucos cabelos, que estavam totalmente brancos. O velho, ao vê-lo, acomodou-se na cama baixa e ficou encostado à parede para melhor olhá-lo. Ambos se observaram por um instante. Todos os dois estavam diferentes. O pai alquebrado e o filho, cheio de pompa e soberba, com uma túnica azul com detalhes em ouro e adornado com várias joias de ouro e prata. Os seus cabelos estavam bem cortados, a barba aparada e exalava perfumes exóticos, vindos de além-mar.

– Você está muito bonito, meu filho – disse-lhe o pai com uma voz fraca, quase sumida.

Nimrud nada disse. Sentou-se num banco e o escravo saiu correndo à procura de um assento mais digno do lugal. Em alguns segundos, voltou com cerveja e mais dois escravos trazendo uma poltrona alta, com almofadas macias e perfumadas. Nimrud acomodou-se novamente, sentando-se com majestade, e olhou para o pai, com a bebida na mão, e lhe perguntou:

– O que deseja de mim?

Nimrud estava visivelmente perturbado com a figura paterna. Acostumara-se a ver um homem simples e sem conhecimentos especiais, um camponês rude e ignorante, mas que sempre o tratara bem. Grande parte do desprezo que nutria pelos pais era uma reação à forma como fora tratado por eles. Os seus pais sempre foram bondosos, mas não sabiam responder às suas perguntas, repreendendo-o constantemente por querer alterar os costumes. Com o tempo, foram se tornando irritadiços com Nimrud, e isso é que fez com que o jovem se colocasse distante deles. Não havia nada em comum entre eles, e Nimrud encontrava as mesmas perguntas e dúvidas entre seus amigos, o que os aproximava. Não havia ódio entre pai e filho, apenas distanciamento.

Cus vivia assomado pela dúvida e angústia de entender as ações do filho e achava que ele era o culpado pelo lugal ser o que era. Nimrud, por sua vez, estava perturbado já que, agora, olhava para um homem velho, magro, de triste figura, desdentado e com tremores nas mãos. Será que o seu próprio fim seria assim?

O pai começou a falar com seu filho com grande cuidado. Sua fama de irascível era terrível; nem mesmo o pai estava certo de poder lhe falar sem criar perigo para si.

– Quero que você entenda minhas perguntas, meu querido filho. Não são para perturbá-lo, mas para que eu, um velho homem, entenda as ações do seu filho.

Nimrud não tinha respeito pelo pai, mas escutava-o atentamente. Com um gesto altaneiro, deu a entender que o velho podia continuar e fazer as perguntas que quisesse.

– Tenho visto as coisas incomparáveis que você fez e fico muito orgulhoso disso tudo. O arado realmente melhorou muito as nossas plantações junto com os novos canais que você mandou abrir. A carroça facilitou nossa vida, assim como o uso do boi e do jumento. A nova cidade que você fundou é belíssima, com muralhas imponentes e um templo grandioso. Muitos me falam que estamos desenvolvendo novas técnicas que chamam de astrologia, matemática e formas de contabilizar as safras.

O monarca começou a dar sinais de irritação. Aonde o velho queria chegar? Cus sentiu que precisava ser mais objetivo e concluiu:

– Reconheço que você mudou a face de Sumer. Mas gostaria de saber se tudo o que foi feito não poderia ter sido realizado de outra maneira.

Olhou intrigado para o pai e lhe perguntou:

– Que outra forma?

O velho parecia estar escolhendo cuidadosamente as palavras: não queria ofendê-lo.

– Bem! Quando você nasceu, não existiam escravos. Um ou outro prisioneiro de guerra era usado em trabalhos até que seu resgate fosse pago. Hoje, os homens são escravos para toda a vida. Não há resgate nem uma forma de eles comprarem a liberdade. Acabam morrendo como escravos.

– E daí?

– Sou um homem simples e nada conheço dos novos tempos, mas isso não me parece justo.

— Por que não é justo? São seres inferiores. São como animais. Não se dá liberdade aos animais. Eles trabalham até que estejam muito velhos. Esses prisioneiros são iguais aos animais. Veja como vivem e o que pensam. Não são muito melhores do que jumentos.

— Mas, Nimrud, eles são homens iguais a nós.

— Parecem ser, mas não são. Estão centenas de anos atrás de nós.

— Nimrud, volto a insistir se não era possível fazer tudo que o você fez de outra forma.

Inicialmente Nimrud pareceu se irritar com a pergunta, mas, olhando para aquele homem velho e decrépito, que já fora forte e valente, parou para pensar um pouco e lhe disse, após alguns segundos de reflexão:

— Quando comecei minha jornada, eu não sabia para onde estava indo. Segui os impulsos de minha mente. As coisas não foram pensadas e fiz o que minha natureza determinou que fosse feito. Não planejei cada passo, mas meu coração me levou por essa trilha. Hoje, olhando para trás, chego à conclusão de que, mesmo não sabendo para onde estava indo, meu instinto estava certo. Se conquistei povos e fui duro com eles é porque eles não entenderiam outra linguagem. Deveria eu falar de paz e amor com aqueles que queriam a minha morte? Deveria eu ser bondoso com os meus inimigos quando, na primeira oportunidade, eles me cortariam em pedaços? Não, meu pai, por mais que você não me entenda, e nunca me entendeu, o que fiz foi correto.

— Mas, meu filho, você foi muitas vezes tirano e instigou a crueldade entre seus homens. Seus amigos são homens terríveis. Seu turtanu Mesanipada é feroz com os inferiores, mandando aprisionar por um sim ou não. Urgar é um conhecido assassino que mata por prazer. Você usou os deuses, que sempre foram benevolentes para nós, como uma arma para aterrorizar seu próprio povo.

O soberano o interrompeu e lhe disse de forma rude:

— Os deuses servem aos homens inteligentes e, se existem, não se manifestam contra nós. Se fui cruel, e muitas vezes confesso que o fui, foi por uma boa razão. Para se alcançar o poder é preciso eliminar os inimigos e transformar o povo numa massa de manobra. Para isso, essa plebe ignorante e estúpida deve acreditar em deuses. Se somos poderosos, os deuses devem sê-lo ainda mais. É por isso que nossos deuses são sedentos de sangue. Controlamos a massa humana com terror, já que nunca entenderiam palavras bondosas ou de amizade. Para um povo condenado a viver no inferno, é preciso que se use a força, a crueldade e, principalmente, o terror.

O velho olhou para o filho com os olhos úmidos e não falou mais nada. Continuava a não entender por que as coisas deviam ser tão brutais. Ele, parecendo ler o pensamento do pai, continuou, num tom mais brando:

— Nossos antepassados viveram aqui por milênios e cada geração repetia sempre o que havia sido feito pela anterior. Quando eu vim ao mundo, o arado era um tronco que era duramente arrastado pelos campos. A fome rondava nossas casas e dependíamos da bondade dos deuses para que o Eufrates enchesse. Se não houvesse cheias, passaríamos fome e muitos morreriam por falta de comida. Não houve modificações substanciais no decorrer dos milênios em que estamos neste vale. E, mesmo assim, havia fome e os homens viviam pouco, porque comiam mal, trabalhavam muito e sua única diversão era encontrar uma mulher quando voltasse para casa. Mas que mulher? Uma velha prematura, cansada de trabalhar nos campos, na casa, cuidando de filhos malcheirosos e chorões. As mulheres tinham um filho atrás do outro e passavam seu tempo chorando a perda da maioria deles para o demônio da fome e da doença.

Cus escutava, atentamente, o que lhe dizia aquele filho inflamado, cheio de empáfia e vaidade.

— Hoje, as coisas são diferentes. O homem não se mata de trabalhar nos campos porque existem escravos para fazê-lo e se sua mulher continua bela e atraente é porque temos gente para cozinhar e limpar a casa. Os filhos estão sempre limpos e cheirosos, com perfumes que vêm de muito longe, e aprendem a ler e a contar. Já não são pequenos animais que só sabem comer e chorar. Durante milênios, os sumérios não fizeram nada, a não ser repetir velhas fórmulas. Em pouco menos de dez anos, nós mudamos a face do mundo e somos agora os senhores desta terra. Para que isso pudesse acontecer foi necessário que se pagasse um preço. E esse preço foi pago com a vida de outros homens. Que seja!

Cus perguntou, então:

– Mas como será no futuro? Deverá o mundo todo ser escravizado e os homens aterrorizados para que um grupo de privilegiados possa viver à larga?

O filho olhou para o teto, procurando uma resposta, e muito calmamente disse ao pai:

– Não sei. Provavelmente, sim. O futuro é insondável. O que poderá acontecer dependerá de tantos fatores que eu não saberia lhe responder. Mas, afinal, de que me interessa o que pode acontecer dentro de mil ou dez mil anos? Eu não estarei aqui para ver!

Cus respondeu com um olhar levemente sarcástico:

– Se for verdade o que os seus sacerdotes dizem, você poderá estar aqui por muito tempo e terá que sofrer as consequências de seus atos.

Nimrud conhecia a lenda que os seus sacerdotes pregavam, dizendo que os recém-chegados eram uma raça superior, nascidos da união dos deuses com as filhas dos homens e que teriam que viver muitas vidas aqui na Terra para que pudessem se tornar novamente deuses. Essa ideia, nascida de Akurgal, num dos seus muitos transes, nunca lhe fora muito simpática, mas era usada com maestria para dominar o povo e estabelecer uma superioridade econômica, social e política da classe dominante. Nimrud não acreditava nessas coisas e por isso, quando o pai falou, aborreceu-se, vendo nessa atitude paterna uma afronta, uma intolerável pilhéria. Deu por encerrada a conversa e, levantando-se, afastou-se com passos firmes, sem olhar para trás.

Seu pai ainda viveu por dois meses, tendo sido muito bem tratado, mas Nimrud nunca mais o viu, nem mesmo no dia de seu enterro.

A Queda dos Anjos | 75

O tempo correu e, quando Nimrud estava com trinta e cinco anos, Uruck era uma potência local. Sua agricultura florescente gerava excedentes fabulosos. As terras estavam quase todas arrendadas aos pequenos lavradores, que, apesar das enormes dívidas contraídas para comprar arados, carroças e sementes abençoadas pela deusa dos ratos e da praga, Ninkilim, e dos altos tributos ao templo do deus Anu, conseguiam excelentes resultados. Isso se devia aos grandes aprimoramentos de abertura de canais, de uma irrigação mais constante e de novas represas feitas por Nimrud para conter as cheias excessivas do Eufrates. Ainda que tivessem que pagar metade da safra aos sacerdotes, os camponeses viviam melhor do que antes.

Os que viviam em torno de Nimrud constituíram uma classe social poderosa e rica. Tinham terras próprias, escravos e feitores para tomarem conta das colheitas. Viviam na cidade em casas luxuosas para a época, com servos e bastante conforto e luxo. Suas casas eram decoradas com grande requinte, com objetos de lápis-lazúli, marfim, ouro e prata. Nimrud sempre fora generoso com seus aliados, mas sua própria casa era um enorme palácio de luxo e riqueza inimagináveis.

Uruck estava cercada por uma muralha de nove quilômetros e meio, com novecentas torres de vigia semicirculares que, como diria Gilgamesh, brilhavam como cobre ao sol. O etemenanki do grande deus Anu se sobressaía e um camponês podia ver brilhando ao longe o topo da grande construção, protegendo os seus campos e sua família.

Outra classe social, a dos homens comuns, era constituída da grande massa de sumérios, que viveria bem não fosse o terror dos deuses, dos pecados, das histórias mórbidas, de arcas fantásticas que teriam carregado os homens durante um dilúvio e a força secreta dos homens de Nimrud, que viviam espionando à procura do menor sinal de traição ou sedição, punidas com a morte, no altar, para maior glória do deus Anu.

Havia uma massa de escravos trazidos das conquistas de Nimrud e de homens comuns que tinham se endividado com os agiotas, que emprestavam a juros exorbitantes e, quando não pagos, transformavam seus devedores em escravos, vendendo-os para receber de volta o que tinham emprestado. A agiotagem era uma nova forma de enriquecimento, nunca vista antes da revolução suméria de Nimrud.

Essa sociedade, a primeira a se civilizar na Terra, era cruel e ao mesmo tempo instigante. Desenvolvera a matemática, a escrita, os controles burocráticos, hierarquizara as atividades, dera forte priorização à arte e à cultura, estabelecera o comércio e difundira sua forma de viver para todos os que quisessem segui-la.

O comércio entre sumérios e outros povos havia progredido sobremaneira com Nimrud. As caravanas organizadas em Uruck iam buscar muitos produtos de lugares longínquos, levando os grãos excedentes da Suméria e, principalmente, levando as invenções importantes, tais como a roda, a carroça e o arado, além da escrita, certas noções de matemática e a forma de pensar. Dessa rica cultura, o que mais se difundiu foi a magia e as formas de previsão do futuro, mas muitas invenções sumérias não chegaram nem mesmo a ser introduzidas em larga escala. Aquele povo chegou a produzir uma bateria elétrica utilizada em certas atividades.

Mil anos depois de Nimrud, a Suméria seria destruída por invasões e muito se perderia. O mais importante é que grande parte da civilização suméria seria exportada para o Egito, a Índia, a Ásia Menor, a ilha de Creta e o planalto Iraniano, onde, no futuro, nasceria o império Persa. A roda e o arado chegaram ao Egito, poucos anos após seu desenvolvimento na Suméria e seriam motivo de grandes modificações na cultura neolítica pré-faraônica do Egito que também, naqueles tempos, viria a passar por grandes modificações, devido a novas gerações de homens de olhos inteligentes e angustiados.

Em Uruck, durante o reinado de Nimrud, começou uma grande expansão demográfica, originada por melhores condições de vida, alimentação mais saudável e ritmo de vida menos severo devido ao grande trabalho escravo. Os índices de mortalidade diminuíram; os homens comuns e os ricos viviam mais, enquanto a taxa de nascimento crescia devido às condições sanitárias melhores e à alimentação mais farta, tanto para as mães como para os recémnascidos. Houve, no entanto, um aumento espantoso de crianças aleijadas, cegas, mudas, dementes e retardadas. Mas, por outro lado, a quantidade de crianças inteligentes, argutas e sagazes também cresceu em proporções equivalentes.

Nimrud conseguira estabelecer uma confederação de cidades e aldeias, em que o poder do rei-sacerdote, o ensil, designado pelo chefe supremo em Uruck, era contrabalançado pelo Conselho de Anciãos. O poder nesses lugares tornara-se bicéfalo. Sua influência espalhara-se por todo o sul da Suméria e também ao norte. As cidades de Babilônia, Kish, Shurupak, Ur, Eridu, Lagash, Umma e várias outras estavam diretamente sob seu forte jugo. Além delas, ao norte, a aldeia de Assur, Recobot-Ir e Cale tinham sido dominadas por Nimrud.

Nimrud construiu outras cidades ao norte, inicialmente para se proteger dos ataques dos gutos. Nínive e, depois, uma cidade que levaria seu nome, Nimrud, tornar-se-iam espetaculares e importantes após sua morte. Além dessas, construiria Resem, situada entre Cale e Nínive, que cresceria para tornar-se bela e grande.

Um dia, quando Nimrud já governava há mais de vinte e cinco anos, os gutos invadiram o norte e o ensil deslocou-se com seu exército para enfrentá-los na batalha de Haran, próxima da suja e pequena aldeia do mesmo nome. Os gutos foram estraçalhados pela máquina de guerra suméria, mas Urgar foi mortalmente ferido. Uma flecha alojou-se em seu estômago, o que o fez morrer em extrema agonia, que durou mais de doze horas. Nimrud não saiu de perto do grande amigo e chefe de armas que tanto o ajudou a tornar-se poderoso e temido. Urgar morreu urrando de dores lancinantes, praguejando contra todos os deuses e maldizendo-se, enquanto a vida esvaía junto com o sangue que jorrava da ferida e da boca.

O coração de Nimrud nunca mais foi o mesmo. Amava Urgar como se fosse um irmão e sua morte o abalou tremendamente. Sua vida foi-se escoando lentamente por mais dez longos anos. Sua aliança com os lugares vizinhos possibilitou que as cidades-estados de Lagash, Eridu, Ur, Umma, Sin, Babilônia e outras menos importantes se fortalecessem. Morreu velho para a época, jovem para nossos dias, com 55 anos, e seu filho Lugalbanda ocupou o trono.

No mesmo ano em que Nimrud morreu, Lagash revoltou-se contra Uruck, mas foi derrotada pelo jovem Lugalbanda, tão audaz e bravo como o pai. Seus descendentes ainda mantiveram o domínio de Uruck por mais quinhentos anos. Dumuzi traria mais progresso à região e, sendo mais manso e bondoso do que Nimrud, tornou-se um deus vivo. Durante esse período, houve poucas revoltas, mas, no final da época de Gilgamesh, Uruck perderia o predomínio sobre a região. Kish cresceria para tornar-se importante e ameaçar o poder de Gilgamesh, cerca de trezentos anos depois de Nimrud. Depois desse rei cheio de bravatas e de aventuras extraordinárias, Kish tornar-se-ia cada vez mais poderosa, eclipsando totalmente Uruck. Mesilim, rei de Kish, ficou sendo conhecido como um mediador, um pacifista, o único naquele período obscuro da história, já que as guerras, então, entre as cidades-estados da Suméria, haviam se tornado endêmicas, trazendo morte e sofrimento àquele grande povo.

A história não pôde registrar todos os feitos de Nimrud, mas, sem ele, sua personalidade aglutinadora, progressista e conquistadora, a Suméria não teria sido a primeira civilização a ser fundada na Terra. Foi por meio da geração maldita da qual Nimrud era um dos líderes que a Terra saiu de seu marasmo após a revolução neolítica há cinco mil anos antes de Uruck. Foi a forma contestadora desta geração que alterou a face do mundo. Sem ela poderíamos ainda estar empurrando um arado de tronco de madeira e orando para que as poucas sementes germinassem e nos dessem o que comer. Foi com a violência, a injustiça e o domínio do mais arguto sobre o mais lerdo que a civilização terrestre se fez.

Capítulo 2
O Coordenador
Ahtilantê – 3.800 a.C.

Cerca de trinta e cinco anos antes de Nimrud nascer para tornar-se o primeiro poderoso da Terra, num lugar muito distante da Suméria, Varuna Mandrekhan acabara de ser eleito para a difícil missão de coordenar a transferência de espíritos de Ahtilantê ainda profundamente arraigados no mal que iriam auxiliar no processo civilizatório do pequenino e distante planeta Azul, chamado de Terra pelos espíritos administradores daquele orbe.

Após aceitar o pesado encargo, Varuna se tornara o Ungido dos espíritos superiores da galáxia.

Em Ahtilantê, nas mais densas trevas, à beira dos grandes abismos, onde ficavam os mais tenebrosos seres espirituais, os transmutados, havia uma fortaleza. Ela era enorme, ocupando uma vasta área, com muitos aposentos e um salão colossal. Este salão ficava no centro da vasta construção e era vazado no centro, mostrando o céu negro, que, vez ou outra, apresentava uma leve coloração alaranjada quando o sol de Capela passava pelo seu topo. Em algumas noites, uma das luas de Ahtilantê aparecia quase que completamente apagada, pois o céu daquele lugar sombrio era ocupado por negras emanações mentais.

Aquele era a fortaleza de Razidaraka, um dos mais temíveis alambaques e um dos mais velhos e renitentes adversários da luz. As lendas diziam que ele já estava naquelas paragens há mais de quinhentos anos. Em torno dele, um enorme grupo de alambaques secundários e milhares de mijigabaks se aglomeravam. Ele tinha fama de mandar aprisionar as mais belas prostitutas e as usava para seu bel prazer. Parte de seu castelo era repleto de haréns, onde estas mulheres decaídas no prazer e no vício ficavam aprisionadas, por um certo tempo.

Ele era um homem alto, de pele azul, de beleza física impressionante. Era diferente dos demais alambaques e mijigabaks que tinham fácies monstruosas. Ele se vestia com uma túnica azul negra, de um tecido que imitava o veludo. Olhando-o de frente só se notava que ele era um tenebroso alambaque devido aos seus olhos, malignos, cheios de ódio, rancorosos e penetrantes. Era um mestre em manipulação mental, dominando as energias do local com rara maestria. Era sobejamente conhecido dos guardiões que não se aventuravam em seu território.

Razidaraka tinha um braço direito que era um espírito que se apresentava como uma mulher. Não era sua escrava sexual, pois ela tinha a aparência de uma velha, encarquilhada, encurvada e com um ríctus facial de fealdade indescritível. Razidaraka, no entanto, aturava seus repentes de mau humor, de ataques de raiva e sua revolta, porque ela era dotada de uma intuição extraordinária. Era capaz de prever o futuro com grande segurança. Sua mente havia sido treinada durante várias existências como feiticeira, e sua percepção extrassensorial era notável.

No mesmo dia que Kon-the-Bhai convidava Varuna para ser o coordenador do exílio, o messias de Ahtilantê, ela teve a nítida intuição de tudo que iria acontecer. Ela chamou Razidaraka às suas dependências, onde começou a falar o que ela vira numa espécie de tela cristalina.

– Os privilegiados querem expurgar todos os alambaques para um inferno distante.

Era interessante como aqueles espíritos chamavam os espíritos superiores. Eles os chamavam de privilegiados, pois, na sua mentalidade tacanha, eles os viam como seres que haviam sido privilegiados pelas forças sociais, ou espirituais, e haviam alcançado as luzes, sem esforço, dobrando a cerviz aos desígnios superiores e sendo bons cordeiros prontos para serem abatidos.

Razidaraka ficou surpreso. Ele duvidou do fato. Isto era uma atividade monumental. Quantos milhões teriam que ser levados, sabe-se lá para onde? Impossível! Ele não precisou externar sua dúvida, porque a velha feiticeira captou seus pensamentos.

– Não duvide de mim, Razidaraka. Eu jamais me enganei. Eu vi que os privilegiados estabeleceram um plano de expurgo e mais, muito mais, vi que eles deram a incumbência a um poderoso mykael.

– Escute bem, velha. Eu não duvido de você, mas esta missão é impossível. Somos quantos, espalhados por estas furnas infernais? Trinta, quarenta milhões? Você acha que este mykael tem mais poder do que todos os alambaques juntos?

– Tem! Este tem.

Razidaraka irritou-se.

– Os privilegiados não têm poder entre nós. O mundo espiritual é um mundo de formas de pensamento. Não é um mundo físico, onde você pode prender as pessoas, ou atirar nelas. Aqui vale a força do pensamento. E absolutamente nenhum outro alambaque ou mesmo privilegiado tem o poder mental que eu tenho. Sou e sempre fui o imperador dos alambaques.

A velha sorriu, como a zombar da pompa de Razidaraka. Ela sabia que aquele ser era um poço de egoísmo, de empáfia e de vaidade. Mas ela também sabia que os espíritos altamente evoluídos, quando tinham que baixar demais seu padrão vibratório, perdiam parte de sua energia mental e tinham dificuldades em se estabilizar naquelas paragens de energias tão densas e perniciosas. Um mykael – um mago de grande poder mental – deveria ter grande domínio sobre si mesmo para adentrar as trevas e não perder seu poder.

– E que dizem mais seus vaticínios infalíveis? – a pergunta tinha uma dose de sarcasmo de que a velha não gostou e ela respondeu com dureza.

– O mykael irá liderar as forças da luz contra nós e sairá vencedor. Você irá liderar uma revolta dos alambaques, mas será vencido no final, quando as três luas estiverem alinhadas.

Razidaraka deu uma estrepitosa gargalhada.

– Que três luas, velha idiota!? Este maldito lugar só tem duas luas. Você acha que uma lua aparece assim do nada? Além do que as duas só se alinham de oitenta em oitenta anos. Isto só pode significar que eu serei vitorioso. Três luas, ora veja!

A velha detestava ser contrariada. Virou-se para seu aparelho, onde ela se concentrava e apareciam nítidas imagens, e falou com uma voz soturna, carregada de rancor e ódio, pois ela também era prisioneira daquele ser infernal.

– Pode rir à vontade, mas os vaticínios são claros: quando as três luas estiverem alinhadas você será derrotado. A lua negra e os anões brancos se unirão ao mykael, e você será deportado em estado de putrefação.

Razidaraka enfureceu-se. Ele sentira o tom ameaçador da velha. Sabia que ela o odiava, mas, se a mantinha perto dele, era porque seus vaticínios eram infalíveis.

– Cale a boca, velha bruxa, senão eu a esmago. Você entende, sua velha canalha. Você e os privilegiados verão do que eu sou capaz. Ninguém mais há de me enganar com conversas de pretensos deuses e de paraísos extraordinários. Aqui não há anões brancos. Isto não existe. Quanto mais três luas. Serei vencedor ou não me chamo Razidaraka, o grande dragão.

Assim falando, levantou-se de sua cadeira e saiu enfurecido. Só a emanação de sua raiva havia calado a velha que absorvendo as suas energias deletérias sentiu-se extremamente mal, com vontade de vomitar e perdendo parte dos seus sentidos. O próprio castelo, ligado à mente do Razidaraka, chegou a vibrar como se estivesse sob o efeito de um pequeno tremor.

Razidaraka estava com tanto ódio que imediatamente chamou seus lugares-tenentes, seus mais poderosos alambaques e os seus mais temidos e animalescos mijigabaks e deu-lhes um ordem que soou tão estapafúrdia que até os mais empedernidos tremeram: nunca haviam feito nada parecido. No entanto, o momento não era próprio para discussão; se o imperador queria, assim seria feito.

...

No outro dia, enquanto Varuna ainda meditava sobre o exílio, dois guardiões estavam postados numa das esquinas de uma das principais cidades do império hurukyan. Enquanto eles conversavam banalidades, olhando com atenção o cenário em busca de eventuais problemas, as pessoas passavam, rápidas, à procura de seus afazeres, sem se darem conta da guarda atenta.

Subitamente, em pleno dia, uma nuvem negra apareceu no meio da larga avenida por onde trafegavam velozes e modernos automóveis. Os guardiões olharam aquela nuvem inusitada; jamais haviam visto nada igual. De dentro da negra nuvem, começaram a sair diversos espíritos tenebrosos. Os guardiões não perderam tempo e reportaram o fato ao seu posto de comando.

No astral médio, as medidas foram rapidamente tomadas. Vartraghan, o chefe do setor, foi avisado e, em poucos minutos, um enorme grupo de guardiões chegaram ao local. Os mijigabaks já estavam se espalhando pela cidade, para iniciar sua faina destruidora. A ordem era produzir os maiores distúrbios possíveis.

Incitar brigas, provocar acidentes de trânsito, atacar os renascidos incautos. Era uma ofensiva de grande porte, como nunca fora visto.

Vartraghan, com Vayu e Rudra, logo espalharam sua turma de guardiões para uma operação de captura. Iniciou-se uma verdadeira luta entre as duas facções; no entanto, o que nos parece uma atividade fácil, na realidade era extremamente difícil. No mundo físico, a captura se faz com o uso da força física, com lutas e projéteis, mas, no mundo astral, mesmo que se pareça muito com o físico, a luta se desenvolve na mente dos participantes.

Os guardiões usavam armas psicotrônicas do mesmo modo que os alambaques, ou seja, armas ligadas à sua própria mente que descarregavam energia mental, canalizando-a para um determinado objetivo. Para obter resultado era necessário que a descarga energética atingisse o oponente dentro de sua faixa vibratória e perto ou dentro de um dos seus centros de força. Desta forma, o oponente receberia um choque violento e cairia desmaiado, e assim ficaria por algumas horas. Por outro lado, se o projétil mental atingisse o oponente fora do centro de força ou com uma vibração baixa ou alta demais, a sensação de dor podia ser produzida, mas seria insuficiente para derrubá-lo, o que lhe daria chance de revidar ou fugir.

O combate entre o grupo de Vartraghan e os alambaques durou quase toda a tarde, mas poucos foram os mijigabaks que foram capturados, pois a maioria, quando se via encurralada, fugia para as densas trevas e tornava-se inatingível.

Os combates se deram nos mais diferentes lugares: entre pessoas trabalhando, em lojas, em escolas, em residências e vários outros sítios. Os renascidos nada viam, e nada sentiam, a não ser um ou outro mais sensitivo que, inconscientemente, sentiu-se mal ou sob a impressão de que algo de muito ruim estava acontecendo.

Após horas de combates demorados, os alambaques haviam fugido para as trevas, e um ou outro mijigabak de menor importância havia sido capturado. No entanto, podia se catalogar como uma vitória das forças de Vartraghan, já que os trevosos não conseguiram lograr nenhum sucesso em suas intenções.

– Foi uma luta e tanto, não acham? – comentou jovialmente Vartraghan aos seus lugares-tenentes Vayu e Rudra.

– Faz tempo que não me divirto tanto! – exclamou Vayu.

Já Rudra, mais sério, comentou um tanto preocupado:

– Este grupo pertence ao alambaque Razidaraka. Eu nunca soube que eles tivessem feito um ataque tão forte e concatenado em plena luz do dia. O que será que aquele demônio deseja?

Vartraghan, bem mais preocupado, comentou:

– O velho Razi sempre foi um perigo, mas agora ele passou dos limites. Temos que redobrar nossa atenção, pois ele não irá engolir esta derrota facilmente.

Os três guardiões se afastaram para relatar o fato ao seus superiores. Começava um período de grande azáfama.

...

Varuna ainda não sabia do ataque dos mijigabaks de Razidaraka e foi à procura de sua esposa. Eles viviam em planos distintos. Varuna, que já beirava o mundo mental, situava-se no astral superior, enquanto que Terapitis, sendo do astral médio, localizava-se numa grande instituição socorrista, da qual Uriel era uma das principais diretoras.

Terapitis o acolheu com carinho, e foram juntos para os aposentos onde a gentil senhora se refugiava em suas horas de lazer e estudo. Era um quarto bastante confortável, onde uma cama, para as eventuais sonecas que um espírito do astral médio ainda sente necessidade de tirar, uma escrivaninha, uma cadeira, uma estante com vários livros, dois sofás e uma poltrona em estilo clássico complementavam a decoração. No canto do aposento, existia, embutido na parede, um equipamento de múltiplo uso, que servia como uma forma de televisão, acesso a bibliotecas de planos astrais e até mesmo de dimensões superiores. No caso dos planos superiores, nem todas as informações eram acessíveis, mostrando que nem tudo está à disposição dos espíritos, e nem são, eles, os donos da verdade.

Varuna levou algum tempo explicando o cerne de sua missão e, pelo olhar de orgulho de Terapitis, via-se que ela estava vivenciando tal missão como se fosse ela própria a eleita dos espíritos superiores. No entanto, aos poucos, à medida que Varuna lhe explicava que ele teria que partir de Ahtilantê por um tempo extremamente longo, provavelmente de forma definitiva, o belo e meigo olhar de Terapitis foi-se tomando de profunda melancolia. No final da exposição, Terapitis tinha lágrimas a rolar pelas faces, de forma suave mas bem visíveis. Varuna, sensível como era, foi mudando o discurso de sua pessoa para incluir sua esposa.

– Minha querida, esta missão pode incluir você. Iremos precisar de um sem número de obreiros em vários setores. Você que se especializou na recuperação de espíritos dementados poderá ser de imensa utilidade. Pretendo convidar Uriel para fazer parte de minha equipe e tenho certeza de que ela há de encontrar um trabalho digno para sua atual capacitação.

Terapitis levantou-se e andou pela sala. Sua mente e coração estavam em desalinho. Claro estava que o convite era perfeito: aliaria sua nova especialização com a companhia de seu marido; no entanto, outros graves fatores obstaculizavam sua querência.

Terapitis, controlando sua imensa tristeza, começou a falar.

– Querido Varuna, outros fatores estão me impedindo de partir com você.

– Abra seu coração, minha querida. Quem sabe se não podemos conciliar interesses?

– Tive uma longa conversa com meus mentores, há cerca de uma semana, e eles me explicaram muitas coisas de meu passado e das teias de destino que teci, seja com minha impetuosidade, seja com minha imprevidência.

Varuna olhou-a de forma inquisitiva. A que impetuosidade e imprevidência a sua esposa se referia, se, na sua forma de julgar, ela era a mulher mais ponderada e previdente que ele jamais conhecera? Seria crível que ele se enganara com ela por todas aquelas décadas de convívio diário?

Terapitis, lendo suas dúvidas no rosto, respondeu-lhe, sempre comedida.

— Em outras existências, fui destemperada, imprevidente e, muitas vezes, de um egoísmo feroz, não vacilando em passar por cima de quem quer que fosse para obter o que eu achava que era de meu direito. Nesta avassaladora forma de agir, prejudiquei imensamente um homem que me amava acima de suas próprias forças, levando-o ao desatino e à loucura.

— Custa-me crer que você pudesse ter estas características!

— Maravilhosas são as oportunidades de regeneração e de transformação íntima que o renascimento consecutivo proporciona. Através de muitas existências, burilei, ou melhor dizendo, burilaram meu espírito. No entanto, aquele espírito decaído continuou atrasado, devido a minha irresponsável atuação. Deste modo, as grandes almas, que nos ajudam a aprimorar nosso espírito, vêm colocando-nos juntos em várias situações. Uma hora como esposo devotado, outra como irmão querido, ou como benevolente pai. Minha responsabilidade com ele é imensa e, portanto, continuo atada a este espírito até que possamos, juntos, libertamo-nos do longínquo passado, e possamos ascender às alturas dos grandes mestres da espiritualidade.

Não foi preciso muito esforço por parte de Varuna para entender que Terapitis se referia a Bahcor, seu pai. Sempre existira por parte de pai e filha um amor extremado, um carinho superlativo. Não fora à toa que Terapitis se arriscara, indo às densas trevas, resgatar o pai. Terapitis prosseguiu em sua alocução.

— Nosso casamento nasceu de circunstâncias fortuitas, a partir do assassinato de meu pai pelo meu irmão. Antes de nos casarmos, eu o admirava pela sua beleza, pela sua fidalguia e seu espírito empreendedor, mas não havia o amor. Este nasceu depois de nossas núpcias, a partir de uma relação madura, sensata e equilibrada. Sua forma de me tratar como sua igual, num mundo onde as mulheres sempre foram endeusadas, e, ao mesmo tempo, repudiadas me fizeram ver que eu também tinha um valor intrínseco. Nossa vida, nossos filhos, nossa forma terna e ardente de amar e fazer amor, me fez ser uma mulher feliz e estável. Nosso amor é um assunto muito bem resolvido, do qual levarei uma indelével lembrança para a eternidade. Mas, com meu pai Bahcor, o assunto ainda demanda grandes tentativas.

– O que lhes disseram seus mentores?

– Interessante ter me perguntado isto. Parece que eles já previam que você iria me convidar para esta experiência no planeta Azul, pois me recomendaram fortemente que não me comprometesse com nenhum outro tentame. Eles me afiançaram que, em breves décadas, renascerei como bisneta de mim mesma, tendo como pai nosso atual neto que tem poucos anos de vida. Quando atingir a idade certa, me casarei com um homem digno, que eu esperava ser você, e receberei em meus braços maternais, meu próprio pai, para guiá-lo pela vida, nos caminhos da luz.

Varuna levantou-se e os dois se abraçaram com grande emoção. Ficaram nos braços de um e outro por alguns rápidos minutos, até que Varuna, com a voz embargada de emoção, falou:

– Um amor como o nosso jamais fenece; por mais que nós nos separemos, ele continuará vivo em nossa lembrança, até que, no instante certo, no seio de nosso amantíssimo Pai, ele desabrochará por completo, sem embargos e cizânias.

E assim dizendo, ele beijou as duas mãos de Terapitis e, cabisbaixo, saiu dos aposentos, enquanto a esposa sentava-se no sofá, a chorar de forma plangente. O capítulo existencial entre Varuna e Terapitis chegava ao fim, pelo menos por enquanto, pois cada um tinha caminhos diferentes a serem trilhados, mas o destino final era o mesmo.

...

Varuna recolheu-se em seu quarto, ligou um pequeno dispositivo que encheu o espaço de belas melodias, sentou-se confortavelmente numa poltrona e começou a meditar. À medida que ia pensando, anotava num pequeno artefato portátil uma série de fatos, compilando gradualmente suas ideias. Seus primeiros pensamentos foram voltados para a recuperação dos candidatos ao exílio. Na verdade, essa não era a sua atividade, mas seu coração compassivo doía ao simples pensamento de ter que levar para outro planeta pessoas que, com certo esforço, poderiam ser recuperadas ali mesmo, em Ahtilantê.

Após algumas horas, parou de trabalhar, indo até uma espécie de clube, onde se encontrou com diversos amigos. Conversou sobre assuntos amenos, procurando distrair-se. Voltou ao quarto, analisou todos os apontamentos, corrigiu alguns e quedou-se quieto por uns minutos. Sua mente estava um torvelinho de pensamentos, ideias e sugestões, repleta de dúvidas. Relaxou o corpo numa posição meditativa e orou ao Altíssimo para que o ajudasse a encontrar o caminho mais correto.

Durante dois dias, foi possuído por um único pensamento: o expurgo. Sobre este assunto, pesavam-lhe as dúvidas da recuperação moral dos caídos. Tinha alinhavado um conjunto de providências, ordenando-as de forma racional, estando ansioso para se reunir com Saercha.

A reunião deu-se no escritório do ministro. Assim que chegou ao local, notou que Saercha estava acompanhado de um espírito diferente de todos. Era um homem forte, de cabelos longos e dourados que iam até o ombro, rosto de um homem maduro, imberbe, olhos profundamente azuis. Sua testa era relativamente curta e não tão pronunciada e jogada para trás como os ahtilantes. Saercha adiantou-se e cumprimentou-o:

— Bom dia, irmão Varuna. Tenho uma surpresa para você. Será que se lembra de nosso irmão Gerbrandom?

Varuna olhou para o recém-chegado e colocou sua memória para funcionar. A princípio nada o fazia lembrar daquela bela alma. Saercha murmurou, desejando ajudá-lo:
— Karion! Lembre-se de Karion.

Sua mente disparou e, subitamente, num torvelinho de reminiscências fragmentadas, lembrou-se do gigante espiritual que proferira bela palestra em Karion, falando exatamente do fenômeno relativo aos expurgos espirituais coletivos que os planetas estão sujeitos quando passam da fase humana média para a humana superior. Sua mente abriu-se e, como numa visão, ele rememorou que, antes de renascer como Varuna, ele fora Helvente e, como espírito, entre as duas existências – Helvente e Varuna –, fora enviado pelos seus superiores para o evoluído planeta de Karion, onde passou seis meses em estudos. Sua mente lembrou-se de Gerbrandom.

— Mestre Gerbrandom, que enorme surpresa!
— Realmente, meu caro Varuna. Tratam-se dessas coincidências que nos levam a perguntar se elas existem ou se são construídas pelos nossos Maiores. Imagine que estava desenvolvendo agradável atividade em outro quadrante da Galáxia, quando fui contatado pelos meus superiores que me enviaram aqui para ajudar no que for possível nessa importante empreitada.

Sempre imensamente feliz, Gerbrandom prosseguiu:
— Vim o mais rápido que pude e fui apresentado pelo magnífico Kon-the-Bhai ao nosso irmão Saercha que me colocou a par de tudo. Foi com imensa surpresa que descobri que Varuna, o coordenador-geral do processo, é nada menos do que Helvente que conheci em Karion, há cerca de cem anos.

Varuna, com olhos rasos d'água, meneava a cabeça, incapaz de falar o que fosse, toldado pela emoção do reencontro. Mesmo tendo passado poucas horas em Karion com o mestre, fora o suficiente para que houvesse uma forte identificação entre eles. Varuna fez um esforço para retomar o controle de suas emoções e disse:

– Mestre Saercha, Gerbrandom tem que ser o coordenador, pois tem muito mais experiência do que eu.

Saercha meneou negativamente a cabeça e disse:

– Mestre Gerbrandom realmente tem uma vivência enorme em expurgos, tendo participado ativamente de dois, mas está aqui como simples consultor técnico, e não como responsável por todo o processo. Esse é um expurgo ahtilante e deve ser guiado por alguém afeto a esta área. Por mais que mestre Gerbrandom tenha experiência e inegável conhecimento, ele não conhece as nossas idiossincrasias culturais, nossas línguas e nossa história. Finalmente, Ahtilantê deve ser responsável por Ahtilantê.

– Permita que eu lhe explique o motivo de minha visita e o oferecimento dos meus préstimos.

– Acho que seria interessante escutar a história do mestre Gerbrandom e, então, tomar uma decisão em relação ao seu concurso. Sentemo-nos e ouçamos sua narrativa com extremo cuidado – comentou Saercha.

Todos se sentaram em confortáveis poltronas na sala de estar do ministro. Gerbrandom olhou para Varuna e disse-lhe, muito calmamente, sem nenhum acabrunhamento:

– Há mais de dez mil anos, em outro planeta altamente evoluído tecnologicamente, eu fui um desvairado, um alucinado, totalmente fora de qualquer equilíbrio emocional. Um verdadeiro demônio de maldade, tendo sido o líder de uma poderosa nação e, ensandecido, junto com um grupo de sequazes, provoquei uma tenebrosa guerra. Esse conflito alastrou-se pelo orbe e provocou mortes, destruição, de forma superlativa, e sofrimentos indizíveis. Terminou sendo um holocausto nuclear de proporções tão gigantescas que, no princípio, ninguém poderia jamais imaginar os resultados tão aterradores. Eu mesmo morri calcinado numa explosão nuclear de proporções gigantescas.

Varuna olhava para Gerbrandom com espanto. Saercha demonstrava grande tranquilidade, como se conhecesse aquela velha história.

— Durante o longo período em que nosso planeta esteve submerso nas terríveis poeiras radioativas, fui forçado, junto com todos os amantes da guerra, os provocadores de conflito, os sugadores de sangue humano – vampiros sociais – e os fabricantes de armas que, sem pejo, provocam o conflito para ganhar ainda mais, a renascer naquele inferno pestilento e lúgubre de radiações atômicas.

Gerbrandom pintava com cores vivas seu passado, para delas tirar ilações dos erros e pavimentar a estrada do futuro com exemplos dignificantes.

— Durante quinhentos anos, renasci para viver pouco e mal em cada vez. Uma vez, idiotizado. Outra vez, com o câncer a devastar meu organismo. E assim por diante, até que o planeta estivesse novamente pronto para evoluir, tendo aniquilado a radioatividade. Eu estava apto a reiniciar a minha ascensão. Fui, então, banido para um planeta extremamente primitivo.

Gerbrandom falava essas coisas com simplicidade, sem empáfia ou dramaticidade.

— Ao ser expurgado para aquele local primário, tive renascimentos terríveis. Sofri superlativamente até que, após cinco renascimentos, durante os quais só fiz somar aos meus extensos débitos ainda mais abominações, tive a ajuda de um grande mentor. Mostrou-me com amor o verdadeiro caminho a ser trilhado. Durante muitas existências materiais, fui transformando minha essência, até que, após seis mil anos de novas experiências carnais, finalmente, pude renascer naquele planeta já mais evoluído materialmente como um mestre, um profeta, um enviado dos Maiores.

A história de Gerbrandom calava fundo na alma boníssima de Varuna. O colosso prosseguiu sua narrativa:

— Foi uma existência maravilhosa. Ensinei que Deus era nosso amantíssimo Pai e não um terrível carrasco que está sempre à espreita para nos castigar. Os homens, no entanto, perseguiram-me, aprisionaram-me, torturaram-me e supliciaram-me de forma superlativa. Naquele momento, quando expirei em martírio inaudito, libertei minha confrangida alma de todo o mal, de todo o complexo de culpa por ter provocado, seis mil e quinhentos anos antes, uma guerra fratricida tão tenebrosa. Libertei-me de toda a culpa e, após isso, ascendi ao mundo mental.

Varuna tinha os olhos cheios de lágrimas. Gerbrandom era a prova viva de que um demônio torna-se anjo, pelo cadinho da experiência carnal e da atitude ampla de fraternidade e amor. Gerbrandom, então, complementou sua narração, dizendo:

— Assim como você e os demais, também estou à procura da perfeição, através do trabalho árduo e do desprendimento pessoal. Tenho ajudado em dois exílios recentes que aconteceram, sendo o último do planeta Karion há cerca de setecentos anos. Desejo, no entanto, mais do que simplesmente ajudar a degredar meus irmãos menores para algum ponto obscuro do universo. Desejo, desta feita, servir com utilidade na pronta recuperação de seus vícios e seus desvios mentais. Quero ficar no planeta de degredo para ajudar na evolução social e cultural. Preciso ser, cada vez mais, útil! Peço, portanto, que me aceitem como ajudante, como obreiro. Não desejo ser nada mais do que simples peão no jogo do Senhor.

Saercha, ciente do vasto conhecimento de Gerbrandom e da importância de sua evolução espiritual, interveio:

— Varuna, meu amigo e irmão, creio que o concurso fraterno de Gerbrandom, como seu consultor-mor, será uma aquisição de vital importância para o processo. Qual é a sua opinião?

Varuna não titubeou, respondendo de chofre:

— Seria motivo de honra, orgulho e alegria tê-lo como meu comandante, imagine, então, poder contar com seus conhecimentos, sua vivência e experiência.

E assim dizendo, selaram um acordo de entendimento e fraternidade. Gerbrandom passaria a ser o consultor-mor de Varuna que continuaria sendo o coordenador-geral.

Saercha perguntou:

— Então, pensou no processo?

— Mestre Saercha, gostaria de expor minhas ideias, pedindo encarecidamente que as critique severamente, reorientando-me, se for o caso.

Saercha concordou, meneando a cabeça, estimulando a que prosseguisse.

— Os pontos mais importantes do expurgo são: regenerar o maior número possível de seres para que não tenham que ser degredados, iniciar o processo de expurgo de forma gradativa e terminá-lo após um determinado tempo. Só devemos banir aqueles que apresentam atitudes incompatíveis com o novo mundo ahtilante; portanto, creio ser prudente iniciar o expurgo de forma gradativa, para que possamos avaliar corretamente inúmeros problemas de ordem prática. Finalmente, estabelecer uma data limite em que o expurgo deverá estar concluído. Qual a sua opinião, mestre Saercha?

— A princípio suas premissas estão corretas. Desejo que você se concentre sobre o problema do degredo, já que os processos de regeneração estão afetos a outro setor. Desejo saber especificamente o que você imaginou em relação ao expurgo.

Varuna parou para pensar e disse, após alguns instantes:

— O primeiro passo me parece ser a formação de uma equipe que possa me ajudar nesse processo. Este grupo deverá ser dividido em dois. O primeiro trabalhará em Ahtilantê; e o segundo, no planeta Azul. Outro ponto que me parece nevrálgico é visitar o planeta Azul, manter contato com seus coordenadores e unificar a equipe ahtilante com a equipe local, formando uma associação coesa e solidária. Por outro lado, no espaço de tempo mais curto possível, devemos preparar um primeiro grupo de espíritos para ser transferido, devidamente aclimatado no novo habitat. Finalmente, começar o processo de renascimento com o maior cuidado, após planos detalhados de local, raça, cultura e condições ecológicas. Analisar os primeiros acontecimentos e determinar um plano de trabalho permanente, automatizado e consistente.

Saercha concordou e ajuntou à exposição uma observação importante:

— Sim, parece-me correto. Mas, meu amigo Varuna, você não deve nunca se esquecer da função precípua de sua missão, que é a de regenerar os que forem exilados. Nós não desejamos que esses degredados sejam apenas transferidos e abandonados num planeta distante. O que realmente importa, e esse é o cerne de sua missão, é trazê-los de volta para o caminho correto do amor Divino. Os que se redimirem poderão voltar a Ahtilantê ou permanecer no planeta Azul, caso prefiram e já tenham obtido créditos e méritos que facultem tal decisão.

— Sim, desde o primeiro instante em que assumi esta missão, duas coisas me passaram pela mente: regenerar os exilados e fazer com que sua presença no planeta Azul possa trazer evolução, civilização e avanço tecnológico; e, não apenas, terror, crueldade e sofrimento.

Saercha queria conhecer as suas ideias mais a fundo, portanto, continuou seu questionário:

— Varuna, que tipo de equipe pretende montar?

— Deverá ser uma equipe multissetorial. Comecemos com a parte psicológica. Teremos absoluta necessidade de psicólogos. Temos que partir da ideia de que os exilados serão pessoas que apresentam deformações de ordem mental profunda. Muitos são esquizofrênicos, autistas, catatônicos e neuróticos, necessitando de tratamento e assistência psicológica. Pretendo ter um psicólogo-chefe, alguém com experiência em espíritos do astral inferior, pois é lá que estão os candidatos ao exílio.

— Concordo, mas não se esqueça de que existem milhões de renascidos que são candidatos também, assim que vierem a deixar o invólucro físico.

— Perfeitamente, mestre Saercha, mas já os conto como se fossem integrantes do astral inferior. Assim que morrerem, os desequilibrados e pervertidos deverão ser atraídos magneticamente para aquelas plagas. Desse modo, após certo tempo, estarão também no rol dos banidos.

— Certíssimo! Aguardemos que alterem suas atitudes e, consequentemente, o seu comportamento. Enquanto estiverem na matéria, terão tempo limitado de ação que esperamos que não desperdicem. É preciso entender que arrependimentos tardios, aqui no astral, não poderão ser tolerados. Conte-me mais a respeito de sua equipe. Até agora, está indo bem.

— Bem, tenho certeza de que precisaremos trabalhar em conjunto com os espíritos construtores e planejadores do planeta Azul, pois imagino que deva haver enormes diferenças físicas entre os ahtilantes e os homens primitivos.

— As diferenças são grandes, posso lhe afiançar, mas não insuperáveis. Como sabe, o corpo astral pode se adaptar a todo gênero de necessidade, e os cérebros de ambas as espécies são relativamente parecidos. As maiores diferenças entre as duas espécies são de reino: os ahtilantes são oriundos de formas avançadas de répteis bípedes, enquanto que os habitantes do planeta Azul são mamíferos, oriundos de grandes primatas do passado.

Varuna manifestou a mais viva surpresa. Não imaginara que fosse possível. Em Ahtilantê, os poucos mamíferos eram pequenos, lerdos, inofensivos e dados a certas condições de existências desqualificadas para os padrões locais, como o hábito de ingerirem carne morta, sendo, portanto, animais de carniça, faxineiros da natureza. Descobria agora que havia uma humanidade originária de mamíferos.

— Fantástico! — exclamou surpreso.

— Realmente, meu caro Varuna, a obra divina e a cocriação coletiva apresentam as mais variadas formas de existência no universo, dependendo das condições locais, do desenvolvimento histórico e da criatividade dos espíritos construtores. Existem planetas com humanidades tão diferentes da nossa, que, para eles, nós não passamos de monstros.

Gerbrandom, até então calado, interveio, dizendo-lhe sorrindo:

— Eu mesmo desenvolvi-me num planeta de mamíferos. Não há nada demais!

Varuna sorriu e aquiesceu. Não importa a forma, mas sim a essência. Ele, por outro lado, havia pensado em levar uma grande equipe de operadores de renascimento, mas, no decorrer da conversa, concluiu que seria desnecessário ter um agrupamento especializado tão grande. Saercha, lendo-lhe a mente, disse-lhe:

— Exatamente, meu caro Varuna. Os obreiros que estão no planeta Azul estão mais qualificados do que qualquer outro para operarem os renascimentos. Além do que não há grandes modificações no processo de reintrodução espiritual na carne. As diferenças são apenas de prazo e de formas. As fêmeas ahtilantes, mesmo sendo uma forma reptiloide, são fecundadas da mesma forma que as fêmeas do planeta Azul. Nós somos uma forma de réptil que gesta o ovo interiormente, e o pequeno ahtilante nasce de forma reduzida, crescendo rapidamente nos primeiros meses, alimentando-se de comida idêntica à do adulto. Já o pequeno mamífero, desenvolve-se no útero materno, exigindo um parto mais laborioso e dolorido, à medida que sai proporcionalmente maior do que a nossa raça. Por outro lado, o tempo de gestação é cinquenta por cento mais longo, além de o recém-nascido ser integralmente dependente de cuidados nos primeiros meses. Se não houver cuidados incessantes, perecerá.

— Parece uma raça mais frágil do que a nossa.

— Eis aí onde você se engana, meu caro Varuna. Essa raça foi desenvolvida para suportar uma gravidade bem superior à nossa, além de variações de temperatura bem mais agudas. Para completar, sua força física tem que ser superior já que a gravidade maior faz com que tudo seja mais pesado. Para terminar, o sol amarelo é muito mais quente do que o nosso, fazendo com que certas áreas do globo tenham temperatura com o dobro da nossa e outras sejam extremamente geladas, muito abaixo do ponto de congelamento da água.

— Meu Deus! Estamos enviando-os para um inferno!

— Não é muito distante do conceito religioso, pois, além do calor, há animais selvagens, homens primitivos, cujas mentes ainda não descobriram os mais comezinhos princípios de civilização e, finalmente, e o pior de tudo, será a excruciante saudade que os exilados sentirão, mesmo estando renascidos, já que é uma mudança radical. Muitos julgarão que não pertencem àquele lugar, achando-se filhos das estrelas ou dos deuses distantes. Não se deixe enganar pelas aparências, pois a reminiscência de Ahtilantê será profunda devido à mudança ser tão drástica e radical.

– Será que esse lugar é tão tenebroso assim?

– Não, meu caro Varuna. Trata-se apenas de um lugar primitivo como era Ahtilantê há seis mil anos. Você deve saber que aqui também já foi um inferno, como você chama estes lugares primitivos, para aqueles que aqui vieram desterrados.

Varuna aquiesceu, pois ele sabia que Ahtilantê também fora palco de uma migração importante para seu desenvolvimento. Eles haviam vindo de Condal, um planeta muito distante, de um outro quadrante da Galáxia. Os condalinos, como eram chamados, foram os aceleradores evolutivos dos ahtilantes, mesmo que tivessem também introduzido muitos dos mitos de superioridade racial dos azuis e da inferioridade mental dos cinzas.

Saercha desejava saber mais a respeito dos planos de Varuna e pediu que ele lhe contasse tudo. Varuna não se fez de rogado e expôs suas ideias.

– Tenho absoluta certeza de que os nossos principais candidatos ao degredo serão os chefes alambaques, seus mijigabaks e o grande contingente de seus prisioneiros.

– Perfeitamente. São o grosso dos seus candidatos.

– Imaginei, portanto, que para manusear calmamente essa malta perigosa, seria necessário um especialista em segurança. Mesmo conhecendo os alambaques bastante bem, creio que deveria ter um especialista que me ajudasse a convencer os chefes alambaques de que deverão nos acompanhar sem opor resistência e, mais, ajudando-nos de bom grado.

– Corretíssimo. Agora como você pretende fazer isso?

– Os chefes alambaques têm uma psicologia própria, que é preciso conhecer. Se eu souber usá-la, oferecendo em troca algo que lhes seja efetivamente atrativo, eles me servirão.

– Saiba que aqui reside o seu ponto fraco: se eles se recusarem, prepare-se para uma batalha campal no astral inferior.

Varuna olhou-o perplexo. Batalha campal no astral inferior? Seria possível ou era apenas uma figura de retórica? Saercha respondeu-lhe as indagações mentais:

– Não é uma figura de retórica, meu caro Varuna. Os chefes alambaques têm um verdadeiro exército que precisaria ser atacado, destruído e aprisionado. Para nossa sorte, não se trata de um grupo coeso, mas de milhares de gangues de assaltantes espirituais que infernizam a vida dos renascidos. Podemos combatê-los, já que temos guardiões em número suficiente; no entanto, será preferível convencê-los a ir em paz.

Gerbrandom fez um comentário pertinente.

– Em Karion, tivemos sérios problemas para reunir os irmãos que estavam fundo nas trevas e nos grandes abismos. Eles formaram grandes grupos, fortemente equipados com armas psicotrônicas e ofereceram uma severa resistência, dificultando grandemente a vida dos guardiões. Tivemos que desenvolver novas armas para destruir seus redutos.

– E como fizeram isso?

– Meu caro Varuna, posso assegurar-lhe que foi uma verdadeira guerra. Inicialmente, os capturávamos como se fosse uma operação policial. Depois, eles se fortaleceram, unindo-se em grupos fortemente armados, escondendo-se nas densas trevas. Resolvemos destruir o astral inferior, mormente as grandes trevas e os abismos, com energia potentíssima. A força canalizada contra as trevas dissiparam-nas, possibilitando que as luzes atingissem os abismos e as grandes cavernas e, desse modo, os guardiões puderam prender os líderes da conspiração através de campos de força e reuni-los em prisões especiais.

Gerbrandom fez uma leve pausa e arrematou:

— Se você conseguir convencer os chefes alambaques a acompanhá-lo de bom grado até o planeta Azul, você terá conseguido a maior vitória desta missão. Em Karion, eles não conseguiram o apoio dos dragões e, por isso, a luta foi renhida e longa.

Novamente o gigante espiritual fez uma pausa e, mudando de tom, concluiu seu raciocínio:

— Mas, mesmo conseguindo a adesão de um grande número, teremos que enfrentar séria resistência com vinte a trinta por cento dos seus alambaques.

— Tem razão. Provavelmente, teremos necessidade de armas e técnicas como foram desenvolvidas em Karion — Varuna comentara, preocupado.

— Em parte, sim. Lembre-se de que os seres aprisionados no astral inferior estão muito mais próximos da vibração dos chefes alambaques do que da nossa; portanto, será mais fácil que eles obedeçam aos seus semelhantes do que a nós. O ideal é que você consiga convencer os principais chefes alambaques a o acompanharem, não como prisioneiros e banidos, mas como líderes e guias de uma grande renovação. Saiba que serão fundamentais na implantação e evolução da civilização no planeta Azul — comentara Saercha.

— De que forma, mestre Saercha? Não vejo como os alambaques poderão ser úteis depois que estiverem exilados.

— Coloque-se por um instante no lugar dos degredados. Esses seres nascerão de pais primitivos e, logo na adolescência, à medida que seu intelecto começar a despertar, deverão entrar em choque cultural com os costumes e hábitos da tribo. Eles estarão, de certa forma, mentalmente perdidos. Precisarão de mentores fortes que os guiem para que possam colocar em prática seu conhecimento superior. Concluímos, pois, que serão esses chefes alambaques estes guias.

— Meu Deus! Não será isso uma temeridade?

– Sim, mas não há outro caminho. Antevejo dificuldades intransponíveis se, no início, determinarmos que os guias mentores tradicionais tiverem que atuar sobre esses seres. Os banidos, por estarem em patamar muito baixo, não lhes obedecerão. Lembra-se de como alguns políticos, já totalmente corrompidos, eram totalmente impermeáveis às suas sugestões? O mesmo acontecerá com eles.

Gerbrandom interveio para dar maior consistência às afirmações de Saercha:

– Meu amigo Varuna, se pedir que guias mentores evoluídos se comportem como verdadeiros feitores de escravos, estará exigindo demais, vilipendiando os valores superiores. Para animais perigosos, usam-se cães de guarda ferozes. Temos que conquistar a confiança dos chefes alambaques e conseguir seu concurso fraterno. Se eles nos apoiarem, trabalhando como seus prepostos, subordinados aos guardiões, também evoluirão e chegará o dia em que irão desejar abandonar a vida de crueldades, tornando-se seres de luz. Renascerão novamente, voltando à trilha estreita e, muitas vezes, espinhosa que leva ao Senhor.

– Vocês têm razão. Irei me cercar de um especialista em segurança que, naturalmente, conheça bem os alambaques, provavelmente tendo sido um deles, em algum ido tempo.

– Sim, e não se esqueça de que você irá precisar de especialistas em transportes astrais. Você deverá vencer quarenta e dois anos-luz de distância, levando mais de trinta milhões de seres.

– Tanta gente assim!?

– Nossos estudos apontam para números próximos disso. Estimamos que uma em cada quinhentas pessoas demonstre um endurecimento de atitudes que exigirá uma terapia de choque. Existem cerca de dezesseis bilhões de habitantes espirituais, tanto físicos como astrais; portanto, temos algo em torno de trinta e poucos milhões de seres exiláveis. Não se esqueça de que precisará transportar essa turba num período de um século ou menos.

Sugiro que se informe com os especialistas em transporte através do astral para saber quais os meios existentes para carregar tanta gente. Eles deverão conhecer formas de conduzir centenas de milhares de almas em viagens tão distantes.

Gerbrandom interveio, dizendo:

— Quanto a isso não se preocupe. Existem transportadores astrais capazes de vencer distâncias colossais em décimos de segundo, carregando duzentas mil pessoas numa única viagem. No momento certo, traremos tais aparelhos do mundo mental, pois a maioria dos condutores desses gigantescos aparelhos é da esfera elevada.

Varuna ficou mais tranquilo. Era uma preocupação a menos.

Saercha continuou sua linha de pensamento:

— Além disso, caro Varuna, não se esqueça dos registros. Todos os espíritos são cadastrados. Precisará de uma equipe de registros com equipamentos próprios. Não precisará ser uma equipe grande, pois as indicações definitivas ficarão com a equipe do planeta Azul. Precisaremos ter duplicações aqui em Ahtilantê, além de registros móveis para acompanhá-los até o destino. Trata-se de um problema complexo que deverá ser previamente equacionado. Irá precisar de uma equipe administrativa que dê todo o apoio necessário a centenas de alterações de registros, contabilizando todos os custos.

Pode parecer estranho que haja despesas e custos no astral, mas em tudo há dispêndio de esforço e energia, o que representa um determinado valor. Até mesmo no astral e acima do mesmo, faz-se mister que todas as atividades sejam devidamente contabilizadas para que se tenha uma perfeita noção de que não estamos desperdiçando os magníficos recursos que nos são alocados pelo Amantíssimo Pai, a fim de que possamos nos sustentar no universo.

— A quantidade de detalhes e dados incita-me a montar urgentemente a minha equipe. Com ela, poderei planejar cada passo, escrever um plano de ação, discuti-lo com meus comandados e assessores, e colocá-lo para apreciação dos administradores planetários. Com a aprovação e eventuais modificações que se fizerem necessárias, poderemos atacar os principais problemas.

– Forme, então, sua equipe, visite o planeta Azul, formule alguns planos e traga-os para a nossa aprovação. A primeira leva de exilados deverá partir dentro de trezentos dias. Não lhe resta muito tempo. Sugiro que, antes de partir para visitar o planeta Azul, procure contatar os alambaques e sinta sua disposição em ajudá-lo. A partir da reação deles, deverá fazer um projeto suave ou mais agressivo, obrigando-os a baixar a cerviz. Que nosso Pai Amantíssimo o inspire para que consiga trazer amorosamente os alambaques para nossos propósitos.

CAPÍTULO 3

Varuna e Gerbrandom passaram os próximos dias analisando inúmeros candidatos para as várias vagas, levando quase duas semanas para definir a nova equipe. Viram todos os registros computadorizados, eliminaram os ineptos e escolheram dezenas de candidatos. Levaram muito tempo entrevistando os disponíveis até chegaram a um grupo restrito de ajudantes, devidamente aprovados por Saercha.

Varuna juntou sua equipe principal, constituída de Uriel, Sandalphon, Radzyel e Vartraghan, tendo Gerbrandom como consultor-mor, para a primeira reunião sobre o expurgo. Uriel já conhecia Varuna e já tinham trabalhado juntos em várias missões socorristas.

Sandalphon era um especialista em ciências humanas. Era um repositório de saber, tendo uma cultura geral vastíssima. Era um apaixonado pelo conhecimento. Fora escolhido devido ao seu conhecimento enciclopédico que poderia vir a ser útil. Era levemente baixo, sendo o menor da equipe, com uma pele cinza. Na cultura ahtilante – extremamente preconceituosa e racista – os cinzas eram considerados como inferiores. Naturalmente, tal preconceito se devia ao fato de que os cinzas viviam em regiões economicamente atrasadas. No entanto, não havia nenhuma razão para tal preconceito e, por isso, Sandalphon fora admitido por Varuna no grupo até como uma prova viva de que o preconceito não encontraria eco no coração e mente do coordenador.

Radzyel era um especialista em administração empresarial, tendo sido um proficiente gerente de empresas no seu tempo de renascido em Ahtilantê, onde galgou os mais altos postos da administração empresarial. Fizera honesta fortuna e, após sua aposentadoria, montara um pequeno negócio que logo florescera sob seus excelentes dons administrativos. Durante quinze anos, essa empresa crescera solidamente, tornando-se uma das maiores do setor, ocupando mais de dez mil empregados. Radzyel a transformara numa fundação, da qual os seus dois filhos e os funcionários detinham todas as ações. Falecera há mais de cinquenta anos, tendo-se dedicado, neste período, a diversos trabalhos enobrecedores. Tornara-se um dos administradores mais capazes do Ministério do Renascimento. Radzyel se apresentava como um púrpura, muito alto e delgado. Finalmente, fechando o seleto grupo, tínhamos Indra Vartraghan, mais conhecido como Vartraghan.

A reunião foi conduzida por Varuna, que explicou detalhadamente o que estava para acontecer. Após escutar com extrema atenção, a equipe começou a questioná-lo. A maioria, exceto Vartraghan, era de espíritos do alto astral e do mundo mental, como Gerbrandom, conhecedores de fenômenos coletivos como expurgos e transferências em massa para outros orbes. Discutiram vários aspectos fundamentais do expurgo.

Inicialmente, o tempo total não estava ainda delimitado, o que seria feito pelo Ministério da Justiça a partir de reuniões conjuntas. Saercha já dera uma estimativa. Algo em torno de setenta a cem anos. Isso daria a oportunidade de muitos espíritos arrependidos terem, pelo menos, um renascimento e, com isso, aperfeiçoarem-se nas difíceis lides da vida material.

Um outro aspecto importante era a seleção e formas de suporte, assistência e guarda dos exilados, tanto em Ahtilantê, como no planeta Azul. Sandalphon e Radzyel levantaram diversos aspectos, envolvendo transporte de massa de longa distância, ambientação do corpo astral no novo ambiente e assim por diante. Havia mais perguntas do que respostas, de modo que foi determinado que fossem formadas subequipes que estudariam cada um dos itens, para depois decidirem sobre as melhores opções, sob a coordenação de cada um dos presentes. A maioria conhecia os múltiplos aspectos de um expurgo, mas Vartraghan estava estarrecido com tudo o que escutara, já que nunca ouvira falar naquele assunto.

— Mestre Varuna, se bem entendi, os alambaques e seus seguidores e escravos são os principais candidatos ao expurgo?

Varuna assentiu. Vartraghan prosseguiu no seu interrogatório.

— Que mal lhe pergunte, o senhor conhece os alambaques? Tem ideia do que é coordenar um grupo tão díspar, tão pouco disciplinado e tão perigoso?

— Conheço-os em tese. Nunca trabalhei diretamente com eles.

Parando para refletir um pouco, o coordenador prosseguiu:

— Posso entender a sua preocupação. Creio que seja legítima; no entanto, desejo lhe passar a ideia de que iremos exilar mais de trinta milhões de seres. A maioria deles está subjugada pelos alambaques ou formam, eles mesmos, grupos de espíritos em extrema rebeldia. Nós teremos grandes dificuldades em levá-los à força. É fundamental que venham por livre e espontânea vontade, sem o que viveremos em estado permanente de revoltas e violência.

Varuna sabia que Vartraghan estava reticente porque os alambaques sempre foram motivos de duros esforços e, até mesmo, de combates, para serem dominados ou, pelo menos, cerceados em suas atividades nefastas. O guardião-mor não morria de amores por seus antigos pares e achava difícil mantê-los motivados.

— Vartraghan, fale-nos um pouco sobre os alambaques — pediu Varuna com o intuito de descobrir a forma de motivar os 'dragões' a virem para o seu lado e colaborarem no exílio.

— Pois não, mestre Varuna. Os alambaques não são seres criados à parte, ou anjos decaídos, como consta na nossa mitologia. Trata-se apenas de espíritos humanos que se enraizaram em atividades pervertidas e insanas. Há nessa malta de desviados um grande número de pessoas inteligentes, cujas mentes poderosas comandam as regiões trevosas, mas a maioria é de seres simples, cuja evolução espiritual ainda é pequena, não passando de mijigabaks dos chefes inteligentes e dominadores.

Uriel, que seguia o raciocínio de Vartraghan, acrescentou:

— É preciso dizer que esses mijigabaks ou seus prisioneiros não são espíritos primitivos, mas almas já na fase média que se deixaram levar para o descaminho do ódio e da vingança.

Vartraghan assentiu e continuou expondo:

— É verdade. Todos são espíritos que se deixaram arrastar no vício, corrupção, ilegalidade e criminalidade. Há, porém, seres de grande cultura, com vasto conhecimento técnico e, até mesmo filosófico, que são alambaques.

O chefe dos guardiões prosseguiu sua explanação:

— É fundamental que se entenda a fabulosa força que é a atitude. A maioria das pessoas vive com um comportamento negativo, achando que são pobres coitados e não conseguirão nada da vida, ou que são seres superiores e que todos lhes devem homenagens. Poucos são os que vivem com os pés no chão e a cabeça nas estrelas. É preciso viver o dia a dia com realismo, determinação, trabalho e ética, mas almejar um futuro maior e melhor, tanto para si, como para os outros.

Reclinou-se na cadeira, continuando seu raciocínio:

— Muitos alambaques, especialmente os chefes, são pessoas que, quando tiveram existência física, foram injustiçadas ou assim se acharam, reagindo de forma extremamente negativa. Alguns foram pessoas que procuraram ser corretas e tornaram-se demônios de crueldade, quando o mundo demonstrou que não são sempre os retos que vencem na vida material. Revoltaram-se contra os vitoriosos do mundo físico que vencem de forma espúria e imoral. Tornaram-se endurecidos a qualquer apelo de fraternidade, já que, ao analisarem o mundo que os cerca, só veem o efeito, e não as causas.

Vartraghan prosseguiu sua explanação de forma calma, sem empáfia ou falsa humildade:

— Muitos chefes alambaques dominam as técnicas de hipnotismo e sugestão mental. Podem dominar seus mijigabaks, assim como os demais cativos, tornando suas vidas um verdadeiro martírio. Vivem nas trevas, em verdadeiras cidades onde se congregam milhares de seres temporariamente desgraçados. Usam técnicas de dominação mental para impor os mais profundos e desesperadores sofrimentos nos que transgrediram a lei divina.

— Diga-me, Vartraghan, os alambaques constituem uma força coesa e única, ou trata-se mais de uma concentração pulverizada de pequenos grupos?

— Graças a Deus que são milhares de pequenas facções, muitas em permanente luta entre si. Há verdadeiras batalhas que são travadas no astral inferior entre grupos rivais usando as armas psicotrônicas. Algumas cidades-estados são cercadas por altos muros, guardadas por mijigabaks, congregando milhares de seres. O governo dessas cidades é constituído de um ou mais chefes que disputam o poder entre si, mas que, de certa forma, por bem ou mal, acabam por concordar em dividi-lo entre eles.

Varuna dirigiu-se a Vartraghan:

— Precisamos ir até uma dessas cidades-estados para conversar com os chefes alambaques. É fundamental trazê-los para nosso lado. Qual a sua opinião, Vartraghan?

— Acho que vale a pena, mestre Varuna. Conheço o caminho para Drak-Zuen, uma cidade-estado alambaque, dominada por uma falange poderosa e coesa. Se conseguirmos convencê-los a se unirem a nós, teremos enormes possibilidades de trazer os grupos restantes para o nosso lado. Drak-Zuen é uma das mais velhas cidades alambaques e sua influência sobre as demais é notória.

– Então, está combinado. Irei com Vartraghan visitar a cidade de Drak-Zuen e conversar com nossos irmãos alambaques. Enquanto isto, mestra Uriel coordenará as atividades básicas na minha ausência. Sandalphon e Radzyel precisam se dedicar a vários aspectos da questão de seleção, aprisionamento e transporte dos degredados. Creio que o mestre Gerbrandom poderá ser de grande utilidade. Consultem-no permanentemente. Verifiquem nos arquivos que tipos de exílio foram executados em outros planetas. Vejam se há ideias interessantes que possam ser utilizadas. Voltaremos a nos reunir assim que retornarmos do nosso encontro com os alambaques.

Dois dias depois, Vartraghan e Varuna partiam para o astral inferior. Resolveram que iriam fazer o percurso sem usar os recursos de um transportador astral. Era importante que os alambaques soubessem que dois espíritos superiores iriam visitá-los. Poderiam ter optado para ir diretamente à cidade de Drak-Zuen, através da volitação e da 'materialização' *in loco*. Contudo, ao trilharem o caminho da descida vibracional gradativa, Varuna iria conhecer melhor as plagas a serem cobertas e as populações ali existentes a serem retiradas.

Saíram do alto astral, dirigindo-se aos planos mais baixos de vibração espiritual. Chegaram volitando ao umbral que já mostrava os primeiros sinais do que os esperava. O ar era mais denso e o imenso sol de Capela aparecia sob uma névoa plúmbea, obscurecendo seu brilho. Vartraghan tomara uma forma mais densa, sugerindo o mesmo à Varuna, no que foi prontamente atendido. Cobriram-se, mentalmente, com vestuário simples que não denotava a sua elevada condição. Naqueles locais, a experiência de Vartraghan era superior a de Varuna e, por mais elevados que fossem, deveriam se comportar de acordo com os costumes dos habitantes locais. Poderiam manter uma alta frequência vibratória, mas desse modo não seriam vistos por ninguém. E não era essa a intenção; queriam ser vistos e reconhecidos. Varuna diminuiu seu brilho alvíssimo e obscureceu seu corpo astral aos limites da total visibilidade, naquele plano.

O umbral ainda demonstrava alguma aparência com o mundo físico, parecendo um vasto charco, escuro, brumoso e fétido. Não era ainda o mundo dos alambaques. Foram caminhando por um terreno cada vez mais lodoso, juncado, aqui e acolá, de corpos mais ou menos empilhados. Alguns deles estavam em aparente estado de putrefação. Não eram cadáveres de pessoas mortas e, sim, espíritos entorpecidos, desmaiados e com todas as características do *rictus mortis*. Muitos gemiam baixinho, pareciam estar em pleno pesadelo, relembrando os momentos tortuosos de suas quedas morais.

Cruzaram várias vezes com obreiros de uma instituição socorrista vizinha, na sua faina diária de dar algum lenitivo aos infelizes. Um desses grupos, comandado por abnegado missionário, levava quatro infelizes em estado catatônico para o nosocômio em questão, e os dois juntaram-se à pequena cavarana. Após se deslocarem por quase uma hora por charcos e terrenos baldios, chegaram a um imponente complexo de prédios, que ficava nas mais densas trevas.

As edificações da instituição eram cercadas por altos muros que as circundavam de forma protetora, como o eram a maioria dessas organizações do astral inferior. Eram verdadeiras fortalezas incrustadas em território extremamente hostil. No topo dessa extensa muralha, alguns postos de vigias – pesadamente armados com lançadores de fluidos que, ao atingir os eventuais atacantes, davam-lhes a nítida sensação de ferimento e até de morte – dominavam o cenário. As muralhas, raramente, eram atacadas, mas quando o eram defendiam-se como se fossem de uma organização medieval.

A instituição era enorme, ocupando um vasto território, onde destacavam-se cinco grandes construções e um 'Zig-Ghurar-The', que é um templo em forma de pirâmide, constituído de diversos prédios que iam sendo construídos uns sobre os outros. A instituição ocupava mais de cinco milhões de metros quadrados e a atividade era frenética, com um vaivém de pessoas, quase todas vestidas de branco ou cores claras, salpicados de prata ou dourado. A expedição entrou por maciços portões que se fecharam rapidamente. Foram levados ao prédio central e apresentados ao chefe-geral da instituição.

Sraosa era um espírito abnegado que, nos últimos duzentos anos, dedicara-se àquela instituição socorrista. Vivia com sua amada esposa Mkara, que o ajudava em tudo. Ele era um excelente administrador e ela, uma médica espiritual ímpar. Varuna se apresentou e o amigo Vartraghan que o acompanhava. Foram recebidos de braços abertos e convidados a passar a noite no local.

À noite, um jantar foi servido. Varuna de certa forma estranhou que eles ainda se alimentassem como se fossem seres mergulhados na carne. Sraosa notou que ele quase não tocava na comida e gentilmente o alertou.

– Você precisa se alimentar, mesmo que lhe pareça estranho. Os ares viciados dessas zonas de purgatório roubam muito de nossa força mental. Essa alimentação fluídica restabelece as nossas energias para que possamos continuar nossa missão.

Varuna sentiu-se envergonhado de ter colocado em dúvida a elevação dos presentes e desculpou-se, alimentando-se fartamente do delicioso caldo que lhe serviram generosamente.

Mkara inquiriu:

– Peço-lhes que me desculpem a ousadia, mas gostaria de saber qual é a sua missão. Pode ser que possamos lhes ser úteis de alguma forma.

Varuna respondeu de imediato, demonstrando que não se ofendera com a atitude inquisitiva da nobre senhora. Explicou-lhe sucintamente a missão, dizendo-lhe que estavam à procura dos principais chefes alambaques. Os presentes estranharam que tão nobre criatura quisesse manter contato com seres infernais e o questionaram ainda mais sobre a natureza íntima de sua missão. Viu-se, portanto, forçado a contar em maiores e relevantes detalhes a totalidade de sua missão. Terminada a exposição, os presentes, que contavam ainda mais uma dúzia de ajudantes diretos de Sraosa e de sua esposa, estavam mudos de espanto. As perguntas começaram a chover sobre Varuna até que o chefe da instituição colocou um pouco de ordem no alvoroço criado pelas notícias.

– Peço aos meus amigos que se dignem a não mais incomodar nossos hóspedes com perguntas importunas e a deixá-los expor os fatos de uma forma civilizada.

Varuna já se arrependera de ter-se externado tanto, mas como todos no astral médio e superior já sabiam dos fatos a acontecer em Ahtilantê, imaginou erradamente que aquela instituição mergulhada no centro do astral inferior também tivesse as mesmas notícias. Procurou, então, com palavras selecionadas, a fim de não ferir susceptibilidades e sensibilidades, expor, de forma organizada e metódica, tudo o que estava para acontecer.

Após um quarto de hora de exposição sem a menor interrupção, os presentes estavam admirados. Alguns estavam preocupados com seres queridos que ainda estavam renascidos em Ahtilantê. Outros, com seu próprio destino. Era óbvio que, em poucos anos, todo aquele esforço de recuperar os infelizes tombados na senda do crime e da corrupção estaria fadado a grandes mudanças. Na realidade, a preocupação maior era daqueles que tinham seres que lhes eram caros ao coração, mas que ainda estavam mergulhados nas densas trevas. Será que teriam ainda a oportunidade de renascer, ter uma existência digna e profícua, evitando o exílio? Ou será que, mesmo renascendo, fracassariam e seriam exilados de qualquer forma?

Varuna procurou tranquilizar todos, dizendo que todas as providências estavam sendo tomadas pelos espíritos administradores do planeta para que todos os obreiros de alta estirpe sideral tivessem as melhores oportunidades de trabalho e que nenhum deles fosse esquecido.

Após o tumultuado repasto noturno, Sraosa resolveu levá-los para conhecer o instituto. O primeiro prédio, composto de três andares, com uma extensão de centenas de metros, era a enfermaria para os que já apresentavam grandes recuperações. Entraram no prédio através de grande portão, passando por dez guardiões que logo reconheceram o guardião-mor Vartraghan, cumprimentando-o efusivamente, chamando-o de comandante. Após percorrerem longos corredores, entraram numa enfermaria muito iluminada, onde havia quatro fileiras de camas, colocadas lado a lado, com espaço de um metro e meio entre elas. Havia mais de oitocentos internos, na maioria, sentados nas suas camas entretendo ativa conversação. Algumas brincadeiras eram encetadas entre os participantes, o que demonstrava excelente ânimo e disposição de espírito.

Mkara informou a Varuna, com palavras esclarecedoras:

— Este é o pavilhão dos recuperados. Estão prontos para novos renascimentos, demonstrando forte disposição para as futuras lides na carne. Alguns já trabalham em outros pavilhões, ajudando os mais enfermos. Após o jantar, nós permitimos que se reúnam em atividades sociais antes do merecido descanso noturno. Como pode ver, este pavilhão é destinado aos espíritos que apresentam o aspecto masculino.

Varuna passeou entre as camas, sob os olhares atentos dos presentes que se calaram quando Sraosa e Mkara entraram com os hóspedes. Eram espíritos no início de sua recuperação, demonstrando mais consciência do seu estado e, portanto, não eram os mais sérios candidatos ao exílio. Saíram do pavilhão indo para uma outra edificação.

O segundo prédio era fortemente guardado por quatorze homens que também conheciam Vartraghan. Esse pavilhão era destinado aos loucos furiosos. Mkara levou-os por um longo e escuro corredor, com celas trancadas a sete chaves. Nas pesadas portas, existiam janelinhas que possibilitavam observar-se o interior das celas de nove metros quadrados. Em cada uma dessas solitárias, estava um ser que tinha muito pouco em comum com os humanos. Tinham sido hipnotizados pelos alambaques, apresentando um retrocesso aparente na escala evolutiva. Eram os transmutados.

Varuna olhava no interior de cada uma delas, procurando algum sinal de humanidade no meio daqueles seres decaídos. Subitamente, estancou à frente de um dos cubículos e pediu para entrar. Sentira forte atração no interior da cela. Mkara deu ordens para que abrissem a cela e no seu interior estava um homem que parecia um grande lagarto. Sua pele era totalmente marrom, com grandes placas no dorso, onde se podia notar um rabo de um metro que se alongava para fora da base inferior do corpo. Suas pernas eram arqueadas e seus braços eram tão curtos, que se tentasse alcançar o próprio rosto não conseguiria. Sua cabeça era deformada, tornando-se um misto de ser humano e grande réptil. Estava acorrentado às paredes e, quando a porta foi aberta, pôde-se notar que estava acordado. Fora o único da longa fila de celas que não estava em estado de total estupor. Seu olhar era de fera acuada, rosnava baixinho, mostrando grandes dentes e ninguém diria que se tratava de um ser humano. Ele rosnou horrivelmente com a aproximação de Varuna, que o aquietou com a mão espalmada.

Varuna perscrutou a mente do infeliz prisioneiro. Sua alma estava tumultuada com muitas imagens da vida real misturando-se com pesadelos. Era óbvio que tinha sido induzido hipnoticamente àquela terrível situação de homem-lagarto. Varuna concentrou-se no inconsciente do espírito, conseguindo capturar a sua realidade mais íntima.

Malnascido numa favela de Tchepuat, fora cedo abandonado pelos pais nas ruas da grande capital. Seviciado por crianças maiores, submeteu-se aos maus tratos para sobreviver na vida difícil das ruas. Mais velho, acostumara-se aos piores vícios, assim como aos desvios do sexo. Tornara-se bissexual, drogado e ladrão. Praticara pequenos furtos e sobrevivera a duras penas. Preso, surrado pela polícia, esquecido numa prisão para menores abandonados, fugia para a rua, sendo novamente preso, vindo a evadir-se mais uma vez. Essa era sua vida até a maioridade. Depois dedicou-se a roubos maiores. Traficou miridina, viciando-se na droga potente. Matou seu primeiro homem com dezoito anos e, depois disso, matou mais vinte e três pessoas. Estuprou e assassinou mulheres e crianças. Nutria um ódio profundo por tudo e por todos. Detestava especialmente as crianças de rua, as quais o faziam lembrar sua própria situação. Começara a trucidar outros menores abandonados com requintes de crueldade. Primeiro, os obrigava à sodomia e felação. Depois, os surrava impiedosamente e degolava-os sem dó. Muitas vezes, antes de decapitá-los, castrava-os e esperava vê-los morrer exangues. Tornara-se brutal, louco e sanguinário. Apreciava o assassinato de modo superlativo. Chacinara mais de oito crianças entre seis e dez anos, com uma frieza inimaginável. A polícia matou-o, quando tinha alcançado a idade de vinte e três anos, num tiroteio ocasionado por uma batida antidrogas. Não tinha amigos. Nunca fora amado e nunca amara ninguém. Havia se transformado numa fera: uma besta humana.

Quando morrera, fora capturado pelos alambaques que o hipnotizaram. Eles foram buscar em sua mente críptica as memórias antiquíssimas, do tempo em que ainda era animal. Elas foram despertadas pelos alambaques, transformando-o no monstro que aparentava ser. Antes disso, todavia, torturaram-no de forma inconcebível, levando-o à fraqueza mental e, posteriormente, transformaram-no com a aparência do monstro que, no fundo, tinha assumido. Fora preso pelos guardas numa excursão às trevas, onde habitava, perseguindo os outros espíritos trevosos, gerando um medo de enlouquecer nos incautos. Estava aprisionado na instituição há dez anos, não demonstrando o menor sinal de recuperação. Vivia encarcerado, vibracionalmente preso a uma série de instrumentos que o fixavam à parede da cela, já que era violento e perigoso.

Varuna olhou-o com extrema bondade. Aquele infeliz chegara ao mais baixo degrau da bestialidade humana, relegado a uma prisão mental sem nenhuma esperança. Será que era possível fazer algo por ele?

— Infelizmente, nobre Varuna, ele não responde aos nossos estímulos. Já tentamos todos os meios e não conseguimos ainda tirá-lo deste estado de hipnose profunda. Acredito que dentro alguns anos, poderá tornar-se receptivo aos nossos apelos.

O comentário de Mkara fora sentido. Realmente, aquela alma boníssima preocupava-se seriamente com seus internos, e com aquele monstro em especial, pois um grande mistério do passado os unia.

Varuna sentiu-se compelido a orar. Seus olhos estavam úmidos. O ser era um monstro, mas, aos seus olhos, não passava de um desafortunado irmão menor. É verdade que revidara à crueza da vida, mas nada justificava a sua monstruosidade. No entanto, também era um filho do Pai Altíssimo. Não poderia ficar perpetuamente naquele estado de profunda demência. Varuna começou a orar interiormente ao Altíssimo. De seu peito, começaram a jorrar jatos de luz safirina. Seu espírito, que tinha diminuído o estado vibratório para se adaptar às condições do baixo astral, começou a voltar a vibrar em altíssima frequência.

A pequena cela iluminou-se de uma luz fortíssima que saía de todos os poros do corpo astral de Varuna. Mkara ajoelhou-se, sentia-se na presença de um semideus. O ser tenebroso começou a urrar, tentando cobrir seus olhos com os braços curtos demais. A luz que emanava de Varuna penetrava-o até o mais recôndito do seu ser. As trevas que o circundavam e lhe davam o aspecto monstruoso pareciam se dissolver em contato com a luz brilhante do grande espírito. Subitamente, outras luzes começaram a chover no ambiente vindas de cima. Eram jatos de luzes como se milhares de poderosos holofotes estivessem ligados sobre Varuna e o ser monstruoso. Lentamente, o monstro foi retorcendo-se e sua forma grotesca foi perdendo o contorno. Os seus braços se alongaram, sua pele perdeu a cor marrom, tornando-se cinza-clara, a sua cauda longa e balançante encurtou-se, desaparecendo totalmente, suas pernas tornaram-se humanas e, finalmente, a máscara facial foi-se apagando, dando lugar a um rosto humano, sofrido, angustiado e em profunda agonia. Repentinamente, o ser reabilitado à condição humana, soltou um grito forte e claro:

– Meu Deus, tenha piedade de mim!

Com essa interjeição, soltou-se das últimas correntes psíquicas, caindo nos braços de Varuna num pranto convulsivo de profundo arrependimento. Ele sustentou-o como se fosse uma criança, um bem-amado filho, e beijou suas faces. O ser o abraçou com força, como se fosse um filho pequeno, indefeso e inseguro. Todos os que o acompanhavam estavam emocionados. As lágrimas brotavam soltas nos olhos dos presentes. A emoção era grande. O ser reabilitado estava exausto, tendo saído de um longo pesadelo. Chorava agora mais calmo nos braços do grande ser que ainda estava iluminado, sendo difícil para os presentes poder vê-lo, tamanha a luminescência que saía de seu interior.

Varuna havia se desenvolvido a tal ponto que tornara-se um operador mental extraordinário, capaz de mobilizar energias internas e externas superiores em favor dos irmãos desvalidos.

Após alguns minutos, Varuna voltou ao normal, para aquelas paragens, com uma vibração muito abaixo da sua realidade. O infeliz dormia profundamente em seus braços; calmo e pronto para a reabilitação. Levantou-o como se carregasse um tenro filhote e, junto com todos, levou-o para uma enfermaria especial, onde o colocaram em um leito limpo e perfumado.

Mkara deu ordens para providenciarem um renascimento urgente para o infeliz irmão. Alguns dias depois, o indigente espiritual era levado para o interior de um útero gentil e quente que o abrigaria até libertá-lo para o mundo físico, após sessenta e dois anos de martírio no mundo astral.

Varuna visitou as demais dependências onde pôde apreciar modernas técnicas de reabilitação moral e espiritual. Em todos esses lugares encontrou sofrimento em grau superlativo, o que sempre comoveu-o grandemente.

No outro dia de manhã, após uma lauta refeição para adquirirem energias necessárias para as densas paragens onde iriam mergulhar, os dois viajantes partiram. No entanto, no momento da despedida, Mkara aduziu uma proposta interessante: ela estava indo com um grupo muito especial para um trabalho de recuperação de um espírito dementado. Ela queria que os dois observassem o trabalho de seu grupo para que, eventualmente, num caso de extrema necessidade, pudessem ser úteis também. Varuna aquiesceu prazeroso; havia se afeiçoado ao dedicado casal.

Na hora marcada, o grupo saiu da grande instituição e se enfurnou nas trevas que rodeavam o local. Varuna estranhou a constituição do grande grupo que acompanhava Mkara; eram crianças cuja idade regulava entre oito e dez anos. A distinta esposa de Sraosa, vendo o assombro estampado no rosto de Varuna, tranquilizou-o:

— Não se preocupe, mestre Varuna, os meus meninos são talhados para este trabalho.

— Não tenho dúvidas quanto a isto, mas eu estranhei a forma que eles adotam para este trabalho. Será que o formato infantil é o mais adequado, perguntei-me, mas imagino que sim, pois senão você, com sua imensa experiência, não permitiria que eles se apresentassem desta forma.

— De fato, a aparência infantil traduz da melhor maneira uma das maiores forças do universo: a alegria. Todo trabalho feito com alegria é mais bem produzido. Este sentimento libera energias potentes e motiva o trabalhador. Claro está que há várias formas de alegria, desde a malsã até as mais puras. Referimo-nos apenas àquela que conjumina o amor e a satisfação do trabalho bem realizado.

Varuna, satisfeito em suas perquirições, acompanhava o grupo, observando que Mkara trazia na mão uma doce menina, que aparentava ter cerca de seis anos, se muito. Ela se apresentava um tanto amedrontada, demonstrando não estar muito afeita a este tipo de trabalho.

Após alguns quartos de horas de andanças, o grupo começou a escutar os ruídos típicos de um grupo de mijigabak se aproximando. Grabera, a menina que Mkara trazia na mão, assustou-se com os urros e gritos animalescos que ela ouvia se aproximando cada vez mais. Mkara tranquilizou-a.

— Não se preocupe, Grabera, você hoje há de encontrar seu pai.

Subitamente, como saído da boca do inferno, um grupo de mijigabak lançou-se ao ataque. Vinha com extrema ferocidade, e Mkara, com um ar de certo cansaço, falou:

— Será que eles não aprendem?

Os meninos de Mkara partiram ao encontro dos mijigabaks com risos e gritinhos próprios de crianças. Só que o que se passou surpreendeu Varuna, pois ele jamais havia visto tanto poder em espíritos que se apresentavam como crianças.

Os infantes volitaram a grande velocidade e turbilhonavam em volta dos mijigabaks que tentavam atingi-los com facões, espadas, lanças e atiradores. Tudo em vão. Nada os atingia. Eles, por sua vez, aproximavam-se em grupo de um mijigabak e com rapidez o envolviam numa espécie de corda fluídica que o manietava. Quanto mais o mijigabak aprisionado se debatia, mais os liames que o prendiam fechavam-se em torno dele, levando-o a uma posição inamovível.

Tudo se passava com grande velocidade, demonstrando que aquelas crianças eram grandes operadores mentais e se não estavam no mesmo nível de Varuna e seus pares é porque ainda lhes faltava consolidar algumas poucas experiências para se igualarem ao grande espírito.

— Não os machuquem, meninos. Aprisionem somente aqueles que podem ter reais possibilidades de rápida recuperação; nossa instituição já não oferece mais espaço e trabalhadores especializados para tratar de todos.

As crianças, obedecendo à ordem de Mkara, libertavam um ou outro, que, assim que se viam livres, fugiam espavoridos para as sombras, tendo aprendido uma dura lição: não confiar apenas na aparência externa de um espírito, pois por trás de uma simples criança pode existir uma alma poderosa. No final da operação, somente dois mijigabaks mantinham-se presos e calmos como se saíssem de longo estupor. Mkara comunicou-se através de um pequeno dispositivo, chamando dois guardiões de sua instituição, que chegaram volitando a grande velocidade e levaram embora os dois mijigabaks aprisionados e calmos.

Mkara virou-se para a gentil menina e disse-lhe, de forma meiga mas imperiosa.

– Grabera, concentre-se na figura do seu pai da forma que ele era quando vivo e jovem. Atraía-o com a força de seu pensamento e não deixe a sua atual aparência assustá-la. Veja atrás de sua máscara distorcida, o pai amoroso que ele sempre foi. Concentre-se, minha querida, e ele virá até nós.

Grabera fechou os olhos para melhor visualizar como era o seu pai. Durante alguns instantes, nada se produziu, mas após um tempo, que pareceu uma eternidade a todos, apareceu um ser que nada tinha de humano. Ele parecia um daqueles infelizes mendigos de rua, que vivem à margem da sociedade, sujo, maltrapilho, mas com um rosto deformado como se fosse sido atacado por uma estranha doença, ou quiçá, uma forma de lepra, que havia carcomido sua face de forma a torná-la monstruosa e repulsiva. Ele exsudava um odor de carne podre, em franca decomposição, que era extremamente nauseabundo. Nada lembrava o grande empresário que ele havia sido, dono de extensas propriedades, de posses e riquezas ímpares e alto dignitário, representante do empresariado, bajulado por todos e pelos governantes.

Ele saiu das sombras para a penumbra onde estavam as crianças e os três adultos que acompanhavam os petizes. Parecia um sonâmbulo em pleno pesadelo e dirigiu-se mecanicamente em direção a Grabera, como se estivesse sendo atraído por laços invisíveis.

— Fale com ele, Grabera. Não veja o monstro. Lembre-se de seu doce pai.

A linda menina soltou-se da mão de Mkara e, destemida, aproximou-se do estranho ser. Chegou perto o suficiente para tomar-lhe a mão e falar-lhe baixinho, com um fio de voz, embargada pela intensa emoção.

— Papai, você não se lembra de mim? Eu sou sua pequena Grabera. Tente se lembrar das vezes que nós ficamos juntos, os passeios aos domingos, quando você me comprava sorvetes e doces. Lembre-se do vestido vermelho que você me deu em meu quinto aniversário. Eu estou certa de que você também se lembra de meu irmão e de mamãe. Não me diga que você esqueceu dos tempos felizes que nós passamos juntos.

Enquanto Grabera falava com o monstro, ele começou a mudar. Lágrimas saíam de seus olhos. Ele começou a se transformar num ser humano, precocemente envelhecido. Ele se parecia com um homem de quarenta anos, mas extremamente cansado e doente. Ele caiu de joelhos e cobriu o rosto com as mãos e, lastimosamente, começou a falar.

— Oh, meu Deus! Eu não acredito que seja a minha doce Grabera. Deve ser uma miragem. O que fiz de minha vida? Por que eu quis ganhar o mundo e perdi minha sanidade? Onde eu estou? Que tipo de pesadelo é este que não tem fim?

Grabera aproximou-se ainda mais do pai e o abraçou, enquanto ela também chorava.

— Não, papai. Não é uma miragem, nem um pesadelo. Sou eu, Grabera. Sua pequena boneca.

— Será isto possível? É você, minha linda boneca? Onde nós estamos? Que tipo de lugar é este, meu bebê? Eu não me lembro de nada. Eu acho que perdi minha cabeça. Eu tenho andado durante anos nesses pântanos, vendo criaturas monstruosas que me atormentaram, e quando eu via alguém que parecia humano, eles fugiam de mim como se eu fosse um monstro. Eu não sou um monstro. Você sabe que não sou, não é, meu doce amor?

– Sim. Papai, Você não é um monstro, mas você se comportou como um. Você nunca deveria ter matado seu sócio. Ele era como um irmão para você.

O pai de Grabera se descontrolou e começou a gritar e chorar, enquanto falava de forma desordenada.

– Sim, você tem razão, meu amor. Você tem razão. Este foi um momento de fraqueza. Eu nunca quis fazer isto. Mas o dinheiro e o poder me conduziram ao crime. Oh, como eu lamento este momento! Se eu pudesse fazer o tempo voltar, eu nunca faria isto novamente.

Mkara aproximou-se dos dois que choravam copiosamente e interrompeu a cena, pois este tipo de manifestação dolorosa, se por um lado é excelente para liberar a culpa, é perigosa, já que leva o ser a uma posição de excessiva dor, que pode levar à loucura. Deste modo, com um passe amoroso na cabeça, Mkara abrandou o pai de Grabera, dizendo:

– Você terá bastante tempo para reparar todo o mal que você fez. Mas agora está na hora de partirmos.

Assim falando, ela se virou para os dois meninos mais velhos e deu um comando amoroso.

– Ajude-me a erguê-lo. Vamos levá-lo para nossa instituição. Lá, com ajuda de Grabera, ele irá se recuperar. Haverá tempo para se reconciliar com o sócio assassinado e recomeçar uma nova viagem.

Ela se virou para a menina e disse-lhe:

– Agora, minha querida, você pode retornar à sua verdadeira forma.

Grabera se levantou, concentrou-se por alguns instantes e se transformou numa bela mulher. Ela havia adotado a forma infantil para melhor impressionar seu pai. Varuna, que aliás conhecera o pai de Grabera quando em vida, comentou emocionado com Mkara.

– Nós sempre temos que nos lembrar que atrás de um monstro se esconde um ser humano, que se perdeu nos caminhos da vida.

Até mesmo se ele se comportar como um animal raivoso, sempre há um modo para alcançar a criatura divina que está enterrada bem fundo em sua alma. E a forma será sempre pelo coração.

Mkara e os seus meninos de ouro se despediram de Varuna e Vartraghan e partiram volitando em direção à luz, enquanto Grabera carregava, com os meninos mais velhos, o seu tesouro caro ao coração.

Varuna e Vartraghan prosseguiram sua viagem. O caminho começou a apresentar uma inclinação maior. Os dois viajantes começaram a descer por longas escarpas que pareciam não ter mais fim. Ao lado do caminho extremamente escuro, onde somente olhos acostumados podiam enxergar, havia desfiladeiros profundos. Um vento gelado passava por entre as rochas, uivando, dando uma impressão ainda mais lúgubre ao lugar.

Após horas de descidas, chegaram a um vale incrustado entre duas altas montanhas. Não estavam em nenhuma região do mundo físico. Era o início dos grandes abismos, onde raramente os socorristas espirituais desciam em missão sacrificial. Era o território dos tenebrosos alambaques.

Subitamente, depararam-se com uma turba de oito a dez pessoas que vinham andando no caminho entre dois charcos. Cada lado do caminho era ocupado por pântanos lodosos, onde se podiam notar alguns corpos semimergulhados e estáticos. Não havia escapatória, os dois grupos iriam se cruzar no caminho estreito.

Varuna observou o grupo que se aproximava. Era constituído de pessoas com tamanhas deformidades físicas que os tornavam mais próximos de animais do que de seres humanos. Havia um infeliz que vinha amarrado, sendo puxado por dois brutamontes. O cativo urrava de dor, enquanto um dos captores o empurrava com uma espécie de forcado. O infeliz estava com uma canga no pescoço que lhe pesava, obrigando seu corpo a se envergar para a frente. O grupo era liderado por um homem alto, de cor púrpura-escura, vestido com roupas em tudo parecendo com couro.

Subitamente, o homem que parecia ser o chefe do grupo viu os dois e estancou. O grupo parou e ficou esperando. Os dois continuaram sua marcha até ficarem a menos de três metros do comandante do grupo. Vartraghan ia na frente, olhando firmemente para o chefe e lhe dirigiu a palavra:

— Salve. Sou Vartraghan e esse é o nobre Varuna. Pedimos passagem. Estamos a caminho da cidade de Drak-Zuen para uma conferência com os chefes alambaques.

O chefe do grupo deu um passo para a esquerda, abrindo um espaço mínimo para os dois. Reinava um silêncio obsidiante e Vartraghan se adiantou, enquanto os seres deformados abriam exígua passagem. O cativo tinha sido jogado de joelhos e chorava baixinho. Quando Varuna passou, ele levantou os olhos, começando a gritar.

— Salve-me! Salve-me, pelo amor de Deus! Não me deixe nas mãos destes monstros. Sou inocente. Juro que sou inocente. Nunca fiz nada.

Varuna parou e olhou para ele. Imediatamente o chefe do grupo aproximou-se célere e lhe disse, num tom ameaçador:

— Ele é nosso. Não ouse tentar tirá-lo de nós.

Vartraghan logo se interpôs entre Varuna e o chefe do bando, dizendo de forma autoritária.

— Não temos interesse no seu prisioneiro. Podem levá-lo e deixem-nos passar em paz.

Varuna colocou a mão no ombro de Vartraghan, como a acalmá-lo e voltando-se para o chefe dos obsessores, falou-lhe com um tom de voz brando, mas com muita autoridade:

— Irmão, conheço o relevante trabalho que faz nas sombras, mas peço-lhe com todo o respeito que me permita examinar o seu prisioneiro.

O olhar doce, mas forte, de Varuna cruzou com o olhar cruel do chefe do grupo e esse sorriu sarcasticamente. O resto do grupo estava empunhando armas estranhas, mas que podiam dar a impressão de dor.

— Examine, então, o crápula. Veja se ele é tão inocente quanto alardeia.

Varuna colocou a destra na fronte do homem, captando o que estava na sua memória mais recôndita. Em menos de um segundo, a imagem mental do cativo transferiu-se para sua mente, permitindo que visse o que o estava martirizando.

Na sua tela mental, plasmou-se a imagem do cativo morando num belo apartamento de quatro cômodos, cercado de objetos finos, com uma esposa e dois filhos. Viu quando saía, a pretexto de ir trabalhar, reunir-se com outras mulheres. Uma delas surgiu nitidamente na sua mente. Era bela e jovem. O homem a tratava com desdém, atirando-lhe dinheiro no rosto. Seduzira-a com falsas promessas de casamento e agora mandava-a embora com um filhinho pequeno. Já não tinha interesse por ela, tendo em vista outras mais jovens e belas. A imagem mudou e viu quando aquele infeliz tramava grandes negociatas com dinheiro alheio, trazendo prejuízos a vários negociantes honestos, mas desavisados. Imagens após imagens, a vida do homem era cheia de pequenos crimes e desonestidade. Nos negócios, com os amigos, com a esposa, tudo era motivo de escândalo. Contudo, havia um crime mais grave que o assolava como um terrível fantasma a lhe rondar o leito. Tinha sido fiel depositário da esperança de muitos homens, como chefe de um poderoso sindicato, e usara os recursos dos mesmos para seu próprio benefício, deixando os infelizes sem a aposentadoria que pagaram por vários anos. Colocara a culpa num outro homem, que acabou sendo preso e condenado por fraude. Esse infeliz morrera na cadeia, deixando viúva e filhos desprotegidos. Enquanto isso, o criminoso se ocultara na riqueza mal adquirida, rindo-se de todos já que, na sua opinião, praticara um golpe de mestre.

Varuna encerrou a operação mental, virando-se para o chefe da equipe de captores, dizendo-lhe:

— Realmente, nosso irmão não é nenhum santo, mas será que é motivo para tratá-lo desta forma?

— Isso não é nada perante o que o aguarda. Nós vamos levá-lo para o julgamento e vamos transformá-lo num chacal, pois isso é o que ele é. Um chacal miserável que ataca na calada da noite para roubar e matar.

Varuna sabia que a justiça devia seguir seu curso. Se o homem estava onde estava é porque merecia. Se tivesse tido uma vida reta e justa, não poderia ser presa dos alambaques. Os dois viajantes cumprimentaram o chefe, que era o lugar-tenente de algum poderoso alambaque, e seguiram seu caminho. O infeliz agora uivava de dor e terror, pois os demônios o cobriam de pancadas, humilhando-o com fortes chicotadas. A canga era puxada com mais força ainda.

Nesse instante, a certa distância dali, a cena fora acompanhada num grande visor que projetava o que um vidente espiritual conseguira ver. Três seres deformados, monstruosos, olhavam o acontecido com muito cuidado, comentando entre si o fato, com suas vozes cavernosas.

— Afinal, quem são esses dois incautos?

O vidente, que também perscrutara a mente dos dois, retrucou:

— Definitivamente não são incautos. Um deles é Vartraghan, antigo alambaque, atualmente guardião-mor. Ele está disfarçado de homem comum, mas não me engana. Entrei em sua mente e vi quem era.

— E o outro?

O vidente fez uma pausa e depois respondeu, de forma inquietante:

— Não consigo penetrar em sua mente. Ele é um poderoso mago, um mykael. Demonstra ser um homem comum, mas é poderoso, muito mais do que Vartraghan que o acompanha.

— O que será que deseja conosco?

— Pelo que pude captar de Vartraghan, ele deseja nos oferecer uma rara oportunidade. Só não consegui descobrir que tipo de chance o mykael deseja nos ofertar.

— Deixe-os vir. Quando estiverem mais perto, poderemos entrar em suas mentes e descobrir tudo e, conforme for, os aceitaremos ou os dominaremos, tornando-os nossos escravos.

— Sim, mas cuidado com o mykael. Ele é muito poderoso. Não se submeterá a nossas técnicas de hipnose. Temos que ter extremo cuidado com ele, ou ele é que nos fascinará. Ele é um mykael.

Durante a descida, não viram ninguém, mas agora podiam ver algumas silhuetas furtivas que pareciam esconder-se entre arbustos raquíticos. Eram vigias dos alambaques e a presença dos viajantes já tinha sido noticiada aos chefes em Drak-Zuen.

No meio do extenso vale, ainda relativamente longe, havia uma cidade. Uma verdadeira cidade, com casas, ruas e, até mesmo, um palácio central, para surpresa de Varuna, que jamais havia ido tão longe. Era a cidade maldita de Drak-Zuen. Não era muito grande, devendo ter cerca de trinta a quarenta mil habitantes. De onde estavam, Vartraghan não poderia notar todos os detalhes, já que a escuridão era completa. Contudo, Varuna usara uma forma de visão espiritual que lhe permitia ver através das mais densas trevas como se fosse dia. Andaram ainda por mais de meia hora, aproximando-se de Drak-Zuen por uma estrada de pedras, margeada por algumas estátuas gigantescas de figuras de aparência terrificante. Havia figuras humanas, de mais de dez metros de altura, com aspecto reptiloide, com asas de morcegos e expressões ferozes no olhar. Vartraghan informou-lhe que se tratava de estátuas de alguns chefes alambaques e de figuras das lendas mitológicas dos dragões. Representavam o homem verdadeiro, de acordo com os habitantes do local. No fundo, a distorção mental dos alambaques fazia crer que o verdadeiro ser era aquele que não se submetia aos desígnios de ninguém, a não ser ao seu próprio egoísmo.

Antes de entrarem na cidade, foram subitamente cercados por mais de quinze guardas alambaques, surgidos de pedras e arbustos. Já tinham sido vistos pelos dois peregrinos, quando procuravam se esconder canhestramente para surpreendê-los. Ambos sabiam que eram inatingíveis, a não ser que se deixassem intimidar, e com isso baixassem suas guardas mentais. Os soldados tinham o olhar feroz, representando a mais estranha corja de seres que se poderia imaginar. Cada um tinha um vestuário e um armamento. Uns tinham capacetes tipicamente medievais; e outros, a cabeça lisa, com chifres proeminentes a saltar da testa. Uns pareciam híbridos de homens e animais: imagens de ferozes ursos, tigres, leões, répteis se misturavam com a figura humana, gerando a mais completa desarmonia de caracteres. No íntimo, cada um externava o que se sentia, verdadeiras bestas-feras que exsudavam do âmago revolta, ódio, angústia e sofrimento.

Quando chegaram ao local da pretensa emboscada, foram rapidamente cercados, sem ser, no entanto, agredidos. Vartraghan levantou o braço direito e os cumprimentou. Um deles fez um gesto, grunhindo algo incompreensível que o guardião detectou como sendo uma ordem para segui-lo.

— Vamos seguir aquele soldado.

Seguiram-no, acompanhados dos outros que aparentavam ferocidade, e entraram por um portão alto, incrustado de elementos decorativos estranhos e desenhos exóticos. A cidade era cercada por altas muralhas, tendo características de cidade medieval, com ruas estreitas e imundas. As alamedas eram tortuosas, cobertas com pedras, muitas delas pontiagudas e desencaixadas, margeadas de casas pequenas e toscamente construídas, muito sujas e fedendo insuportavelmente, com janelas estreitas.

O grupo prosseguiu até chegar a uma grande praça. Tudo era muito escuro, com uma névoa plúmbea cobrindo a cidade. No caminho, alguns seres saíram de suas casas para vê-los passar, mas, sem dizer uma única palavra, retornaram ao interior com ares desalentados, vendo que os prisioneiros nada podiam fazer para ajudá-los. Na praça, cruzaram com um pequeno grupo de seis soldados dos alambaques, também vestidos de modo grotesco, carregando dois balões do tamanho de uma bexiga. Deviam medir algo em torno de trinta centímetros de altura. Esses balões ovoides eram espíritos que tinham perdido totalmente a expressão exterior. Não manifestavam a menor forma externa por terem se interiorizado demais. Eram quase sempre pessoas que tinham cometido múltiplos e consecutivos suicídios e que, fugindo das oportunidades redentoras, procuravam a 'segunda morte', o aniquilamento final que, aliás, não existe. Esses casos, relativamente raros, também teriam sua vez de progredir, mas, por enquanto, serviam de obsessores involuntários nas mãos dos alambaques.

No outro lado da praça, havia um enorme palácio. O gosto da construção poderia ser duvidoso, mas sua imponência era inconteste. Uma série de torres pontiagudas elevava-se ao céu. Mais de seis andares gigantescos coroavam a terrível construção. Parecia feito de pedras negras e com enormes janelas exteriorizando uma luz vermelha, dando-lhe a impressão ainda mais fúnebre. Uma grande escadaria dava acesso ao seu interior. Era guardado por soldados de olhar feroz e postura animalesca. Um deles mantinha numa grossa corrente uma espécie de cão grande, com a bocarra escancarada a mostrar dentes pontudos. Varuna reconheceu nesse canzarrão, um ser humano caído em desgraça, hipnotizado pelos alambaques e transformado num animal medonho.

Subiram as escadarias que davam para o interior, penetrando no palácio. Grandes corredores foram vencidos após alguns minutos de marcha e deram entrada numa enorme sala, onde existiam oito tronos em posição elevada, formando um amplo semicírculo. No seu centro existia um tablado levemente mais alto do que o piso, onde um símbolo estranho e tortuoso estava desenhado, lembrando vagamente uma suástica, representando a boa fortuna – símbolo dos alambaques. Os soldados apontaram para que ficassem ao lado dos tronos e aguardassem.

Esperaram mais de meia hora no mesmo lugar. Os soldados pareciam embrutecidos e não se mexiam. Vartraghan estava perdendo a paciência e Varuna emitia telepaticamente uma mensagem para que se acalmasse e não reclamasse; recebera uma mensagem clara e perfeitamente audível dos seus superiores.

– Nada tema; estamos com você. Nada lhe acontecerá. Basta você confiar na sua própria força e no poder ilimitado de Deus.

Varuna retransmitiu a mensagem mentalmente para Vartraghan que se sentiu mais seguro e tranquilo. Conhecia essas paragens, sabendo que somente um grande espírito como Varuna poderia entrar e sair incólume. Ele mesmo teria dificuldades se estivesse sozinho. Qualquer outro poderia ser vítima da hipnose terrível dos alambaques. Eles não podiam agredi-lo fisicamente, mas poderiam tentar hipnotizá-lo, obrigando-o a abrir suas defesas psíquicas. Todo homem tem pelo menos um crime escondido na sua consciência, mesmo que seja em existências pregressas. Varuna não seria exceção. Portanto, teria que ter defesas morais fortes para que os alambaques não pudessem penetrar no seu subconsciente, descobrindo alguma falha de seu caráter, por mais que estivesse no recôndito de sua alma. Se isso acontecesse, poderiam manipulá-lo para que o complexo de culpa viesse à tona e o enfraquecesse. Se chegassem a esse ponto, Varuna e Vartraghan estariam perdidos, podendo tornarem-se escravos dos alambaques. Varuna sabia disso e estava preparado para todas as ofensivas. Contra a grosseria de uma fascinação, Varuna se defenderia com sua força moral e sua compaixão pelo próximo. Durante alguns minutos, ele sentiu que poderosas mentes tentavam perscrutar seu interior, e com um simples ato de vontade, emitiu mensagens de amizade de volta aos que tentavam invadir seu íntimo. Após alguns minutos, essas vibrações cessaram. Não tinham conseguido descobrir nada que pudesse desabonar Varuna.

Após uma espera proposital e deselegante, duas trombetas soaram majestosamente. Os chefes alambaques entraram com enorme pompa. Eram seguidos por diversas pessoas e algumas mulheres belíssimas, seminuas, que os acompanhavam. Sentaram-se nos seus tronos e a maioria do seu séquito esparramou-se no chão, em volta deles. Olhavam para Varuna com superioridade e com certo desdém. Tinham tentado e não haviam conseguido furar seu bloqueio mental, o que os deixara intrigados. Varuna estava num plano tão mais elevado do que o deles, que seus equipamentos e suas mentes não tinham encontrado nada que pudesse deixá-lo vulnerável.

– Quem é você?– perguntou-lhe um dos chefes alambaques. A pergunta não foi feita em tom ofensivo, pois havia até um certo respeito pelo interlocutor.

– Meu nome é Varuna Mandrekhan e este é meu amigo, Indra Vartraghan – respondeu o grande espírito calmamente, apontando para o grande guardião.

Um dos chefes falou algo com um dos soldados e logo uma cadeira confortável foi providenciada para Varuna. Vartraghan não recebeu nenhuma deferência especial. Varuna agradeceu e olhou para Vartraghan, e depois para o soldado. Este olhou atordoado para o chefe e ele fez um gesto como quem concorda, e uma outra cadeira foi providenciada para Vartraghan.

– Muito bem, Varuna Mandrekhan. Você está na terra dos temidos alambaques, os grandes justiceiros. Saiba que a nossa atividade é cruel, mas não é desprovida de propósito. Mostraremos a você e ao seu amigo Vartraghan como os alambaques providenciam e cooperam com a justiça divina, pois, por mais estranho que lhes possa parecer, somos nós os executores da justiça do grande Pai.

A afirmativa fora feita com empáfia por um dos chefes que, virando-se para um dos seus mijigabaks, gritou:

– Mureh, tragam os prisioneiros.

Mureh era um mijigabak imponente. Tinha o olhar inteligente e vestia-se com aprumo. Podia-se notar que não era um mijigabak qualquer, pois, com apenas um olhar, vários dos seus comandados saíram apressados da sala, junto com ele, para irem buscar os prisioneiros. Um outro mijigabak se colocou a seu lado, andando com garbo, demonstrando que também era subchefe importante. Os dois destoavam dos demais por parecerem dois militares de alta patente a ir cumprir uma missão de relevante importância.

Era óbvio que os alambaques estavam curiosos sobre o motivo da visita, mas, sagazes como eram, prefeririam fazer primeiro uma demonstração de força, para depois negociar com os visitantes uma posição ou situação melhor. Passaram-se alguns instantes, quando por uma das arcadas, pôde-se notar, vindo do fim de um extenso corredor, um grande grupo de sessenta pessoas, acompanhadas de mijigabaks estranhamente vestidos.

Muitos dos prisioneiros estavam acorrentados e gritavam palavras desconexas. A balbúrdia era completa. Muitos dos prisioneiros não sabiam onde estavam. Outros estavam conscientes de sua situação, acreditando estarem no próprio inferno. Entraram lentamente na grande sala, sendo separados pelos mijigabaks em vários grupos. Os mijigabaks usavam pequenos aparelhos que perscrutavam o interior dos prisioneiros, catalogando-os de acordo com suas características. Os usurários, os corruptos, os egoístas, os dementes, os assassinos e assim por diante eram separados em pequenos agrupamentos enquanto aguardavam o terrível veredicto dos alambaques. Estavam, no entanto, reunidos ali os casos extremos, a nata da escória espiritual e não os criminosos espirituais de pequena monta.

Os chefes alambaques levantaram-se. Um dos chefes, aparentemente o mais velho, que apresentava o aspecto de grande hierofante de alguma igreja estranha, gritou com sua voz grave, cava, obrigando os cativos a se calarem. O silêncio se fez completo. Muitos dos prisioneiros estavam em estado catatônico e alguns não se davam conta do que acontecia, parecendo estar num sonho ou pesadelo, de onde eventualmente soltavam gritos, imprecações e exclamações de dor e terror. O mesmo chefe, virando-se para Varuna, convidou-os para acompanhá-lo.

— Acompanhem-me, nobres senhores, e vejam a que ponto chega a hipocrisia e o cinismo humano.

Levantaram-se, acompanhando o estranho hierofante. Este aproximou-se de um grupo de homens, com um pequeno aparelho que media a intensidade da faixa vibratória do corpo astral. O ponteiro pulava de um lado para outro, parando em determinado número do mostrador do equipamento. O hierofante voltou-se para Varuna, transmitindo telepaticamente que aquele ser era um dos mais sanguinários assassinos, e convidava-o a assistir ao julgamento.

– Quem és e o que fizeste na vida para merecer vir aqui?

O espírito, demonstrando grande e falsa humildade, respondeu com voz quase sumida, dando-lhe o seu nome e afirmando ignorar por que estava naquele lugar. O hierofante bradou:

– Então, você é inocente de qualquer violência contra seu semelhante?

O infeliz respondeu baixinho que jamais ofendera a quem quer que fosse, não sendo responsável por nenhum ato bárbaro.

O hierofante virou-se para Varuna e lhe disse baixinho:

– Veja a desfaçatez deste criminoso. Assassinou mais de dez pessoas, roubou à mão armada mais de cem residências, estuprou mulheres e espancou velhos e crianças. Entretanto, diz-se inocente. Mas nós temos meios de fazê-lo confessar a verdade.

Assim falando, o hierofante olhou nos olhos do inconfesso e lhe disse com sua voz tonitruante.

– Confesse a verdade. Confesse a verdade.

Seus olhos pareciam duas pedras incandescentes que penetravam no âmago do réu. Após alguns instantes de sugestionabilidade mental, o infeliz começou a gritar, tomado de pavor, e logo começou a confessar todos os seus crimes. Começou a contar desde os seus menores crimes até os mais hediondos. O hierofante conduziu-o, mentalmente, para que não perdesse tempo, aos dois crimes mais torpes que cometera. Desse modo, após cinco minutos de conversa, o criminoso estava desmascarado por si próprio. O hierofante, voltando-se para os demais chefes, bradou:

– Ele é um animal, uma besta humana. O que merece?

Todos gritaram juntos:

– Voltar a ser um animal.

E, subitamente, todos os oito chefes alambaques e seus lugares-tenentes, cerca de vinte e cinco seres estranhamente deformados que os acompanhavam, começaram a sussurrar a palavra animal, gradativamente mais forte até envolver completamente o confesso. Varuna acompanhava calmamente o processo, podendo ver como os fios mentais quase invisíveis dos alambaques penetravam no infeliz, hipnotizando-o, sugestionando-o e acrisolando-o num nível mental baixo. As cargas mentais penetravam no seu córtex, indo se alojar na parte traseira, que corresponde ao cerebelo, excitando a área enquanto as demais pareciam se apagar. No cerebelo espiritual estavam as mais profundas lembranças de existências ainda na fase animal que gradualmente tomavam conta do corpo astral, remodelando-o para uma mistura esdrúxula de vários animais. Em poucos minutos, o assassino confesso transformou-se em um animal semi-humano, cujo olhar demonstrava que estava na mais profunda catatonia, revivendo continuamente os seus crimes de forma permanente. Varuna presenciara um fenômeno de licantropia espiritual conduzida pelos alambaques.

Esse rito, paródia de justiça e de religião, continuou por mais algum tempo, sendo que se pôde observar que todos os acusados eram de fato culpados, e que foram eles mesmos que se impuseram uma pena. Houve sacerdotes de vários cultos acusados de falsidade ideológica, assim como políticos acusados de corrupção e manipulação de esperanças populares, considerado como crime gravíssimo. Houve mães acusadas de abandono do lar para viverem existência devassa, assim como maridos que foram acusados de crimes de lesa-família. Não se tratava, portanto, de pequenos delitos, mas crimes efetivamente graves.

No final do grande ato, o hierofante que parecia ser o comandante ou, pelo menos, aquele que detinha certa predominância sobre os demais, perguntou a Varuna:

– Então, nobre Varuna, o que achou de nosso trabalho?

– Não se pode negar que os acusados foram julgados de acordo com suas próprias consciências, e que o trabalho dos alambaques há de ser considerado impecável.

Varuna respondeu e, aproveitando a oportunidade, continuou sua exposição, elevando sua voz para que todos o escutassem:

— Vocês, como todos os seres vivos do universo, trabalham em estreita cooperação com a Grande Obra de Deus e dos nossos Maiores. É por isso que estou aqui, para convocá-los a uma missão de justiça. Ninguém melhor do que os alambaques estão aptos a entender os difíceis meandros da consciência humana degradada no crime e na doença mental do egoísmo.

O silêncio se fez presente, enquanto Varuna com sua voz grave, calorosa e amiga, dirigia-se aos chefes alambaques e a seus lugares-tenentes. Ele começou uma técnica pouco familiar aos alambaques, a de exteriorizar grandes imagens e sons telepáticos simultâneos, de tal forma que mesmo o mais distante podia ver e ouvir como se estivesse ao lado dele. Os alambaques ficaram surpresos com tal técnica, demonstrando satisfação em conhecer alguém tão poderoso como Varuna.

— É chegada a hora de se alterar a face de Ahtilantê. Chega de injustiças, do mais forte sobrepujando o mais fraco, o ódio vencendo o amor e a droga corroendo a sociedade. É a hora da justiça e dos que a amam acima de tudo.

Varuna usava o termo justiça no seu sentido mais amplo, muitas vezes dando a subentender a atividade justicialista, imoral e ilegal de fazer justiça pelas próprias mãos. Ele entendia que para atingir a mente dos alambaques era preciso fazê-los associados numa cruzada de justiça, já que esses seres achavam-se – e realmente o eram – servidores da Justiça Divina.

— Os nossos irmãos angélicos determinaram que Ahtilantê será expurgado de toda a sua escória espiritual e que os alambaques serão os poderosos artífices desta mudança. Quem não deseja um mundo melhor para viver?

Mais uma vez Varuna usava o desejo dos alambaques de um mundo mais justo, já que a maioria achava que tinha sido injustiçada enquanto estivera jungida à matéria. Mesmo sem uma resposta formal, os chefes alambaques reagiam positivamente à pergunta formulada, o que lhe propiciou a continuação da exposição.

– Para que esse mundo possa tornar-se efetivamente melhor, é preciso retirar dele os egoístas, os preconceituosos, os soberbos e os injustos. Falamos daqueles que são os prisioneiros dos alambaques. Daqueles que se acham superiores à justiça dos homens. Daqueles que os alambaques trazem para ser justiçados de forma terrível, mas justíssima. Esses não podem permanecer entre os homens de boa vontade, aqueles que realmente desejam evoluir.

Nesse instante, Varuna iniciou um processo de crescimento espiritual e de iluminação profusa do ambiente, com luzes toleráveis aos alambaques, de cor safirina e com toques rajados de cor de ouro velho.

– Vocês, falanges temidas das trevas, também servem à justiça divina, aplicando o justo castigo aos odiosos, aos que negaram um mínimo de equidade aos seus semelhantes. É por isso que eu, Varuna Mandrekhan, servo do Senhor, nosso Deus, Pai Amantíssimo de todos nós, vim aqui para falar com vocês.

Os alambaques estavam totalmente dominados pela figura de Varuna. À medida que falava do eterno Pai, Varuna se inflamava e chispas de fogo saíam de seu corpo, luzes o iluminavam e os alambaques, que nunca tinham visto um espírito em tal estado, se ajoelhavam. Sentiam que estavam perante uma força superior que os tratava com respeito, deferência e igualdade.

– Para que Ahtilantê seja um planeta limpo da escória, é preciso levá-los para outro planeta. Existe, portanto, uma oportunidade de redenção fora de Ahtilantê. Vejo para vocês, alambaques, uma oportunidade de renovação num planeta que poderá recebê-los de braços abertos. Lá vocês serão mais do que simples justiceiros. Serão deuses, condutores de homens e senhores de destinos. Aqui ficará para trás um lugar que não lhes soube dar valor, enquanto que, à frente, um novo mundo lhes dará novas oportunidades.

Varuna sabia que a maioria dos alambaques não desejava renascer em Ahtilantê, atrasando propositalmente sua evolução espiritual, com receio de novos fracassos no planeta. Era preferível, para eles, ser crítico a ator na peça da vida.

— Não quero tirar de seu justo domínio aqueles que chafurdaram na lama da ignomínia. Devem continuar a ser punidos por seus crimes e sua falta de justiça. Para isso, é desejo do Altíssimo que todos vocês venham comigo como ajudantes e soldados, como chefes e comandantes, para esse novo planeta, onde novas oportunidades lhes serão dadas.

Enquanto falava, Varuna mostrava em forma-pensamento o novo planeta. Aparecia um planeta com vegetação luxuriante, animais pitorescos e seres ainda primitivos. Todas as lembranças que tinha foram tiradas dos arquivos, os registros acásicos, no astral superior, e as reproduzia com extrema perfeição. Os alambaques olhavam extasiados. Quando apareceram os primeiros homens e mulheres do planeta Azul, comentários altos se fizeram ouvir. Alguns falavam que as mulheres eram muito bonitas, com cabelos — fato incomum entre os ahtilantes que eram calvos e imberbes — e os homens eram fortes e proporcionais. As imagens encantavam os alambaques, especialmente aos mais simples. Podia-se ler nos olhos dos mesmos um fundo de esperança, de renovação espiritual.

Varuna captava mentalmente o que ia na mente dos chefes. A maioria estava dominada pela ideia de sair daquele inferno e ter novas oportunidades. A maioria detestava Ahtilantê por todo o sofrimento que a sociedade e os homens lhe tinham imposto, conforme pensavam. Um planeta novo era uma oportunidade de recomeço, de reconstrução interior, de deixar para trás os laços sangrentos com um planeta que tinha sido cruel e, pior do que isso, um lugar que os tinha transformado em monstros de crueldade e desespero. Eles tinham perfeita consciência de si próprios e não se amavam pelo que eram.

— Aqueles que desejarem aliar-se às legiões celestiais que se exilarão de Ahtilantê que se unam a mim agora e para sempre. Os que não desejarem têm a oportunidade de renascimentos imediatos na crosta e, quem sabe, evitarão o banimento.

Elevando sua voz e levitando levemente para que até os mais distantes dos lugares-tenentes pudessem vê-lo, finalizou.

– Amigos e companheiros de trabalho, os nossos superiores desejam vê-los como deuses que são, guias que levarão o povo ao mais alto destino e profetas da palavra justa. Para tal, desejo que cada um una-se a mim nessa cruzada de justiça.

Todos os alambaques estavam estarrecidos com os fenômenos luminosos, projeções mentais e sons, fragrâncias e cores que tomavam conta do ambiente. Para seres que viviam num ambiente onde a magia negra era o tempero de suas existências, Varuna era um mago excepcional. Nenhum deles era capaz de tudo o que vira naquela tarde. Varuna era um mykael, um grande mago, um portentoso espírito.

Varuna encerrou seu convite, pedindo para conversar em particular com cada um dos alambaques, inclusive os lugares-tenentes, no que foi prontamente atendido. Ele passou grande parte do restante do dia trocando ideias e conhecendo cada um deles. Seres estranhos, que, sob a carapaça de monstros, eram homens comuns, com aspirações, sonhos e temores. Dois dos chefes eram brilhantemente inteligentes e se colocaram à disposição com sugestões muito válidas.

Vartraghan começou a participar ativamente do projeto, tornando-se o coordenador dos alambaques, de forma que se pudesse juntar o maior número possível de trabalhadores para uma espécie de assembleia a ser realizada num local aberto. A ideia tinha sido de um dos chefes alambaques presentes, que lhe explicara que o grupo deles era uma das mil duzentas e tantas facções de alambaques que se situavam no astral inferior do planeta. Seria impossível que Varuna visitasse todas, convidando-as individualmente. Deste modo, os chefes alambaques propuseram-se a conversar com as demais facções; assim, haveria uma forma de entendimento mais rápido entre eles. Ficou estabelecido que haveria uma grande reunião, uma convenção, onde todos poderiam trocar ideias. Varuna concordou. Cálculos aproximados davam conta de que haveria cerca de vinte mil pessoas neste congresso. Só estariam presentes os alambaques propriamente ditos e os seus lugares-tenentes. Não estariam os seus mijigabaks, pois, desta forma, o número subiria para mais de oito milhões de pessoas. Por outro lado, os mijigabaks eram tão embrutecidos que nada entenderiam. Como eles obedeciam cegamente aos alambaques e seus lugares-tenentes, bastava que estes fossem para a reunião para que um enorme exército de doentes, depravados e obsessores estivesse ao dispor das ordens de Varuna.

Varuna voltou para o astral superior usando a volitação. Sua viagem de regresso, após se despedir de Vartraghan, que ficaria para coordenar tarefas e instruir novos chefes, não levou mais do que alguns segundos. Não teve que atravessar as densas camadas do astral inferior, nem os planos do astral médio. Sua mente o levava para onde queria, em um átimo.

CAPÍTULO 4

Varuna encontrou a sua equipe em plena atividade. Uriel estivera estudando detidamente, com uma pequena equipe de médicos e psiquiatras, as diversas faixas vibracionais que deveriam ser retiradas de Ahtilantê. Englobava um conjunto de doenças mentais bastante amplo, que incluía esquizofrênicos, orgulhosos, prepotentes, ladrões, assassinos psicopatas, drogados, arrogantes, traiçoeiros, desajustados crônicos, suicidas, maníaco-depressivos e, finalmente, pústulas e pusilânimes de toda sorte. O grupo de Uriel tinha desenvolvido um equipamento que serviria para detectar a faixa vibratória do espírito.

Uriel explicou a importância deste mecanismo, pois, quando os espíritos estavam vagando pela crosta, eles se tornavam difíceis de ser distinguidos. Com este aparelho eles podiam ser rapidamente classificados e, com isto, ser separados dos demais. Já os que estivessem no astral inferior seriam, a priori, todos deportados. Os que estavam em instituições socorristas e estivessem em condições de renascer teriam uma última oportunidade de redenção. Caso contrário, seriam banidos de Ahtilantê.

— Este equipamento, mestre Varuna, permite que se possa detectar qualquer tipo de doença mental. Podemos, por exemplo, dentro de faixas selecionadas, só tomar como referencial os pontos extremos. O sistema foi desenvolvido para buscar a vibração espiritual íntima dos nossos irmãos doentes.

— Realmente, você usou a palavra certa, mestre Uriel. Doente! A sua definição é perfeita. É preciso que todos entendam que os exilados são doentes, devendo ser tratados como tais. O criminoso, antes de ser um monstro, deve ser visto como um sociopata, um psicopata, ou seja, um doente espiritual, que demanda tratamento, dedicação, compreensão e, principalmente, amor.

Varuna conduziu a reunião para outro patamar.

— Mestre Uriel, eu soube que vocês estudaram uma forma de transportar os nossos irmãos de Ahtilantê para o planeta de destino. Gostaria que você nos expusesse o resultado de sua pesquisa.

— Sim, mestre Varuna, estudamos diversas formas de transporte, mas a que nos pareceu mais interessante foi uma solução que Gerbrandom nos deu. Peço que o irmão Sandalphon exponha.

Sandalphon levantou-se, atravessou a saleta onde todos estavam reunidos no Ministério da Justiça e apertou alguns botões. Logo apareceu numa tela situada numa das paredes o arquivo de um planeta extremamente distante. Sandalphon dedilhou alguns números diretamente na tela e tornou-se visível o que ele estava procurando. Assim que terminou a operação, ele começou falando:

— Os coordenadores deste projeto em outro planeta optaram por um local removível. Ou seja, edificaram no astral inferior, perto do início das densas trevas onde estão os candidatos ao exílio, uma grande construção. Ela tem características muito peculiares. É inexpugnável a ataques exteriores. É também à prova de fuga. Foi desenvolvida para impedir rebeliões, pois, no seu interior, ela pode ser dividida em quantos compartimentos quisermos. O prédio pode se deslocar dentro do astral inferior de um planeta por propulsão astral mentalizada. Pode também se deslocar pelo espaço astral entre dois planetas por propulsão mental, desde que esteja acoplado a uma naveta, guiada por espíritos do mundo mental.

Em última instância, servirá como forte, prisão, escola, hospital, sanatório, transportador e local de preparação para o renascimento dos exilados.

Uriel interrompeu a explicação de Sandalphon para comentar sobre o grande artefato:

— Nossa ideia é construir uma ou duas astronaves, ou eventualmente trazermos deste planeta alguns equipamentos desta ordem. Na primeira viagem, poderíamos levar toda a nossa equipe básica de renascimento, planejadores, psiquiatras e guardiões. Deste modo, os primeiros artefatos ficariam no planeta Azul, onde serviriam de base para nossa operação. As demais viagens seriam feitas por outros tipos de transportadores que iriam e viriam entre Ahtilantê e o local do exílio. Deste modo, poderiam ser reutilizados quantas vezes fossem necessárias. Esse tipo não seria tão sofisticado quanto o primeiro, mas poderia levar uma quantidade enorme de degredados, já que se trata de uma viagem curta.

Sandalphon retomou sua exposição para explicar um fato de suma importância:

— Como todos sabem, os espíritos do astral inferior e médio não são capazes de se deslocar, por si próprios, através do espaço sideral, indo de um planeta para outro. Deste modo, eles precisam ser transportados. No entanto, toda e qualquer edificação do mundo astral só pode se deslocar dentro do astral de um mesmo planeta. Para fazer uma viagem de grande distância é necessária uma energia muito maior. Deste modo, os transportadores que iremos desenvolver necessitarão do acoplamento de uma naveta do mundo mental, operada por espíritos deste plano específico. Eles irão se acoplar sobre o prédio em questão, modificando a vibração de todo a edificação para, num átimo, deslocarem-se com vertiginosa velocidade entre Ahtilantê e o planeta Azul. Uma viagem de quarenta e dois anos-luz levará cerca de dez segundos. É algo fantástico. Quando chegarem ao local, a naveta se desencaixará do prédio principal e a edificação e tudo o que estiver dentro dele, espíritos e objetos, voltarão à sua vibração original.

— Será que isto não será um choque para os banidos? — perguntou Vartraghan, preocupado com uma possível reação dos alambaques.

— A maioria dos banidos irá sentir uma sensação de angústia e morte e irá desacordar. Mas os obreiros que são mais evoluídos terão a mais deliciosa das sensações.

— E quantas pessoas cabem nesse veículo? — perguntou Varuna visivelmente satisfeito com o avanço do plano.

— Depende do que se deseja. O projeto é todo modulável. Existem pequenos transportadores em que cabem trezentos prisioneiros com vinte auxiliares, assim como existem equipamentos para oitenta mil banidos com seis mil obreiros. Podem-se desenvolver até grupos maiores, mas exigem obviamente muito mais energia mental para construir e operar os módulos. O mais interessante é que tanto faz ser um módulo pequeno ou gigantesco, pois a viagem interplanetária faz-se por uma dobra do espaço mental com uma velocidade praticamente similar. Uma viagem daqui ao planeta Azul não irá levar mais do que alguns segundos. No entanto, é preciso ver que se perde muito tempo em entrar e sair do transportador, já que a maioria dos nossos irmãos estará em estado dementado ou adormecido, necessitando ser carregada em macas.

Neste ponto, Sandalphon começou a mostrar vários modelos de transportadores e Varuna e sua equipe olharam para os vários modelos que apareciam. Alguns eram gigantescos prédios retangulares, dando a nítida impressão de ser um megálito negro apontando para o céu. Outros eram uma grande esfera, onde os banidos iam no interior, em pequenas celas, numa viagem vertiginosa através do espaço. Havia um tipo piramidal, que era formado por vários prédios, uns em cima dos outros, diminuindo de tamanho à medida que cresciam, formando pirâmides de escadas. Esse tipo era de fato muito versátil, pois se podia desmembrar em vários módulos que podiam se deslocar para locais diferentes, assim que chegassem ao planeta Azul.

Sandalphon explicou que havia vários tamanhos, já que o processo de exílio podia ser lento e gradativo. Se fosse necessário, poderiam construir o maior de todos, que tinha uma forma piramidal com quinhentos metros de altura, formando um conjunto extraordinário, capaz de transportar confortavelmente mais de duzentas mil pessoas por viagem.

— Há transportadores que podem ser relativamente grandes, já que a viagem em si não dura mais do que alguns segundos. Desse modo, podemos transportar até duzentas mil pessoas por viagem. Há que se considerar as entradas e saídas que levariam até cerca de quarenta a sessenta minutos, de forma organizada e ordeira. Resumindo, não teríamos grandes problemas no transporte. Se fizéssemos um transporte por mês, poderíamos levar dois milhões de degredados por ano. Não é no transporte que poderemos ter problemas.

— E onde poderemos ter problemas? — perguntou Varuna.

— Na captura, como bem mencionou.

— Sim, realmente capturar dois a três milhões de exiláveis por ano é uma tarefa muito grande, especialmente se considerarmos a extensão territorial física de Ahtilantê, por onde espíritos obsessores podem se espalhar, além das furnas infernais onde podem se homiziar com facilidade. Quanto a isso, contamos com dois tipos de obreiros. Na superfície de Ahtilantê, teremos os guardiões de Vartraghan; e nas furnas, além deles, teremos o concurso dos alambaques.

Varuna comentou:

— É por isso que marcamos uma grande reunião de alambaques, onde pretendo falar-lhes das vantagens do exílio. Creio que teremos que fazer outras reuniões, mas a primeira será de grande importância. Se não conseguirmos convencê-los, tudo ficará muito mais difícil.

– Realmente, sem o apoio dos alambaques, tudo será complicado – comentou Vartraghan – Nós teremos que montar um exército para capturarmos os quase quarenta milhões. Além do aprisionamento, há também o problema da guarda. Em suma, tudo irá ficar bem mais complexo.

A reunião prosseguiu, detalhando uma série de atividades a ser desenvolvidas em curto tempo, bem como as providências para uma grande reunião dos alambaques.

O mês se passou rapidamente, com preparativos por parte da equipe de Varuna. Durante esse tempo, vários grupos de alambaques foram contatados, tanto por Vartraghan, como por vários chefes de 'dragões' de Drak-Zuen que estavam dispostos a cooperar. Varuna deixara uma espécie de fita gravada com sua imagem e as do planeta Azul, do seu plano de ação e uma convocação ao trabalho, de tal modo que a película era mostrada em todos os lugares, deixando os alambaques espantados com tanta 'magia'.

Houve algumas dissidências e, até mesmo, alguns que preferiam não ir à reunião, mas, de modo geral, uma nova oportunidade em outro local, distante do planeta que nunca lhes dera real chance de progresso – nas suas distorcidas opiniões – era muito bem aceita. Quanto aos mijigabaks, estes fariam o que seus chefes ditassem. Eram tão embrutecidos que não adiantava explicar o que estava acontecendo. Não passavam de massa de manobra dos chefes que os tinham aprisionado hipnoticamente de forma indelével. O congresso fora marcado para antes da viagem de Varuna ao planeta Azul, devendo realizar-se dentro de trinta dias. Nesse ínterim, Vartraghan coordenara as visitas às mil e poucas cidades astrais dos alambaques junto com os demais, convidando todos os chefes e lugares-tenentes para a reunião com Varuna.

O lugar marcado era uma grande planície, de onde se divisava, ao longe, uma instituição socorrista. Naquelas paragens, o dia era apenas visível já que a luz de Capela era bloqueada por forte neblina cinza-chumbo que parecia envolver tudo e todos. Eram emanações das mentes viciadas dos renascidos em Ahtilantê, assim como dos espíritos daquele funesto lugar. O local não era o mais propício para Varuna, mas fora marcado pelos chefes alambaques, já que muitos tinham horror à luz, sofrendo de forte fotofobia. Desde cedo, os grupos de alambaques vinham chegando ao local marcado, volitando pesadamente.

O desfile de figuras macabras e grotescas era de deixar qualquer um impressionado. Eles se vestiam expressando de modo tétrico seu interior. Os chefes alambaques, com seus lugares-tenentes, eram uma massa de meter medo a qualquer um. Mas não a Varuna. Onde existia o monstro, ele via potencialmente o anjo. Para cada esgar ou simulacro de sorriso, saudava-os de igual para igual. Não era um ser superior comandando demônios, mas um irmão mais velho ajudando seus irmãos menores a atravessar o caudaloso rio da vida.

À medida que iam chegando, os alambaques dirigiam-se até o topo da pequena colina onde estava Varuna, Vartraghan e o resto da equipe, cumprimentavam-nos formalmente e voltavam para algum lugar da planície de onde poderiam observar o que iria acontecer. Quando o gigantesco sol de Capela estava a pino, anunciando o meio-dia, Varuna dirigiu-se para os chefes alambaques. Falava de forma normal sendo ouvido por todos, por mais longe que estivessem, devido aos seus excelsos poderes que levavam a sua voz para todos os cantos da grande planície.

Eram mais de oito mil chefes, com doze mil lugares-tenentes e mais Varuna e toda sua equipe e mais três chefes de guardiões graduados, entre eles Vayu, braço direito de Vartraghan. Sraosa e Mkara tinham se candidatado a acompanhar os banidos, tendo sido aceitos alegremente por Varuna. Os chefes alambaques olhavam as duas senhoras, Mkara e Uriel, com desprezo. Para eles, as mulheres eram a perdição; eram seres inferiores aos homens, não merecendo estar presentes.

— Amigos, acomodem-se o melhor que puderem e conversemos. A grande maioria já sabe por que estamos aqui reunidos.

Mas não custa repetir para podermos dirimir dúvidas existentes. Pois bem, meus amigos, Ahtilantê irá passar por um expurgo espiritual. Todos aqueles cuja atitude não condiz com a boa vontade, o progresso geral da sociedade e os ideais de fraternidade, deverão ser retirados de Ahtilantê, indo para um planeta longínquo que os receberá de braços abertos.

Ouvia-se apenas uma leve brisa, Varuna estava iluminado por pequenos holofotes para que os alambaques pudessem vê-lo. Ele falava pausadamente, dando tempo para que os mais embrutecidos entendessem suas palavras.

– Este processo deverá levar de setenta a cem anos, o que permitirá que muitos candidatos ao exílio ainda tenham uma oportunidade de renascer e, com isso, a fantástica opção de continuar neste jardim paradisíaco que é Ahtilantê, caso vençam os seus demônios interiores.

Poucos foram os que se sentiram motivados a enfrentar a existência física em Ahtilantê. Para seres como os alambaques, o renascimento físico ocorreria em circunstâncias extremamente duras, o que não os incentivava a se candidatarem para tal provação.

– Trinta a quarenta milhões de seres infelizes, verdadeiros indigentes espirituais, serão levados para outro planeta. Os chefes alambaques terão missão importantíssima; serão eles que os conduzirão pela senda do Senhor.

Os chefes alambaques e os demais presentes começaram a demonstrar maior interesse pelas palavras de Varuna. Imaginavam que tinham sido convocados para obedecer a ordens peremptórias, e, agora, descobriam que tinham opções.

– Sim, meus amigos e irmãos, para que esses espíritos endurecidos na prática do mal possam evoluir, deverão ser inicialmente dominados pelo poder dos alambaques. Vocês serão o flagelo de Deus, a espada flamejante que abrandará seus corações. Esses irmãos tresloucados na sua soberba, orgulho, vaidade e destemor à Lei do Amor só entendem a dor, o medo e a tortura. Vocês serão artífices deste sofrimento. Ensinarão que o nosso Deus é único, através de ameaças e punições terríveis. Mostrarão o caminho do Bem através da senda do Mal. Vocês, temíveis alambaques, também aprenderão a se desgostar da vingança, da justiça tenebrosa que castiga o réu com a mesma punição que infligiu ao próximo e aprenderão com os horrores da natureza humana a se tornar verdadeiramente superiores. Vocês serão os guias desses degredados, pois não se pode esperar que eles sejam liderados por anjos do Senhor.

Os alambaques o olhavam num misto de admiração e respeito. Nunca estivera tão iluminado, sua luz cegando os trevosos. À medida que falava, emanava imagens mentais que penetravam a mente dos alambaques, fazendo-os ver o que falava, sentir sensações inusitadas e sons ambientes. Ele sabia manejar as imagens mentais como poucos, fazendo-os participar, como se já estivessem no planeta Azul. Se os alambaques sabiam fascinar por hipnose, Varuna sabia encantar com imagens, palavras e, principalmente, com renovadas esperanças.

— Vocês aparecerão aos homens quando estiverem renascidos no planeta Azul e os guiarão. Eles os confundirão com deuses e, até mesmo, com o próprio Altíssimo, do qual todos somos criaturas. Vocês farão maravilhas e usarão seus poderes de sugestão para criar impressões que moldarão suas mentes infantis. Com isso, vocês também evoluirão.

Os chefes alambaques e os presentes sentiam que a palavra de Varuna não era só dele. Luzes vindas do alto jorravam sobre Varuna, demonstrando cabalmente que sua mensagem era proveniente dos mais altos planos espirituais.

— Os homens adorarão falsos deuses, ídolos que serão a reprodução mais ou menos fiel de suas próprias figuras.

As imagens de deuses tenebrosos, reproduções dos alambaques, giravam no ar, sendo vistas pelos presentes. Varuna crescera ocupando mais de vinte metros, sendo visto à distância.

— Eles, no entanto, não a aceitarão de forma pacífica e vocês, como sempre o fizeram, utilizarão do terror, do medo e do ódio. Deus ensina aos homens de acordo com sua compreensão. Para os ignorantes, somente o medo de Deus os fará ter uma sociedade relativamente justa com leis e um mínimo de ordem. São párias espirituais e, como tais, não aceitarão de imediato leis fraternas.

Varuna olhava para todos os chefes alambaques, notando que sua forte voz de comando produzia o efeito desejado. A maioria era inteligente, podendo acompanhar perfeitamente seu raciocínio.

— Chegará o tempo em que enviaremos mensageiros que falarão de um Deus de Amor. Eles exortarão os homens a uma mudança interior, apagando da mente dos homens a ideia absurda de um Deus dos Exércitos e da Vingança, que faz distinções entre homens e raças, credos, cores e posição social. Mostrarão a estupidez de afirmar que Deus é discricionário e mostrarão que Ele é um Pai rico em amor, oportunidades, providências e beleza.

Varuna estava agora em pé e de seu peito saíam focos de luz que iluminavam os chefes alambaques. Essa luminosidade tinha uma característica muito peculiar. Era uma emanação de amor dos irmãos superiores que vinha de um plano mais alto, sendo absorvida por Varuna e retransmitida a todos por esse excelso ser. O eflúvio que atingia o peito e a mente dos alambaques transpassava suas carapaças, indo até o mais íntimo do ser, revolvendo expressões infantis, longamente adormecidas, e humanizando mais aqueles seres envilecidos por existências torpes.

Varuna, mudando de tom de voz, tornou-se menos veemente, mais caloroso e convidativo:

— Vocês, hoje, são destruidores de mundos, pois com suas obsessões forjaram nas mentes dos incautos ahtilantes as ideias de superioridade, orgulho e prepotência que os levaram às guerras fratricidas. Porém, em futuro distante, serão construtores de planetas, de estrelas, de galáxias e de incontáveis universos. Preparem-se, portanto, para os tempos vindouros, fazendo com que o dia de hoje seja produtivo. Abandonem velhas ideias como quem joga fora uma roupa rota e vistam-se de novos ideais que os farão se sentirem irmãos de todos os seres. Vão e pensem no que eu lhes disse. Propaguem estas palavras entre os seus e entre os outros chefes. Que Deus os acompanhe e que os guie nas suas novas sendas evolutivas!

Com isso, Varuna encerrou a sua preleção e os chefes alambaques se retiraram. Os demais ficaram para discutir providências a serem tomadas. Uma delas seria a imediata implantação de instituições socorristas no astral inferior, de forma a dar assistência aos sofredores. Essa atividade estaria a cargo de Uriel, com a ajuda de Sraosa, Mkara e quantos pudessem arregimentar. Vartraghan reforçaria a guarda com mais duzentos mil homens, o que seria suficiente para neutralizar qualquer revolta alambaque. Ele sabia, contudo, que belas palavras não seriam suficientes para aplacar tal legião de feras humanas, caso se revoltassem.

Gerbrandom conversou com Vartraghan e examinou as principais armas dos guardiões e comentou com Varuna que, se houvesse uma rebelião de fato, os guardiões estariam em dificuldades; suas armas eram parecidas com as dos alambaques. Era preciso ter armamento mais poderoso. Gerbrandom disse que traria pessoas de seu conhecimento que tinham ciência de tais artefatos, de forma a equipar melhor as forças do bem. Varuna concordou, pois acostumara-se com o fato de que todas as sugestões de Gerbrandom eram sábias e verdadeiras. Deu-lhe carta branca para providenciar o que fosse necessário.

• • •

Após a reunião com os chefes alambaques, eles retornaram às suas fortalezas e cidades infernais. Muitos viam uma nova oportunidade de redenção. Eles não eram idiotas ou ignorantes; conheciam a lei. Não havia como escapar ao renascimento. Todos estavam preocupados, mas cada um reagia de acordo com sua personalidade. Alguns poucos preferiram um renascimento purgatorial imediato, pois sabiam que poderiam até mesmo escapar do exílio; o mykael havia dito que essa era uma opção viável. Outros preferiram partir para o planeta Azul e aguardarem novas oportunidades; para eles, Ahtilantê havia se tornado odiosa. Um grande grupo aceitava a imposição amorosa de Varuna, não só porque viam nele um grande espírito e até mesmo um amigo das altas esferas que os respeitava e os compreendia, mas também porque sabiam que qualquer revolta seria fútil. No entanto, um grupo de espíritos malignos, possuídos de ódio, revolta e soberba, acreditava que poderia resistir e atranqueirar o processo do exílio. Este grupo, inicialmente um tanto disperso, acabou por se aliar sob a égide do mais temido e lendário de todos os alambaques de Ahtilantê: Razidaraka.

Algumas semanas após o grande encontro de Varuna, Razidaraka conseguiu reunir cerca de quinhentos chefes alambaques em sua fortaleza. Esses seres, muitos deles brilhantes em inteligência e sagacidade, comandavam grandes legiões de mijigabaks, dominando áreas extensas do astral inferior, especialmente nas trevas profundas, nos grandes abismos e nas cavernas subterrâneas onde a luz do sol de Capela jamais chegava.

O encontro se deu na fortaleza de Razidaraka, onde, no meio de um tumulto e um vozerio insuportável, subitamente a voz de Razidaraka sobrepujou a dos demais.

– Silêncio, seus idiotas. O que tanto vocês discutem? Não estão vendo que não há nada para discutir. Vocês estão tentando se convencer de que este expurgo não é inevitável.

– Mas temos que discutir o assunto, Razidaraka – respondeu um dos alambaques presentes – Trata-se de um assunto realmente muito sério.

Ele ainda estava em dúvida, pois, se partir não lhe interessava, ficar também não era a opção mais adequada.

Razidaraka lhe respondeu com uma expressão de crescente raiva.

— Claro que é sério. Mas saiba que para os privilegiados está tudo decidido. Eles querem nos expulsar e nós queremos prosseguir em nossos domínios. Até mesmo os alambaques de Drak--Zuen se aliaram ao mykael. Mas eu, Razidaraka, não me curvo a ninguém, muito menos a um privilegiado só porque ele sabe manipular as energias.

— Mas, Razidaraka, aquele mykael é muito poderoso.

— Mas eu também sou — respondeu-lhe colérico o imperador do mal.

— Sim, mas não como ele.

A resposta do alambaque trouxe-lhe à tona todo o seu ódio e rancor. Como aquele alambaque desprezível e medroso tinha a coragem de compará-lo com um privilegiado qualquer e o considerava como inferior a um simples mykael? Possuído por intenso ódio, ele fulminou com uma potente carga energética o incauto, que recebeu o jato de energia e caiu, estrebuchando de forma grotesca. Ele tremeu durante alguns poucos segundos, levantou-se, humilhado, retornando ao seu assento. Os demais, que haviam acompanhado a cena, calaram-se; não queriam enfrentar um alambaque tão poderoso quanto Razidaraka, quanto mais em seu próprio palácio, onde as energias lhe eram favoráveis.

— Não ousem me desafiar. Nenhum de vocês.

Após alguns segundos de tenso silêncio, Razidaraka, já mais senhor de sua cólera, prosseguiu, já com um tom mais cordial.

— Nós temos que resistir de todas as maneiras. Escutem o que tenho a lhes propor.

Razidaraka, notando que havia dominado a audiência mediante uma demonstração de força, entrou no cerne do problema.

— Os privilegiados devem ter planejado um expurgo com um determinado número de pessoas. Não sei quanto, mas estimo que, no máximo, eles irão expurgar cem milhões. Mais do que este número, o expurgo que eles querem fazer torna-se infactível. Provavelmente, se eles tivessem que expurgar um terço dos habitantes deste maldito planeta, eles não teriam lugar para abrigar tanta gente, assim como tornaria o lugar a que eles querem levar os exilados, o tal planeta Azul, um verdadeiro inferno.

Muitos dos alambaques presentes não tinham grande conhecimento técnico para entender o cerne do problema, mas a maioria havia captado a essência da situação.

– Muitos já entenderam que devemos criar situações em que se possa aumentar dramaticamente o número de expurgáveis.

– Mas de que forma iremos fazer isto, mestre Razidaraka?

O demônio, que não tinha a menor paciência, nem com seus iguais, logo se irritou:

– Ora, seus retardados. Pensem um pouco. Será que sou o único a raciocinar neste lugar!? Quem é que eles vão expurgar? Aqueles que estão no astral inferior. E como é que os renascidos vão parar no astral inferior? Através dos crimes, dos desatinos graves, da bestialidade e do orgulho exacerbado. Pois, é nisto que temos que nos concentrar. Temos que induzi-los a todos estes crimes e terrores.

A maioria dos presentes eram alambaques que odiavam aqueles que eles chamavam de privilegiados – os espíritos superiores – mas não tinham grande atuação sobre os renascidos. Preferiam esperar que eles viessem ao seu reino para aplicar-lhes aquilo que achavam que era a justiça. Muitos dos seus mijigabaks atuavam na crosta planetária, coordenando de forma imprecisa grupos menores de espíritos atrasados, mas não havia uma atuação sistemática contra os renascidos, a não ser aqueles que eram inimigos de outras existências de certos mijigabaks ou de seus chefes, os alambaques. Quanto aos demais, havia os obsessores normais, se é que se pode usar esta palavra, mas que não tinham uma atuação sistemática, sendo mais atraídos pela atitude e comportamento de alguns renascidos. Eles, então, usufruíam indevidamente do ambiente mental destes para se locupletarem, na maioria dos casos, não de forma maligna, mas devido às leis da afinidade vibracional: semelhante atrai semelhante.

— Mas, Razidaraka, isto os obsessores já fazem!

— Sim, mas não o fazem com maestria. Vivem os ambientes mentais dos renascidos, mas não de uma forma sistemática. É nisto que reside a beleza de meu plano. Não podemos atacar em bloco: eu já fiz isto e fui derrotado. Morder e correr; este é o caminho. Temos que atacar de forma conspícua, sem alarde, atuando de forma sistemática sobre a fraqueza dos renascidos. Temos que lançar a dúvida, o desespero, a falta de perspectiva existencial.

— O que significa tudo isto?

— Ouçam bem, e entendam o que iremos fazer. Usem seus mijigabaks para trazer os obsessores para um treinamento. Montaremos cursos como os privilegiados têm. Muitos dos obsessores não sabem como lidar com os renascidos. Nós mostraremos de que forma eles devem atuar. Como devem encontrar brechas em suas fraquezas, ou como criar estas fraquezas em seus parentes, amigos e chefes. Temos que ter uma atuação consistente.

Razidaraka fez uma pequena pausa e vendo que seus aliados estavam acompanhando seu raciocínio, prosseguiu, pausadamente, para que aquela malta heterogênea pudesse entendê-lo.

— O vício, bebida e miridina são potentes aliados que temos. A distribuição desses alucinógenos deve ser restrita ao máximo.

Um dos alambaques não entendeu o motivo da restrição e perguntou:

— Não devia ser o contrário? Não devia ser liberada?

Razidaraka riu a plenos pulmões. Era óbvio que eles não conheciam a natureza humana como ele.

— Ora, meu caro Krameth, tudo que é proibido é mais prazeroso. Se nós conseguíssemos que a miridina fosse liberada, os governos teriam controle sobre ela e sobre os que dela usam. Eles iriam cobrar impostos, impedir que os preços disparassem e controlariam a qualidade. Já sendo proibida, isto ficará nas mãos dos nosso sócios criminosos, como são chamados pelos renascidos, e eles é que controlarão os preços e a distribuição. Vocês têm ideia do que isto significa?

Um pequeno grupo meneou a cabeça em assentimento, mas a maioria, bugre e idiotizada, não entendeu.

– Pois eu lhes digo. Formaremos cartéis de distribuidores de miridina que ficarão imensamente ricos. Eles deverão usar todos os meios para obter sucesso. Comprarão a polícia, o sistema judicial, os empresários e os políticos. Haverá rios de dinheiro com uma multidão de viciados, que fará qualquer coisa para se locupletarem da droga. Roubarão, matarão, assaltarão, sequestrarão e assim por diante. Ao impor o vício, criaremos um exército de deportáveis de tão grande número que o mykael terá que desistir de sua ideia.

– Mas já temos dado suporte aos distribuidores de drogas.

– Mas não em número suficiente. Temos que incentivar o consumo de drogas através de músicas, de peças de teatro, de artistas. Temos que mostrar que isto é uma moda. Os que não usarem a droga estarão fora da moda. Os renascidos são tão idiotas que darão valor a isto. Todos irão querer experimentar e dali para o vício total é um pequeno salto.

– Temos que nos concentrar nisto?

Razidaraka não era o modelo de paciência e a pergunta extemporânea do alambaque recebeu como resposta uma saraivada de impropérios.

– Claro que não, seu estúpido. Será que serei obrigado a explicar tudo em seus mínimos detalhes? A miridina será apenas uma das nossas atividades. Temos que ampliar o nosso escopo. Atuar em todas as frentes. Desde as individuais como as coletivas. Ataquem os pontos fracos dos renascidos. Usem o sexo, os vícios diversos, as desavenças pessoais. Mas também usem as fraquezas coletivas. Endureçam o coração dos executivos, dos empresários, dos banqueiros, dos governantes. Aumentem a riqueza e especialmente o fosso separatório entre os ricos e os pobres. Criem desespero entre as classes menos favorecidas e abram o caminho para a violência e a criminalidade.

Neste instante, o primeiro alambaque que havia questionado Razidaraka, já refeito de sua humilhação, voltou à carga.

– Não se exalte, Razidaraka, e nem use seus poderes contra nós. O que quero saber é onde isto tudo nós levará. Será que depois de opor toda a resistência possível, não seremos derrotados e teremos que partir com o rabo entre as pernas?

Razidaraka novamente perdeu a têmpera e, exaltado, respondeu-lhe, furioso:

– Você pode partir com o rabo entre as pernas porque não passa de um cão sarnento. Eu jamais partirei, e ninguém jamais ousará me levar embora.

O chefe alambaque sentia que suas dúvidas eram compartilhadas por alguns dos presentes, e isto lhe dava forças para contrapor-se ao antigo demônio.

– Não se esqueçam de que as forças da luz são fortes e Deus...

Razidaraka perdeu completamente a compostura ao ouvir a palavra Deus. Tomado de uma raiva enlouquecedora, redarguiu:

– Que Deus? Que Deus, seu retardado? Você não vê que esta história da carochinha é uma invenção dos privilegiados? Onde está Deus? Só se Ele estiver em sua mente estúpida. Se Deus existisse, não existiria o mal, e eu, Razidaraka, sou o mal.

Um silêncio sepulcral havia caído sobre a assembleia. O chefe alambaque já havia tolerado demais os insultos de Razidaraka. Ele odiava aquele modo histriônico de o antigo demônio se declarar. Como podia ele liderar uma revolta contra os privilegiados se era incapaz de se controlar? Chega, para ele o mykael não devia ser enfrentado. Basta de esquemas cheios de maldades. Aquilo não o satisfazia mais. Há um dia em que o mal, após destruir tudo que está em volta, destrói a si próprio. Aquele dia havia chegado. Nem tanto pelas palavras de Varuna, o qual havia estado na grande reunião, mas principalmente pela reação intempestiva de Razidaraka. Aquele ser doentio só queria a destruição pela destruição. Nada mais! Ao se levantar e partir, duas dúzias o seguiram. Ao saírem pelo grande pórtico, eles ainda escutaram os gritos estentóricos de Razidaraka.

– Vão, bando de covardes, lambe-botas dos privilegiados. Vão para o planeta Azul, onde serão escravizados e obrigados a renascer. Lá pagarão seus crimes de modo tão terrível que jamais hão de recuperar a sanidade. Antes com um grupo seleto de diabos do que na companhia de todos os anjos do céu.

Uma gargalhada sinistra se ouviu enquanto os dissidentes de Razidaraka partiam da fortaleza do ódio.

...

Um dos assistentes de Vartraghan procurou-o reservadamente e conversou com o comandante dos guardiões durante alguns minutos. Logo após, ele procurou por Varuna e convidou-o a acompanhá-los, mencionando que descobrira algo importante nas trevas e desejava mostrar-lhe. Volitaram rapidamente por uma grande distância até um pântano onde estavam jogados, em decúbito dorsal, uma centena de espíritos. Alguns andavam de um lado para outro, como se estivessem sofrendo de uma crise de sonambulismo. Num determinado lugar, o guardião, que os precedia, apontou para um pequeno grupo de seguranças astrais e, rapidamente, todos os três desceram até o local.

Vartraghan aproximou-se e lhe disse confidencialmente:

– Sei de seu grande amor por seu pai, e tomei a liberdade de mandar procurá-lo. Um dos meus guardiões acaba de encontrá-lo e pode nos levar até lá num átimo. Você gostaria de rever Klandir?

Varuna olhou-o espantado. Tempos atrás, quando quis saber onde andava Klandir, fora informado pelos seus superiores de que não era ainda hora de vê-lo e que a oportunidade não tardaria. Obediente, acatara as ordens superiores, ansiando secretamente por revê-lo; inferia que não deveria estar em boas condições espirituais.

Vartraghan levou-o até onde três homens, velhos, alquebrados e mal-ajambrados, estavam sentados e discutiam acirradamente. O grupo era formado por Klandir, Trafgaman e outro desconhecido. Aproximou-se, notando que debatiam sobre as melhores formas de investir suas reservas monetárias que só existiam na imaginação de suas mentes perturbadas. Os três homens seguravam lodo em suas mãos, crendo, no entanto, estarem com ouro e joias. Passaram a observá-los, não sendo vistos por nenhum dos três.

– Não há dúvida de que a Bolsa de Valores é um jogo que oferece riscos. Mas, por outro lado, ganha-se muito mais.

– Eu prefiro não colocar todos os ovos na mesma cesta. Um pouco na Bolsa, um pouco em imóveis, um pouco em mercado futuro, um pouco em joias e objetos de arte.

– Tudo besteira, Trafgaman. Negócio bom é comprar terras. Nada como terra. Se você plantar qualquer coisa, valoriza dez vezes mais. Se não plantar, valerá sempre a mesma coisa.

– É, mas terras são perigosas, com estas invasões...Não sei, não...

Vartraghan comentou com Varuna:

– Conseguimos isolar Klandir dos espíritos dementados que o acusam do terrível morticínio em Guersuem. Agora, que está afastado da turba que o linchava, torturando-o de forma implacável, sua mente está bloqueada pelos assuntos que o fascinam. Aliás, os outros dois também. Estão repetindo essas argumentações há semanas. Quem sabe se o senhor, com seu poder, consegue tirá-los deste monoideísmo?

Varuna aproximou-se do seu antigo pai carnal, que ele amava como a um filho espiritual, e perscrutou-lhe a mente. Seu íntimo estava em completa balbúrdia, com quadros mentais fixos sobre dinheiro, aplicações financeiras, investimentos, negociatas, poder, assassinato e muitos outros crimes, todos relacionados ao poder político. Varuna sabia que não havia nada de errado em se cuidar do seu patrimônio, procurando aumentá-lo por meios legais, fazendo aplicações produtivas que geram empregos e riquezas. O erro desses homens foi o de só pensarem nisso e não trepidarem em tentar aumentar seus bens por meios escusos e tenebrosos. A corrupção, o roubo, a negociata geram complexos de culpa profundos que demandam tempo para ser exorcizados da mente.

Varuna terminou a operação de perscrutação e disse desanimado:

– Ainda precisarão de mais tempo para se cansarem do assunto. Quando tiverem repetido o mesmo tema à exaustão, suas mentes os obrigarão à renovação. Terão tamanho asco dessa matéria que não irão querer abordá-la por muitos anos. Só o tempo poderá ajudá-los. Nesse instante, qualquer interferência minha será indevida.

Afastaram-se, dando ordens aos guardiões de deixá-los sozinhos nas suas eternas discussões sobre dinheiro, poder, negócios e corrupção. Seriam, mais tarde, recolhidos a um hospital, superando seus traumas com renascimentos providenciais. Não havia dúvidas de que Klandir e Trafgaman teriam que ser exilados para o planeta Azul, renascendo em condições bem mais adversas do que vinham tendo oportunidade em Ahtilantê.

Em poucos dias, quatorze instituições socorristas foram implantadas e mais de oitenta mil espíritos começaram a receber tratamento especializado. Era muito pouco em face dos vinte e cinco milhões que já existiam nos pântanos, furnas e abismos criados pelas mentes depravadas e doentias dos futuros exilados. Os oitenta mil já poderiam servir de base para os renascimentos a serem efetuados no planeta Azul, assim como poderiam tornar-se uma força crescente de futuros socorristas para seus irmãos menos afortunados. Aos poucos, não só os guardiões levavam espíritos do astral inferior, como também os alambaques começaram a trazer seus escravos mais dementados para aquelas instituições.

Varuna reuniu sua equipe principal, agora acrescida de mais alguns espíritos de estirpe, para planejar o próximo passo.

– A nossa próxima etapa é irmos ao planeta Azul e preparar todos os planos para a grande viagem. Temos que manter contato com nossos irmãos do futuro lar que nos aguarda e, junto com eles, desenvolver um programa de renascimentos que possibilite não só a recuperação dos nossos exilados mas também a aceleração evolutiva dos irmãos menores que lá habitam.

Varuna fez uma pequena pausa e prosseguiu sua preleção:

– Levarei comigo somente duas pessoas: Vartraghan, que se encarregará da parte referente à segurança, e Gerbrandom, que analisará os aspectos genéticos e todas as implicações astrais. Quanto aos demais itens, trarei ideias e registros visuais do nosso futuro lar na minha volta. Enquanto isso, Uriel será a minha substituta. Vayu liderara as falanges de Vartraghan enquanto estivermos fora e espero que mantenham o espírito de colaboração com os alambaques.

Vayu estufou o peito, satisfeito por ter sido escolhido, e respondeu:

– Obrigado pela confiança depositada, mestre Varuna. Prosseguirei os acordos já feitos com os chefes alambaques.

Varuna sorriu de volta para o gigantesco guardião, terminando a reunião com uma prece ao Altíssimo.

CAPÍTULO 5

Gerbrandom e Saercha se encontraram alguns dias antes da partida para o planeta Azul. Eles se encontraram no belo jardim que circundava o Ministério que Saercha coordenava. Atrás deles o imenso planeta de Ahtilantê aparecia entre as suas duas luas.

– Como foi o resultado da visita de Varuna aos alambaques?

– Ele convenceu cerca de setenta por cento do alambaques a segui-lo. Eles o chamam Mykael, o grande mago.

– Uhm! Que apelido interessante!

Gerbrandom estava realmente preocupado, revelando-se a Saercha de um modo bastante objetivo.

– Mas o que me preocupa são os trinta por cento remanescentes. Nossos guardiões têm armas semelhantes às dos alambaques e toda a operação de captura é uma luta terrível, de resultados duvidosos. Além disto, nós não temos guardiões em número suficiente para enfrentar uma rebelião organizada. Se os alambaques restantes não vierem por livre e espontânea vontade, terão que ser capturados à força.

Saercha, que sabia deste risco e até já contava com alguma resistência, interessou-se pelo assunto e comentou:

– Isto representará uma guerra real que nós temos que evitar. Nós temos que desenvolver armas que nos deem superioridade.

Aliás, este era o cerne do problema. As armas eram de fundamental importância e Gerbrandom, com sua vasta experiência, desejava antecipar-se aos eventuais problemas.

– Sim, mas nós não temos tempo para desenvolver tais armas e os equipamentos dos quais nós precisamos. Nós temos só alguns meses até começarmos a primeira deportação.

– Qual é a sua sugestão? – questionou Saercha, preocupado.

– Bem, eu falei com Varuna sobre tudo isso e ele me deu carta branca para resolver o problema da melhor maneira possível. Eu acredito que nós temos que trazer armas e equipamentos de outro lugar.

– É uma ideia boa. De onde você sugere que elas possam vir?

– Eu acredito que eu tenho a solução para isto. Eu contatarei uma grande amiga minha. Eu estou certo de que ela virá me ajudar. Como nós estaremos no planeta Azul, você poderia recebê-la? Você se importa?

Gerbrandom, então, citou de quem se tratava e de onde ela viria. Saercha ficou deliciado com a possibilidade e exultou, respondendo com entusiasmo:

– Claro que não. Será uma honra para mim receber alguém tão importante e que virá nos ajudar. Conte comigo.

Gerbrandom, mudando de assunto, comentou:

– Nossa primeira visita ao planeta Azul é da mais alta importância para estabelecermos um plano conjunto com o coordenador daquele lugar. Nós precisaremos de um veículo especial para cruzar essa imensa distância. Então, tomei a liberdade de solicitar a alguns amigos meus nos transportar ao nosso destino. Eu creio que tenha todo o problema de armamentos e transporte devidamente resolvido.

Os dois grandes espíritos ainda trocaram um dedo de prosa e Saercha perguntou-lhe se Varuna estava a par de quem viria, e Gerbrandom respondeu-lhe que não, e que isto era uma surpresa e um presente que ele estaria dando ao coordenador do exílio. Saercha sorriu em doce cumplicidade e pensou consigo: "Deus escreve certo por linhas tortas; que maravilhoso reencontro!".

...

Cinco dias mais tarde, Varuna, Gerbrandom e Vartraghan embarcavam num pequeno veículo, comandado por espíritos do mundo mental que os levaria para o seu destino. O veículo espacial espiritual venceu os quarenta e dois anos-luz em poucos segundos, levando-os até o planeta Azul. Manobrou docilmente até pousar numa plataforma à frente de um largo conjunto de prédios, no astral superior do planeta. Uma verdadeira multidão de espíritos os aguardava. A viagem tinha sido amplamente noticiada e o comitê de recepção estava a postos.

Varuna foi o primeiro a descer a pequena rampa do veículo, seguido de Gerbrandom e Vartraghan. Um espírito de elevada estirpe adiantou-se da multidão, vindo recebê-los. Cumprimentaram-se à pequena distância. O espírito tinha a forma humana, nada diferente da atual, só que mais belo e imponente. Nos seus olhos, liam-se a suavidade e a bondade de caráter de que a alta espiritualidade é possuidora.

Varuna cumprimentou-o, elevando o braço direito à altura do ombro e o espírito de forma humana procurou mentalizar uma forma de cumprimento e bênção que todos captaram e retribuíram. O espírito de forma humana apresentou-se. Chamava-se Mitraton, sendo o responsável pela coordenação da integração dos capelinos e terrestres. Tratava-se de espírito do mundo mental, que descera ao astral superior para recebê-los.

Era de uma beleza plástica irrepreensível. Aparentava ter quase dois metros de altura, cabelos longos, louros quase brancos, olhos castanhos tão claros que pareciam mel, uma barba branca curta e bem aparada. Tinha um corpo esguio, musculoso, uma voz grave e melodiosa. Era o protótipo da beleza masculina terrestre, viril, com a aparência de um ser maduro. Dir-se-ia que tinha uns cinquenta anos de idade.

Mitraton levou-os para o interior de um dos prédios, após passar por extensos jardins, procurando tornar a recuperação da curta e extenuante viagem a mais agradável possível. No interior do edifício, após um grande hall de entrada, com várias obras de arte expostas, penetraram numa sala ampla, em que estavam dezoito espíritos que os aguardavam. Mitraton procurou conversar com Varuna e logo notaram que, mesmo falando numa língua estranha, entendiam-se muito bem. Bastava sintonizarem suas mentes no mesmo diapasão e as palavras tornavam-se claras. Os ahtilantes tinham uma construção gramatical diferente da dos espíritos que habitavam o planeta Azul, mas o sentido final das frases tornava-se muito evidente após alguns ensaios de tentativa e erro. Em pouco tempo, todos estavam se entendendo de forma clara e objetiva.

Superados os problemas linguísticos, Mitraton explicou que os dezoito espíritos ali presentes iriam procurar dar-lhes um banho de imersão fluídica para que eles pudessem se adaptar melhor à atmosfera mais densa do planeta, sem o que, em breve, eles estariam estafados e com dificuldades de locomoção. Tanto Varuna como Gerbrandom já conheciam o processo, mas Vartraghan estranhou muito os procedimentos, quando os dezoito amigos espirituais começaram a manipular os equipamentos que zumbiam, emitindo luzes e fluidos, que penetravam no corpo espiritual dos nossos amigos ahtilantes, dando-lhes a sensação mais densa.

Após a pequena operação espiritual, que não durou mais do que dez minutos, Varuna e seus amigos foram levados gentilmente para uma nova sala onde se podia notar uma vasta tela que ocupava quase toda a parede principal. Foram convidados a sentar em poltronas especiais que os acomodavam muito bem, parecendo ter sido feitas especialmente para eles. Sentaram-se e, quase que imediatamente, a tela iluminou-se e uma figura semitransparente apareceu no centro. Uma voz suave, melodiosa, feminina, fez-se ouvir e sua mensagem foi facilmente captada por todos os presentes.

– Caros amigos de Ahtilantê, é com muita satisfação que nós os recebemos no planeta que chamamos de Terra. Sou Himalda, um dos muitos espíritos que governam este mundo, estando incumbida de recebê-los, colocando-os a par de nossas disposições, tomadas em conjunto com seus superiores. Vamos iniciar nossa exposição, situando-nos dentro de nossa galáxia.

À medida que começava a falar, as imagens mostravam aquilo que ia sendo descrito por Himalda.

– Nosso planeta é o terceiro a partir do nosso Sol, pequena estrela amarela, muito estável e muito antiga. Nosso pequeno orbe foi até hoje um local de desenvolvimento das fases espirituais inferiores. Aqui evoluíram, e ainda continuam, espíritos nas fases vegetais e animais. Muito recentemente, cerca de cem mil anos terrestres, começamos a desenvolver espécies mais adiantadas, já que o número de espíritos disponíveis cresceu muito. Achamos por bem não somente exportar espíritos recém-individualizados, como também aproveitar alguns deles para desenvolver mais uma escola espiritual na galáxia.

Himalda prosseguiu sua exposição:

– Destacamos alguns espíritos dedicados para ajudá-los a planejar e executar a vinda dos seus irmãos infelizes, e eles deverão, junto com sua equipe, formar uma única equipe de trabalho de modo a obtermos os melhores resultados possíveis.

E assim tendo dito, o grande espírito despediu-se de todos com palavras de estímulo e encorajamento, colocando-se à disposição para outras sábias e amorosas comunicações.

O resto do dia foi dedicado a conversas amenas, já que no outro dia fariam uma visita ao Ministério do Renascimento. Foram levados até um grande promontório de onde se descortinava uma bela paisagem da Terra, que podia ser vista a uma distância de cem mil quilômetros, com sua Lua branca num quarto crescente. Ao longe, o sol amarelo iluminava profusamente o ambiente.

Mitraton achara melhor fazê-los se aclimatar primeiro à gravidade terrestre, já que a mesma era mais do dobro da ahtilante. Varuna e Gerbrandom não sentiram nenhum problema de opressão gravitacional, mas Vartraghan, por ser um espírito ainda do astral médio, estava um pouco acachapado, como se estivesse carregando um fardo adicional. Mitraton achara melhor aclimatá-lo a uma certa distância do planeta a levá-lo imediatamente para a superfície. Pela lonjura em que estavam, a gravidade terrestre agia com menos intensidade; entretanto, todo o material astral que os envolvia era mais denso do que em Ahtilantê, exigindo bastante esforço.

Puderam descansar da longa viagem durante algumas horas em acomodações adequadas e confortáveis. O enorme tamanho dos capelinos em relação aos terrestres era um estorvo, que seria resolvido futuramente.

Na parte da manhã, foram levados para um desjejum, composto de leite, frutas exóticas, pão e diversos tipos de bolo. Mitraton explicou que aqueles produtos eram imitações astrais em tudo parecidos com os originais terrestres, sendo importante que ingerissem para dar-lhes forças adicionais.

Depois do pequeno repasto, todos foram levados para uma sala redonda. Em seu centro existia um aparelho holográfico, que podia emitir imagens tridimensionais, com sons, sensação de cheiro e de temperatura. Poderiam fazê-lo assim que todos estivessem totalmente aclimatados, o que deveria acontecer dentro de três a quatro dias.

Mitraton havia sugerido que todos assistissem, num anfiteatro próprio para tal, a um sumário da criação e da evolução do universo e da Terra. Desta forma, os visitantes poderiam avaliar melhor em que estágio de evolução social os terrestres estavam.

Chegaram ao grande anfiteatro, onde outros convocados para a projeção holográfica já se encontravam. Mitraton aproveitou o ensejo para apresentar vários de seus ajudantes. Para cada um apresentado, ele descrevia a função e dava alguns dados sobre sua especialidade. Ele deixou para apresentar, no final, um belo espírito que muito se parecia com ele, mas que tinha a aparência mais jovem. Dir-se-ia que tinha uns quarenta anos, com cabelos castanhos alourados, olhos cor de mel, uma barba bem aparada da mesma cor do cabelo, alto e de uma expressão serena. Seu nome era Orofiel. Mitraton, assim como fez com os outros, dedicou alguns segundos de apresentação ao nobre espírito.

– Orofiel é um dos meus braços direitos. Trata-se de um espírito ao qual estou ligado por laços de amizade e tenho a honra de já ter sido seu pai carnal, numa existência muito antiga. Não é preciso dizer que nossos espíritos estão indelevelmente unidos por uma longa caminhada, por meio da qual, depois de lutas, sofrimentos e abnegadas jornadas, chegamos a este planeta. Orofiel é um dos operadores astrais de maior reputação e espero que o relacionamento entre vocês possa ser o mais frutífero possível.

Varuna adiantou-se e cumprimentou Orofiel que, com perfeita simplicidade, retribuiu a saudação. Houve entre os dois uma afinidade imediata. Ambos eram do mesmo plano astral e suas vibrações eram complementares. Orofiel seria um forte aliado de Varuna, sempre prestativo, com sugestões inteligentes e com um amor enorme pelos degredados. Assim que eles começaram a chegar, Orofiel tomou-os sob sua proteção, e até mesmo os mais temidos alambaques o viam como um amigo, sempre a procurar o caminho da fraternidade, da conciliação e da reconquista pessoal.

Após os cumprimentos de praxe, o novo grupo, com mais de setenta pessoas, acomodou-se na vasta sala para ver um sumário da evolução do universo, da galáxia e do sistema solar, incluindo a Terra.

A luz diminuiu de intensidade no salão e, do centro, surgiu uma pequena luz que se expandiu gradualmente até ocupar quase todo o espaço disponível. Os presentes foram envolvidos pelo banho de luz e se acomodaram da melhor forma nas confortáveis poltronas em torno do tablado central. Durante mais de duas horas, eles puderam ver a criação deste universo e do sistema solar. Durante este tempo, que passou celeremente, eles puderam entender cada passo da cocriação maior e menor que aconteceu desde o instante da criação deste universo, a partir da explosão primordial.

A exposição atingiu seu ponto crucial quando começou a mostrar o que aconteceu com os homens primitivos do planeta Azul. A imagem mostrou como os homens se estabeleceram na agricultura primitiva, na extração de certos metais, tais como o cobre, o estanho e o ouro. Era a revolução neolítica. A voz dulcíssima da apresentadora falou de Jericó, primeiro assentamento humano cercado por muralhas. Era uma cidade de dois mil e quinhentos habitantes que se protegia contra os ataques dos semitas nômades. Depois, mais mil anos se passaram até que outra cidade-fortaleza aparecesse: Satal Hüyuk, na Ásia Menor (atual Turquia). Era uma cidade grande para a época – cinco mil habitantes – e junto com ela nasceram várias outras espalhadas pela Mesopotâmia e adjacências. Todavia, essas outras cidades mesopotâmicas não passavam de vilarejos sujos e mal arrumados. Não há templos, nem palácios. Afora Jericó e Satal Hüyuk, as outras não eram fortificadas. A maior delas não possuía dois mil habitantes.

A voz explica que os humanos movimentam-se grandemente e que suas migrações serão alvo de considerações em estudo apropriado. Quem desejar conhecer mais detalhes sobre aqueles povos, suas origens, migrações e qualificações genéticas e raciais deverá ter acesso através dos códigos adequados.

Nesse ponto, a imagem desapareceu, a sala voltou à sua luz normal e todos estavam encantados. As interrogações choveram, obrigando Mitraton e outros colaboradores a passarem horas respondendo perguntas interessantes, as quais levariam dias para serem reportadas. O dia tinha-se escoado de forma tão grandiosa que não sentiram o tempo passar.

Mitraton levou-os para seus aposentos e convidou-os para uma apresentação que teriam à noite. Os três aceitaram o convite e, naquela mesma noite, veriam um grande concerto de música e balé, em homenagem aos amigos ahtilantes.

Compareceram ao auditório na hora marcada. Passava um pouco das oito horas da noite e Mitraton levava-os cordialmente, apresentando-os a um ou outro dos presentes. O auditório era muito grande, cabendo mais de cinquenta mil pessoas. Na hora em que chegaram ao local, a grande sala estava quase toda cheia e, assim que entraram, fez-se silêncio e todos olhavam-nos com curiosidade. Não era, entretanto, uma curiosidade malsã. Os espíritos do alto astral, que ali se congregavam, eram todos trabalhadores da seara do Senhor, e suas atitudes eram as melhores possíveis. Mitraton levou-os para um pequeno camarote, onde se instalaram confortavelmente.

O grande auditório era num ambiente fechado e sua abóbada gigantesca era pintada com motivos que retratavam a evolução das raças pré-humanas e humanas da Terra. Podiam-se ver australopithecus, sivapithecus, ramapithecus, homo habilis, homo erectus, homo sapiens e homo sapiens sapiens. Existiam ainda outras pinturas mostrando vários outros tipos de seres humanoides de outros planetas e, no centro da imensa cúpula, um afresco belíssimo de um ser angelical. Tudo parecia convergir para o centro, confirmando que o destino do homem é tornar-se um deus.

As pessoas foram chegando, acomodando-se em confortáveis poltronas situadas em pequenos camarotes de até seis pessoas. Havia um ambiente de alegria e sincera confraternização. Às oito e trinta, uma pequena sineta se fez ouvir e o silêncio caiu na assistência. No centro do grande auditório circular, havia um tablado de sessenta metros de diâmetro, capaz de abrigar uma grande orquestra e um coral de duzentas pessoas.

Logo após o toque da sineta, uma bela moça surgiu no tablado e dirigiu-se aos presentes. Sua voz era perfeitamente audível até mesmo nos lugares mais distantes. A acústica do local era perfeita. Dirigiu saudações a todos, convidando-os a uma doce oração. Todos oraram em silêncio. O imenso salão logo se encheu de luzes safirinas e pequenos flocos de luzes que se dirigiam ao alto.

Durante duas horas e meia, houve um desfile de concertistas, cada um tocando os instrumentos próprios de seus planetas de origem. O final foi apoteótico, com uma orquestra composta de mais de cem exímios músicos e um coral afinado e melodioso. Tratava-se de um canto ao Amor Divino e uma ode à Felicidade. A música começou docemente e num 'crescendo majestoso' tomou forte ímpeto no transcorrer da peça. À medida que crescia de ritmo e intensidade, um espetáculo de luzes provindas do alto banhou todos os presentes de forma maravilhosa. O espetáculo terminou, recebendo, no final, uma ovação calorosa. Todos se retiraram ordeiramente e os ahtilantes se recolheram aos seus aposentos para um merecido descanso, especialmente Vartraghan que sofria ainda muito com a forte gravidade terrestre.

O dia amanheceu às seis horas e já encontrou Varuna e Gerbrandom em plena atividade. Gerbrandom estava ansioso por conhecer todos os tipos físicos e os diversos locais onde poderiam fazer os capelinos renascer. Mitraton se fazia acompanhar de uma belíssima mulher de nome Sarasvati, especializada em geografia terrestre.

Vartraghan ficou vivamente impressionado com aquela mulher. As mulheres ahtilantes não tinham seios, já que sendo répteis não amamentavam. Sarasvati tinha-se desenvolvido num planeta em que o tipo principal era mamífero e apresentava, portanto, um belo e bem estruturado colo. Vartraghan, ainda muito preso à matéria, sentiu uma atração por Sarasvati instantânea. Ela, por sua vez, era um espírito do astral médio, razoavelmente evoluída, mas não totalmente desligada da matéria. Sua mente ainda vibrava com os encantos do sexo e, à vista daquele homem gigantesco, muito bem proporcionado e de sorriso encantador, também sentiu-se atraída.

A missão e o local não eram apropriados para manifestações de atração sexual e sentimental, o que fez com que os dois refreassem seus instintos. Porém, seus olhares se cruzaram num linguajar que dispensava palavras.

Mitraton levou-os inicialmente para uma sala onde havia um grande mapa-múndi incrustado na parede. Acomodaram-se e começou a apresentação.

– Como já lhes foi informado, caros amigos, nós estamos esperando a vinda de espíritos mais evoluídos do que os que estão renascendo atualmente, há mais de seis mil anos. Desse modo, praticamente, depois do término do período glacial há cerca de seis mil e quinhentos anos, recebemos ordens dos nossos superiores para preparar a vinda dos nossos amigos. Tomei a liberdade de pedir a Sarasvati que desenvolvesse uma apresentação de tudo o que foi preparado, de forma que possamos juntos deliberar quanto aos melhores locais para inserir os capelinos. Passo a palavra a Sarasvati para que nos faça sua apresentação.

A bela mulher levantou-se, dirigiu-se para o grande mapa-múndi e iniciou sua exposição:

– Bom dia, meus irmãos. Gostaria de expor como foram desenvolvidas algumas raças novas utilizando como base os neandertais existentes.

Ela voltou-se para o quadro no fundo da parede, tocando na tela, o que ampliou um determinado setor. A Eurásia ficou em grande destaque.

– Nesta grande área, o planalto do Irã, que se estende para o Leste pelo planalto armênio, desenvolvemos, durante o período glacial, uma variação de neandertais e de sapiens sapiens. Essa diversificação tomou vários agrupamentos já existentes, desenvolvendo-os de tal forma que, no final, ficamos com oito subgrupos. Esse vasto grupo batizamos de árias ou arianos.

Ao falar isso, a tela apresentou numa janela, dentro do grande mapa, uma coletânea dos oito tipos, sobre os quais Sarasvati discorreu rapidamente. Todos eram de tez branca, altura que variava de 1,70m a 1,90m, com cabelos que compreendiam do preto liso, preto ondulado grosso, ruivo, louro espiga de milho liso e sedoso, louro liso e grosso, louro fino encaracolado, castanho liso, castanho grosso levemente revolto; e, finalmente, com olhos que variavam do preto e do castanho ao azul e verde.

— Essa raça, ou conjunto de raças, chamadas de arianas ou também indo-europeias, foi levada gradativamente a se espalhar, a partir de núcleos familiares, por todas estas áreas.

Nesse ponto, Sarasvati apontou para regiões em torno do mar Cáspio, Ásia Menor, Mesopotâmia, Cáucaso e Baluquistão:

— Um grupo muito importante deslocou-se para a Ásia Menor, vindo do planalto armênio, perto do monte Ararat, assim como do planalto da Anatólia, na Ásia Menor, e lá se instalou. Algumas tribos espalharam-se, vindo a construir cidades como Satal Hüyuk e muitas outras. Algumas preferiram atravessar o Bósforo, que separa a Ásia Menor da Europa. Ao fazerem assim, por volta de quatro mil e quinhentos anos atrás (cerca de 8.000 anos a.C.), os indo-europeus subiram ao nordeste, margeando o mar Negro, até encontrar o estuário do rio Danúbio. Muitos subiram o rio até as suas nascentes, encontrando também as nascentes do rio Reno. Alguns prosseguiram até se instalarem nas planícies que ficam ao leste do Reno (atual França). Por isso, temos diversas aldeias que estão espalhadas por todos esses lugares. Durante muitos milênios, a uma velocidade de dois quilômetros por ano, a expansão desses povos se fez razoavelmente pacífica. Os lugares eram habitados por tribos que foram absorvidas, já que estávamos destinando os espíritos mais evoluídos para aquele grupo de arianos. Os menos evoluídos eram dominados tanto pela força como culturalmente.

Sarasvati fez uma breve pausa para que os presentes se inteirassem das andanças dos arianos pela Europa. Quando viu que todos tinham entendido, ela continuou sua exposição, sempre apontando, no mapa, os locais citados:

– Estas áreas foram dominadas por arianos ruivos (mostrando o norte da França, ao leste do rio Reno), sendo que, há cerca de quinhentos anos (4.000 anos A.C.), iniciamos novo movimento migratório. Deste local, eles estão ainda se dirigindo ao Norte, atravessando o canal da Mancha, para ocuparem estas ilhas (atual Grã-Bretanha). Um outro grupo está descendo para o Sul, devendo atravessar os Pirineus nos próximos anos, invadindo esta península (Península Ibérica).

Sarasvati apontou para a atual Alemanha:

– Neste outro local, os arianos louros miscigenaram-se com raças antigas, que foram desenvolvidas há quarenta mil anos para aguentarem o frio extremo. Os povos dessas raças, que nós batizamos de hiperbóreos, são altos, fortes, louros, com olhos azuis, pele branca levemente rosada, suportando os frios intensos dos intermináveis invernos nórdicos. Atualmente, no extremo Norte, os hiperbóreos estão firmemente instalados, mas na área que eu mencionei agora, os arianos louros e ruivos e os hiperbóreos estão miscigenando-se completamente, tanto no sentido físico como no cultural, gerando uma nova raça, que batizamos de germânica.

Sarasvati apontou para um local no mapa onde seria a atual Áustria, num extenso vale:

– Deste local, os arianos estão se espalhando para o Norte indo até esta extremidade – Sarasvati apontou para a atual Dinamarca –, miscigenando-se com as tribos hiperbóreas existentes no caminho. Existe um grupo de arianos castanhos e de cabelos anelados louros que estão se dividindo. Um grande grupo está indo para a península Itálica; e outro está indo em direção ao mares Egeu e Báltico.

Como não havia dúvidas, Sarasvati prosseguiu:

– Como se pode ver, esses arianos estão passando por grandes modificações, tendo alcançado, ou em vias de alcançar, toda a Europa. Temos, por outro lado, um grande grupo de arianos que não subiu o rio Danúbio, preferindo ultrapassá-lo e instalando-

-se perto das nascentes do rio Don, perto do rio Dniepper. Atualmente, começamos um grande movimento de migração desse grupo, sendo que uma parte está se deslocando para o Norte e outra voltando gradativamente para o Oeste, atravessando atualmente as estepes dos Guirquizes, ao extremo sul dos montes Urais, contornando o mar Cáspio. Outro grupo que contornara o mar Negro instalou-se às suas margens, formando um povo chamado de cimerianos ou cimérios, que são primos de um outro povo de origem proto-indo-europeia, chamado sumérios. Os sumérios saíram do Cáucaso, entre o mar Cáspio e o mar Negro, contornaram o mar Cáspio, atravessaram o planalto do Irã e dirigiram-se para o sul da região dos dois rios (Mesopotâmia), e lá se implantaram há cerca de quatro mil anos. Estabeleceram-se em algumas pequenas aldeias e, atualmente, estão cultivando os terrenos férteis entre os rios Tigre e Eufrates. Estão num ponto levemente anterior à implantação de comunidades citadinas, já tendo muitas aldeias primitivas estabelecidas.

A bela Sarasvati fez nova pausa para dar tempo a todos de entenderem a exposição audiovisual, já que tinha alterado radicalmente o visor, que antes focalizava a Europa e, agora, mostrava a Ásia. Cada vez que mencionava um povo, uma raça, um local, o mapa-múndi se iluminava mostrando o tipo físico, a rota seguida por aquele povo e outros detalhes de localização.

– Há, entretanto, outros povos que achamos que merecem atenção, tais como os semitas. Esse vasto grupo humano é constituído de pessoas de raça branca, pele levemente azeitonada, cabelos anelados pretos, olhos negros, que estão espalhadas por essa área.

Sarasvati apontou no mapa toda a área relativa ao Oriente Próximo. Ela mostrou a localização dos arameus, cananeus, árabes, caldeus e diversos outros povos de origem semita e, finalmente, apontou para o local que seria futuramente o Egito.

– Neste lugar, encontramos um dos mais extensos rios do mundo, que os nativos chamam de Iterou (Nilo). Ele apresenta cheias anuais que permitem que se possa desenvolver uma agricultura extremamente próspera. Os habitantes desta região, atualmente, formam um conjunto de aldeias sem muita importância, que se espalha à beira do rio. Um grande grupo de negros chegou vindo da África Central há cerca de cinco mil anos (8.000 a.C.). O outro, alcançou o Iterou vindo do norte do continente africano, há cerca de dois mil anos (5.000 a.C.). São os hamitas, um povo de pele escura, bem marrom e, que, infelizmente, continuam culturalmente imutáveis, sem apresentar nenhum aprimoramento cultural e tecnológico. Não houve grandes miscigenações entre os negros vindos da África Central e os hamitas. Assim como os sumérios, esses habitantes deste grande vale que margeia o grande rio e os arianos europeus são a nossa melhor esperança de desenvolvimento. Colocamos os melhores espécimens espirituais, os mais evoluídos, mas, infelizmente, alcançaram determinado estágio e pararam. Toda tentativa de mudança social é bloqueada pela tradição tribal.

Mitraton complementou:

— É preciso entender que, se o espírito não é muito evoluído, dominando várias técnicas, jamais irá introduzir na sua sociedade novos conceitos. Obedecerá ao pai e à mãe, sem grandes discussões. Não haverá choque de gerações, questionamentos de valores e discussões sobre pontos de vista conflitantes. Por isso, não tem havido evolução social. Do que precisamos é de uma revolução dramática, determinada pela imersão dos capelinos na carne.

Eles entendiam melhor agora a situação. Os exilados de Capela não eram apenas a escória de uma civilização adiantada, e sim, a esperança de evolução de um mundo ainda primitivo.

Após olharem com muita atenção todos os aspectos evolutivos das várias raças terrestres, Sarasvati começou a dissertar sobre outros aspectos relacionados com a evolução espiritual:

— Conforme é de seu inteiro conhecimento, evolução espiritual e riqueza estão intrinsecamente associadas. Não podemos imaginar a evolução social, cultural, espiritual e econômica sem a acumulação de riqueza. Nesse estágio de evolução espiritual, só é possível a prosperidade a partir da agricultura. É fundamental imaginar-se que tal fato só irá acontecer se houver um rio que ofereça condições adequadas e uma organização perfeita em torno de excedentes de safra. Para que o povo trabalhe para gerar excedentes de safras, é fundamental que seja dominado pela força bruta ou, eventualmente, por um poder coercitivo que poderá ser, inicialmente, o medo supersticioso da religião.

Varuna concordou plenamente com as assertivas de Sarasvati.

– Realmente, você tem razão, minha cara Sarasvati. Somente o poder coercitivo da religião poderá amalgamar o povo mais simples atrás de um objetivo. Também é preciso entender que, em cada sociedade escolhida, os capelinos deverão nascer em blocos, em grupos. Se nascerem sós, em sociedades estranhas, não poderão ser de grande valia. Tornar-se-ão pequenos rebeldes, logo suprimidos pelos pais que não tolerarão questionamentos e alterações de suas vidas.

– Realmente pensamos nisso, nobre Varuna. Sugerimos que nossos amigos capelinos renasçam inicialmente entre os sumérios. Após as necessárias correções de rumo, os faríamos renascer entre os hamitas e os arianos da vertente europeia.

Vartraghan interveio:

– Pensei que fôssemos concentrar os capelinos numa área específica, fazendo-os evoluir num único local. O que pensa disso, mestre Mitraton?

– Pensamos assim inicialmente, mas nossos superiores sugeriram que os capelinos fossem espalhados pela Terra, nunca superando em número os espíritos terrestres. Teríamos os capelinos ajudando os terrestres a evoluírem, assim como não correríamos o risco de ter uma sociedade constituída apenas de degredados.

Varuna olhou para Gerbrandom que assentia, meneando a cabeça, assim como Mitraton estampava um sorriso de satisfação, demonstrando concordância expressa. No entanto, Varuna mostrava-se preocupado.

— Claro que concordo com os administradores, mas receio começar um projeto em várias frentes de forma simultânea. Preferia começar com um grupo específico e, depois, após dominarmos os vários tipos de problemas que hão de surgir, iremos para os demais locais. Sugiro que minha equipe, aqui na Terra, desenvolva um projeto amplo e completo e que o exponha na nossa próxima reunião. Pessoalmente fiquei muito interessado nos sumérios, já que apresentam, atualmente, o maior índice de desenvolvimento social.

Mitraton meneou a cabeça em assentimento.

— Ótimo, mestre Varuna. Excelente sugestão! Poderemos discutir maiores detalhes sobre este planejamento integrado. Creio que a princípio a opção da Suméria é muito válida. Os sumérios receberão influência capelina e, futuramente, outros lugares poderão se desenvolver de forma integrada. Minha sugestão seria a de visitarmos os diversos lugares, se acharem por bem.

Todos concordaram, ficando marcada para o outro dia uma visita a Sumer, como era chamado pelos habitantes locais.

Após uma refeição frugal para Mitraton, Varuna e Gerbrandom, e bem sortida para Vartraghan e Sarasvati, todos embarcaram num veículo que iria levá-los até o destino. Orofiel fez questão de acompanhá-los, servindo como condutor especializado do veículo, e logo alçaram voo. De onde partiram, a Suméria estava às escuras e rodearam o globo para conhecerem os vários continentes. Sarasvati descrevia com perfeição as áreas, assim como sua temperatura, ecossistema, dando informações valiosas sobre a biodiversidade de cada região.

Voaram por cerca de duas horas, sobrevoando continentes e ilhas, assim como explorando com telescópios especiais a superfície do planeta. O planalto do Irã, que se liga com o planalto da Armênia, estava começando a ser iluminado pelo Sol. Ao Sul, ficavam os dois grandes rios, o Tigre e o Eufrates.

Sobrevoaram detidamente a vasta região, observando morros, montanhas, vales e planícies. A vegetação não era luxuriante como nas florestas tropicais e a temperatura não era tão quente como na África Setentrional. A coloração das árvores e dos arbustos era verde-escura; e da terra, bege. Não era muito diferente de certas áreas de Ahtilantê onde a agricultura ainda não chegara.

O veículo desvia-se, dirigindo-se para o sul da região entre rios ('*Mesopotâmia*' – em grego, entre rios), planou sobre uma vasta planície, onde se podia notar algum movimento de pessoas e pequenas agregações que formavam aldeotas. O veículo desceu a pouca distância de uma pequena aldeia. Todos desceram para avistar melhor os nativos. O calor era insuportável para os ahtilantes, com o ar pesado, bem mais do que aquele ao qual estavam acostumados.

Os nativos estavam acampados à beira do rio Eufrates, de águas barrentas. Havia cerca de trezentos indivíduos na aldeia, todos vestidos com roupas de linho cru. Os homens tinham um saiote que ia até o joelho, começando na cintura, amarrado por uma espécie de cinto de cordas ou de couro mal curtido, enquanto que as mulheres usavam um vestido inteiro e comprido. As casas eram de um único cômodo, arredondadas, construídas de tijolos de barro secos ao sol, amarrados por cipós. Na frente de uma delas havia uma fogueira com fogo brando, onde em alguns utensílios de cerâmica cozinhavam, lentamente, um mingau de cevada.

O excelso grupo de espíritos volitava a poucos centímetros do chão, observando tudo com grande detalhamento. Varuna pôde ver que aquele grupo não era muito diferente dos selvícolas que existiam em Ahtilantê. A diferença era que em seu planeta de origem aquelas tribos estavam em vias de extinção, já que a evolução estava alterando seu sistema de vida, enquanto que na Terra aqueles eram os espécimens mais evoluídos. Cinco mil e seiscentos anos de história os separava.

Varuna e Gerbrandom, junto com Mitraton, afastaram-se para os campos para observar os camponeses trabalharem a terra. Dois homens estavam num campo próximo ao vilarejo, puxando um tosco arado. Era um tronco de árvore, amarrado com uma corda de linho grosso, que um dos homens puxava com bastante força. O outro procurava comandar o tronco com uma das mãos, abrindo um sulco superficial e com a mão livre jogava alguns grãos no sulco recém-aberto. Podia-se notar que mais da metade dos grãos ficava sobre a superfície, ou à baixa profundidade, onde o sol inclemente impediria sua germinação. A safra sempre era fraca, fazendo com que os camponeses vivessem com muito pouco. Não havia excedentes agrícolas que pudessem gerar um sistema amplo de trocas.

Mitraton comentou que os sumérios não tinham ainda descoberto a roda, assim como não conheciam a escrita, nem a matemática. A aldeia era conduzida por oito anciãos, que destacavam eventualmente um lugal, ou seja, um grande homem, um responsável para uma determinada tarefa. Assim que a atividade era concluída, o lugal voltava à sua condição de cidadão comum.

Varuna observou a quantidade de crianças subnutridas, e sua observação foi apoiada por Mitraton, que lhe informou que a taxa de mortalidade infantil alcançava os cinquenta por cento, devido à falta de alimentação, doenças endêmicas e outros acidentes naturais.

O dia foi gasto com anotações importantes e visitas a mais de dezoito vilarejos que estavam à distância de trinta a cem quilômetros da aldeia inicial. Mitraton informou que os sumérios não passavam de setenta e cinco mil habitantes espalhados numa área de sessenta mil quilômetros quadrados.

Sarasvati e Vartraghan ficaram numa aldeia, observando alguns aspectos da vida de cada um. Após alguns minutos, foi possível para os dois observarem alguns espíritos de pessoas já falecidas que perambulavam pela aldeia. Viram que não havia espíritos trevosos, nem guardiões astrais a postos, assim como as almas dos mortos pareciam estar participando das várias atividades da aldeia. Não podiam ser detectados pelos espíritos dos mortos já que estavam em plano espiritual muito mais elevado.

A noite foi caindo, com os grupos recolhendo-se às casas. Não havia guardiões ou sentinelas tomando conta do vilarejo. Os camponeses chegavam à casa, não se banhavam, não limpavam as mãos, sentavam-se no chão e comiam com os dedos a papa de cevada que era servida pelas mulheres. Após o jantar, a maioria se deitava no chão, sobre peles de carneiros, caindo em profundo sono imediatamente. Alguns homens, antes de adormecerem, abraçavam-se às suas mulheres, mantendo um curto, mas intenso conúbio físico.

Vartraghan observou um casal de jovens usufruindo um forte e apaixonado ato de amor, com extensa troca de carinhos e afagos. Não devia restar dúvida de que eram recém-esposados que ainda se deleitavam com o sexo de forma apaixonada. Os mais velhos demonstravam grande dificuldade de se manter acordados após um dia exaustivo de labuta no campo, o que os levava a um ato sexual rápido e insatisfatório.

Subitamente, o enorme Vartraghan colocou a mão na cabeça, revirou seus olhos e desmaiou, caindo pesadamente ao chão. Sarasvati, sem saber o que fazer, apreensiva com o súbito fato, chamou telepaticamente por Mitraton. O grande espírito, que estava a uma distância mínima do local, chegou volitando num átimo, junto com Varuna e Gerbrandom. Os três grandes espíritos aplicaram passes longitudinais em Vartraghan que logo recuperou a consciência. Havia sofrido um distúrbio do corpo espiritual, devido à maior força gravitacional da Terra. Vartraghan passara o dia sentindo-se opresso, mas creditara o seu mal-estar ao calor reinante. No entanto, após esgotar as suas reservas energéticas, o gigante desmaiou, perdendo os sentidos.

Levaram-no para o interior da pequena naveta, onde providenciaram energias adicionais para a recuperação de Vartraghan. Ele, no entanto, estava acabrunhado com seu desmaio. Todos tinham o maior apreço por ele, pois viam nele um espírito forte e gentil, mas ainda esforçando-se para vencer suas limitações. Mitraton, sentindo-o deprimido, resolveu animá-lo com palavras de incentivo:

– Amigo Vartraghan, não se deixe abater com seu desmaio. Isto é perfeitamente normal. Todos passamos por isso. Pessoalmente,

quando cheguei aqui, há mais de cinco mil anos, levei quase um mês para me adaptar e sentia náuseas terríveis.
— É mesmo? — exclamou Vartraghan, surpreso.
— Posso lhe afiançar que é natural. Somente os espíritos do mundo mental se adaptam mais rapidamente, já que sua essência é mais tênue e não é tão atingida pelas forças materiais densas. Além de que, grande parte da gravidade é proveniente de uma partícula de energia semimaterial e semiastral, denominada neutrino. Esse material é muito denso no universo inteiro, sendo encontrado em todos lugares, representando mais de vinte vezes o total da massa do Cosmos.
Vartraghan externou suas preocupações quanto às diferentes condições físicas entre Ahtilantê e a Terra. Gerbrandom escutou-o e depois confirmou:
— Realmente, você tem razão. O aparelho físico terrestre é mais pesado do que o ahtilante, exigindo maiores esforços para se locomover, cansando-se com mais facilidade. No entanto, tudo é compensado. Em Ahtilantê, a alimentação é mais frugal enquanto que aqui deverá ser mais substanciosa. A gravidade terrestre é mais um fardo que os exilados terão que suportar.
Varuna meneou a cabeça em concordância. Era mais um calvário a ser suportado pelos degredados.
Enquanto Vartraghan se recuperava, comentou com seu coordenador o fato de estar tão deprimido com a gravidade terrestre:
— Varuna, a sensação é terrível. As forças nos abandonam subitamente e a mente turva-se de maneira tão estranha que parece que vamos morrer.
— Imagine, se você sentiu isso, o que irão sentir nossos irmãos exilados? Você já observou outro fato terrível deste exílio?
Vartraghan olhava surpreso para Varuna. Realmente, não tinha pensado muito nesse aspecto.
— Veja bem. Além de não poderem mais conviver com muitos dos seus amigos e parentes do coração, esses exilados terão que

mudar para uma forma mais pesada, terão que se adaptar à gravidade terrestre, muito mais acachapante do que a nossa. Ademais, observe que a sociedade terrestre é praticamente inexistente. Os agrupamentos de homens são extremamente rudimentares. Não haverá mais o conforto de veículos autopropulsados, viagens intercitadinas de vimanas, eletricidade, videofones, simuladores informáticos, aparelhos domésticos, casas confortáveis. Tudo representará um choque psicológico terrível. Para completar o quadro doloroso, nossos irmãos exilados terão que enfrentar animais selvagens, dias quentes ou muito mais gelados do que as cordilheiras Azincachuans e a ignorância dos seus futuros pais.

Vartraghan que acompanhava o raciocínio de Varuna, interveio:

– Depois do que eu passei, posso entender que os exilados terão necessidade de se aclimatarem à gravidade terrestre durante algum tempo, antes de renascerem.

Mitraton confirmou o fato, meneando a cabeça e afirmando:

– Creio que levarão algum tempo desacordados, até que troquem todas as substâncias capelinas do seu corpo astral para material mais denso terrestre.

Vartraghan perguntou:

– Após a troca de energias do corpo astral, eles estarão aptos para o renascimento?

Sarasvati respondei-lhe:

– Sim. Em poucos anos, após renascerem, quando alcançarem o início da maturidade, eles despertarão seu potencial latente.

Varuna complementou:

– Com o despertar, eles terão que ser guiados pelos alambaques, para a implantação da civilização na Terra.

Vartraghan olhou tristemente para Mitraton e lhe disse:

– Com os alambaques soltos, a Terra será maldita. Por nossa causa, introduziremos, neste jardim selvático, a fúria, o assassinato, a luxúria, a mentira e todas as demais perversões.

Mitraton sorriu e respondeu-lhe amorosamente:

— Caro Vartraghan! A violência se instaura na transformação da sociedade nômade em agrícola. Para manter a terra plantada, os homens tornar-se-ão muito mais aguerridos e violentos. No entanto, a grande mudança será a descoberta de que, escravizando ou dominando outros homens, conseguirão muito mais riqueza, poder e bem-estar pessoal. Nesse estágio da evolução social é que os homens irão desenvolver artifícios para completar sua dominação, que são as formações de classes sociais diferenciadas e o uso da religião, de tal forma que os poderosos possam dominar a maior parte da sociedade.

O pequeno aparelho, num voo agradável, estava levando-os de volta para o plano astral, afastando-se do Sul da planície mesopotâmica, enquanto mantinham a instrutiva conversação. De um modo geral, a primeira visita fora satisfatória e, mesmo com o desmaio de Vartraghan, haviam tirado importantes lições.

...

Vartraghan foi levado para um quarto espaçoso, onde pôde descansar e se recuperar. O remédio que Gerbrandom lhe havia ministrado o deixara relaxado e mais forte. Ele dormiu algumas horas e, no outro dia de manhã, ele foi acordado com uma batida na porta. Ele franqueou a entrada e teve a surpresa de ver a bela Sarasvati adentrar seu quarto, sorridente, trazendo uma espécie de suco. Ela colocou o copo na cabeceira e sentou-se na cama de Vartraghan.

— Você está se sentindo melhor?

O guardião lhe respondeu com um sorriso um tanto tímido.

— Uhm, uhm. Eu estou bem melhor, obrigado.

Sarasvati fez uma expressão séria e lhe disse:

— Você me deu um susto terrível.

Vartraghan respondeu, agora, ainda mais envergonhado:

— Eu fiz papel de bobo. Não foi?

Sarasvati apressou-se em lhe responder, colocando a mão sobre seu braço.

– Claro que não! Estas coisas acontecem.

Vartraghan, no entanto, estava por demais envergonhado para encará-la. Acabou por lhe responder, meio sem jeito.

– É! Essas coisas acontecem, não é mesmo?

Sarasvati aproximou-se mais de Vartraghan e lhe tocou o rosto com extremo carinho. Ele a olhou, um tanto surpreso, mas deliciado com seu toque gentil. Ela lhe sorriu com doçura, e ele se sentiu menos inseguro. De repente, mudando de tom, ela fez uma afirmação que o surpreendeu ainda mais.

– Aposto que sua esposa também ficaria preocupada.

Ele lhe respondeu, aturdido.

– Eu não tenho esposa.

Sarasvati já sabia deste fato, pois o investigara com Gerbrandom. Com a resposta do guardião, ela se fez de surpresa e prosseguiu em seu jogo bem feminino.

– Eu não acredito! Como é que alguém tão bonito como você não tem uma esposa?

O guardião começou a recuperar seu tom bem humorado. Sentiu que a bela mulher também o desejava. E por que não? Não teriam que trabalhar juntos em vários projetos? Não eram livres para se relacionarem de uma forma madura? Ela não era a coisa mais linda que ele jamais vira? Então, esta era a oportunidade para começarem algo duradouro, terno e divino: o amor espiritual.

– Bem, estas coisas acontecem – e mudando de tom, ele complementou: – Mas falando de beleza, eu a acho a pessoa mais bonita que eu jamais vi.

Sarasvati ficou deliciada. O homenzarrão estava correspondendo às suas insinuações. Bastava agora o arremate, e Sarasvati não era mulher de deixar escapar algo que ela desejava.

– Eu também nunca vi ninguém como você. Você também é muito bonito.

— Você acha? Isso é bom.

Vartraghan segurou sua mão, que sumiu em sua enorme mão. Ela deixou que ele fizesse isto. Ele se ajeitou melhor na cama e aproximou-se dela para lhe dar um beijo. Ela também se aproximou dele. Ele lhe deu um beijo suave, o qual ela aceitou bem e o abraçou, ternamente. Os dois, subitamente, possuídos por forte emoção, se beijaram ardentemente. Era o início de um amor multimilenar.

• • •

Na Suméria, seriam destacados inicialmente alguns chefes alambaques, que teriam como função orientar os recém-chegados, sob o comando de Oanes, alambaque-mor. O trabalho de renascimento teria que ser lento, já que a Suméria tinha pouco mais de setenta mil habitantes espalhados por mais de cento e oito vilarejos. Lachmey iria escolher cuidadosamente os principais seres pelas suas características de forte personalidade. Infelizmente, os degredados de personalidades mais pujantes eram alambaques que não queriam renascer, por enquanto, mijigabaks ou criminosos tenebrosos. Lachmey não tinha muita opção e com o cuidado de quem semeia as melhores sementes, ela preparou o terreno para a eclosão da primeira civilização da Terra.

Varuna precisava retornar a Ahtilantê; a guerra estava a ponto de eclodir, e todos os planos de expurgo precisavam ser acelerados. Varuna partiu só na naveta vermelha de Karion. Deixou Lachmey no comando dos capelinos e karionenses e Vayu, o imponente púrpura, segundo-em-comando de Vartraghan, para comandar os guardiões responsáveis pela segurança geral na Terra.

• • •

Era chegado o grande dia. A ajuda que Gerbrandom solicitara de sua grande amiga estava chegando. Saercha convocou a equipe de Varuna, liderada por Uriel, e foram até a gigantesca plataforma, onde os amigos de outro sistema planetário chegaria. No céu dourado, em poucos minutos de espera, apareceu uma imensa astronave esférica, absolutamente gigantesca. A espaçonave era do tamanho de uma lua pequena. Ela parou à grande distância de Ahtilantê. Após alguns segundos, um imenso portal se abriu, deixando sair outra nave enorme, com o formato de uma pirâmide negra, que devia medir uns duzentos metros de altura. A pirâmide voou lentamente, perfazendo uma ampla curva e pousando suavemente no campo à frente de Saercha.

Uma porta monumental se abriu e do seu interior começaram a sair vários equipamentos estranhos. De um dos equipamentos, saiu um grupo de dez anões brancos, calvos, vestindo roupas longas. Um deles aproximou-se de Saercha e o cumprimentou. Era uma mulher com um metro de altura, pele cinzenta branca, olhos pretos com cílios enormes, completamente calva. Vestia uma túnica drapejada em rosa, com algumas incrustações de pedras preciosas, que perfaziam desenhos cariciosos. A mão dela era minúscula em comparação à dos ahtilantes, contendo seis dedos proporcionalmente longos.

– Saudações, Mestre Saercha. Eu sou Lachmey de Karion.

Saercha estava jubiloso. Ele era imensamente mais alto do que a anã, mas, pelo padrão vibratório da visitante, pôde observar que se tratava de um espírito de elevadíssima condição espiritual.

– É um grande prazer recebê-los, nobre amigos de Karion. Eu estou radiante que vocês possam ter vindo de modo tão rápido, praticamente sem terem sido avisados de antemão.

Lachmey respondeu com elegância. Não estava havendo troca de palavras, mas de pensamentos entre os dois, já que ambos eram do mesmo nível energético.

– Nós não poderíamos recusar um pedido de mestre Gerbrandom. Nós somos seus eternos devedores pela inestimável ajuda que nós deu em Karion, na época de nosso grande expurgo.

– É uma pena que Varuna e Gerbrandom não estejam aqui para recebê-los.

– Gerbrandom já tinha me informado que eles iriam para o planeta Azul. Ele me pediu que se reportasse a você na ausência deles e que nós deveríamos trabalhar em conjunto com Uriel, a segundo-em-comando de Varuna.

Saercha, com um sinal, convidou Uriel a se aproximar e ambas as mulheres se cumprimentaram, com gestos de acolhimento. Uriel postou-se ao lado de Saercha. O ministro, agora, mais interessado nos equipamentos fabulosos, perguntou a Lachmey.

– Que equipamentos maravilhosos vocês trouxeram!

– Esta nave piramidal é um transportador gigantesco que pode levar até duzentas mil pessoas. Nós trouxemos mais dois outros conosco. Com isto, podemos cruzar o espaço que nos separa do planeta Azul em poucos segundos. No interior, nós temos um pouco de tudo: hospital, prisão, escola e quartos para os trabalhadores e guardiões.

–Fantástico! – exclamou Uriel.

Naquele momento, os amigos de Karion começaram a desembarcar um equipamento enorme que tinha vários canhões apontados para cima. Uriel não pôde deixar de perguntar.

– E este equipamento?

– É um pulverizador astral. Pode dissolver as energias de baixa vibração que compõem estes lugares.

– Nós realmente precisamos disto – comentou Saercha.

Lachmey, olhando para um de seus assistentes, deu um comando em língua estranha, e ele se afastou para ir buscar algo que ela havia solicitado. Virando-se para Saercha e Uriel, ela comentou:

– Nós também trouxemos armas modernas para os guardiões.

O assistente retornou, mostrando um tipo de revólver que se ajustava como uma luva na mão.

Uriel, curiosa, perguntou de chofre:

– Como funciona esta arma?

— Nós estabelecemos a faixa de vibração que nós queremos alcançar e então nós atiramos um feixe de luz. Quem está na faixa selecionada, recebe uma carga de energia que o faz desfalecer durante alguns horas. Tempo suficiente para capturá-lo. Nós também temos uma rede que paralisa o atacante e permite que os guardiões os transportem com segurança até uma prisão astral.

Os dois espíritos de Ahtilantê se entreolharam, surpresos, com tamanha tecnologia. Saercha comentou, agradavelmente surpreso.

— Este é um progresso considerável em relação ao que nós temos hoje.

Lachmey, feliz em poder ser útil, deixou a maior surpresa para o final.

— Sem dúvida! Mas o mais importante é o raio trator.

—Ah? — exclamou Saercha.

Lachmey, com o rosto mais sério, prosseguiu em sua explanação referente à perigosa arma.

— É uma arma terrível. Destrói tudo o que toca e atrai os espíritos que vibram na faixa específica selecionada. Ela fica instalada na lua negra e exige um grande aparato para ser disparada. Quando quiserem poderemos ir até nosso principal artefato e vocês conhecerão todo os seus poderosos e maravilhosos equipamentos. O raio trator dá uma sensação de morte. Nós só o usaremos no último caso. O raio trator é uma arma que destrói imensamente o corpo astral. Dá a nítida impressão de uma segunda morte.

Uriel, bastante preocupada, comentou:

— Sim, você tem razão. Nós teremos que usar esta poderosa arma com grande parcimônia.

...

No período em que Varuna estava no planeta Azul, os mijigabaks começaram sua atuação feroz sobre os renascidos. Inicialmente, uma onda de crimes, revoltas e o recrudescimento da distribuição da miridina. Se esta droga já era consumida em razoável escala, após a entrada dos alambaques, dando apoio aos cartéis, ajudando a estruturá-los, o vício se alastrou como se fosse um produto de consumo popular. O número de viciados, que já era alto, praticamente dobrou com uma distribuição mais eficiente, a corrupção dos políticos, empresários e da polícia, que passaram a ser os maiores financiadores e protetores dos enormes cartéis.

Razidaraka estava exultante. Quanto mais viciados, criminosos e alucinados existissem, mais difícil seria o exílio. Para festejar estas vitorias iniciais, o demônio convocou seus fiéis alambaques e principais mijigabaks para uma grande festa, pois ele tinha novas ideias para por em prática.

Na fortaleza de Razidaraka, eles se reuniram no grande salão e festejaram suas vitórias numa festa selvagem. Razidaraka estava sentado num novo e estranho trono negro, enquanto um grupo de bailarinas bonitas, seminuas, dançavam ao som de uma música exótica, tocada por músicos. Os alambaques estavam contentes, intoxicados com bebidas, e estavam abraçados com mulheres bonitas. No fim da dança, Razidaraka despachou as bailarinas com um gesto amuado. Elas saíram correndo, rindo, do lugar.

Neste instante, o revoltoso, usando seu poder histriônico, conclamou seus convidados:

– Meus alambaques. A vitória nos sorri. Nós estamos levando desespero e ódio aos renascidos. Porém, estas são vitórias de varejo. O que precisamos agora é de destruição em atacado.

O demônio se levantou de seu trono e começou a passear entre os alambaques que prestavam atenção às suas palavras.

– E como nós realizaremos tal gloriosa missão?

Os alambaques olharam uns para os outros, sem entender as palavras de Razidaraka. O demônio se irritou e vociferou:

– Estarei rodeado de ineptos? Devo ser o único a pensar em tudo? Raciocinem, seus estúpidos. Usem a cabeça para algo útil. Como nós podemos levar sofrimento infinito a Ahtilantê? Como nós podemos infligir desespero, falta completa de esperança no futuro e uma imensa dor aos renascidos? Uma dor tão profunda, tão pungente, que conduza a humanidade à loucura!

Um dos mais inteligentes alambaques, exclamou, tomado de viva emoção perversa.

– Guerra! Provocando a guerra!

O demônio exultou, como se estivesse possuído de intenso gozo físico.

– Afinal! Alguém com cérebro. É isto, seus imbecis, guerra. Guerra total entre todos os países deste planeta miserável. Fome, morte, destruição, doenças e tudo o que vem com a guerra. Isso é o que deveremos fazer: provocar a guerra total.

Um dos alambaques retrucou:

– Mas como nós provocaremos tal destruição em massa?

– Nós atuaremos sobre os políticos, os militares, os governantes dos principais países. Nós os instigaremos de todos os modos que pudermos. Nós usaremos a religião, as diferenças raciais, os problemas territoriais mal resolvidos do passado. Tudo o que estiver em nosso alcance.

Nesta hora, os trezentos alambaques presentes aclamaram Razidaraka. Ele se sentiu novamente um homem poderoso e invejado. Seu orgulho e vaidade doentia o fizeram se inflamar. Ele era novamente Razidaraka, o imperador das trevas.

– É isto, meus alambaques. Enviem seus mijigabaks e usem as fraquezas dos homens, especialmente o orgulho e a ganância.

Subitamente, como se tivesse sido tomado por um espírito de escárnio, ele mudou seu tom e tornou-se sarcástico e grosseiro.

– Ah! Não se esqueçam dos líderes religiosos. Eles são maravilhosos para urdir ódio entre os seus seguidores. Quanto mais radicais eles ficam, melhor.

Seu tom de voz agora se tornou melífluo e debochado, e começou a falar, fazendo maneirismos de um adamado.

– Minha religião é a única que detém a verdade. Eu sou o transportador oficial para o paraíso. Eu sou o único a conduzi-lo à luz.

Enquanto os alambaques riem, escandalosamente, de suas pilhérias, ele falou num tom jovial, beirando o burlesco:

– Mas não se esqueçam de me dar todo seu dinheiro, seus bobos. Sem isto, você não comprará seu ingresso para o paraíso.

Os alambaques riem a não mais poder. Claro que eles sabiam que não há nada mais fácil do que exacerbar o ódio religioso e, usando o nome de Deus, lançar um grupo contra o outro, um irmão contra o outro, e que, nessa hora, o homem perde os sentidos humanos, tonando-se uma besta-fera, e este é o caminho mais rápido para as trevas.

Um dos alambaques perguntou, quando o clamor geral diminuiu:

– E nossos atuais associados? Vamos continuar apoiando-os?

– Claro que sim. Nossos traficantes de miridina devem ser protegidos e os negócios deles, incrementado cada vez mais. O vício é a porta aberta para nosso reino.

Subitamente, como se lembrasse de um assunto de suma importância, Razidaraka, perguntou:

– Quem está cuidando de Katlach?

Um dos alambaques lhe respondeu:

– Eram os alambaques de Drak-Zuen. O responsável pela sua atuação era Tajupartak. Mas eles mudaram de lado. Eles estão ajudando o mykael agora, e nem sequer o famoso Tajupartak não é mais o mesmo. Algum dia você poderia ter imaginado tal absurdo?

Razidaraka se acomodou entre seus amigos e, com ar de profundo desgosto, replicou:

– Mais um estúpido que é enganado por palavras bonitas. Teremos que substituí-lo por alguém realmente qualificado.

Um dos alambaques de menor patente perguntou-lhe:

– Posso sugerir um nome?

Razidaraka fez um gesto largo de aquiescência. Era o imperador das trevas a dar um óbolo de sua atenção a um alambaque secundário. O espírito trevoso sugeriu um nome:

– Garusthê-Etak.

Um murmúrio partiu dos alambaques. Do fundo do imenso salão, levantou-se um verdadeiro aleijão, que veio em direção a Razidaraka, mancando, arrastando uma perna, aproximando-se lentamente. Razidaraka não pôde evitar de expressar uma face de desgosto, quando ele o viu. Mas quando ele chegou próximo, ele pôs um sorriso falso nos lábios e o inquiriu.

– Então, Garusthê-Etak? Você aceita esta incumbência suprema?

O monstro, com rosto cheio de pústulas, com uma voz cava, respondeu-lhe, com o rosto sério, incapaz de um sorriso:

– Sim! Eu o arrastarei à guerra.

Razidaraka, com um gesto altivo, confirmou sua nova posição. Katlach será obsidiado por um dos piores alambaques existentes, um ser tão caviloso, tão cheio de complexos, que não tem nenhuma consciência pessoal ou social, só desejando locupletar-se de um terrível vício: os fluídos etéreos denominados de ectoplasma. Os alambaques permaneceram em completo silêncio, enquanto Garusthê-Etak saiu do salão, manquitolando e arrastando sua perna.

...

Alguns dias depois, Garusthê-Etak, já plenamente adaptado à mente de Katlach, determinado a cumprir sua missão da forma mais rápida possível, provocou uma reunião que seria decisiva para o destino de Ahtilantê. Naquela noite, no salão de comando de Katlach, estavam reunidos os principais ministros e chefes de exército do império hurukyan, tendo Katlach à frente, com Garusthê-Etak bem escondido nas sombras do plano astral.

Katlach estava determinado a guerrear com a Confederação Norte-ocidental, a mesma que fora fundada por Varuna, em sua última encarnação.

– Em breve teremos a arma final. Seu poder de destruição é incomparável. Nós podemos conquistar e dominar completamente Ahtilantê.

Um dos ministros de Katlach, o seu braço direito nas finanças, não via a guerra com bons olhos. O império já dominava o comércio e a guerra não era amiga das finanças, esgotando rapidamente as reservas financeiras de qualquer país em litígio.

– O que me deixa profundamente preocupado é que nós temos informação de que a Confederação Norte-ocidental também está preparando a mesma arma.

– Pura especulação. Ninguém tem mais tecnologia que nós.

– Neste ponto, eu concordo. Mas eu não vejo razão para conquistar Ahtilantê pelo uso de força. De fato, nós já dominamos o comércio, as finanças e os meios de comunicação. Por que dominar o resto do mundo com armas? Trará mais problemas para nós.

Katlach prestava muita atenção a este homem. No início de seu domínio, com as finanças em bancarrota, este ministro havia organizado o Estado e colocara o tesouro nacional em excelente situação, possibilitando várias ações de peso, no comércio internacional, com pequenas anexações de países vizinhos, com conquistas relâmpagos que deram um gosto de vitória a Katlach.

– Que tipo de problemas?

– Nós teremos que gastar uma quantia colossal de recursos para administrar vastos territórios. Nós teremos que ter tropas em todos os lugares. A qualquer hora, nós podemos ter rebeliões, que custarão muito caro. A morte de nossos soldados criará problemas internos. Ninguém dá apoio a um governo que envia seus filhos à morte. Todo esse esforço para o quê? Domínio e dinheiro. Isto nós já temos, devido à nossa tecnologia superior.

Katlach pareceu entender a situação. A dúvida se apossou de sua mente. De repente, Garusthê-Etak saltou de posição e começou a agir fortemente em Katlach, como também no ministro das finanças. Katlach reagiu e, perdendo a compostura, vociferou:

– Tolice! Nós precisamos ter domínio completo. Sem isto, nós teremos sempre a competição dos demais países. Mas o fato mais importante é que nós temos que levar nosso modo de vida aos outros homens. Nós temos a razão do nosso lado e eles estão errados. Nós temos que mostrar para eles que o modo correto de pensar e fazer as coisas é o estilo de vida de hurukyan.

O ministro das finanças, sob a influência de Garusthê-Etak, deu sinais de dúvidas. Porém, ele ainda tentou discutir.

– Mas cada um tem o direito de viver como bem lhes aprouver.

– Claro que não. Só há um modo correto de viver: o hurukyan. Nós temos que conquistar todas as pessoas e levá-las à luz da compreensão de hurukyan.

Os outros ministros concordaram. Garusthê-Etak enviou um fluxo negro de energia na cabeça do ministro das finanças. O homem é possuído de uma dor de cabeça lancinante, abaixando a fronte e permanecendo em silêncio. Garusthê-Etak o venceu. Katlach, agora sob total domínio do demônio, voltou à carga.

– Só há um modo: a guerra

Os ministros concordaram. O ministro das finanças ficou quieto e desanimado. Garusthê-Etak esboçou aquilo que seria um sorriso mau de satisfação. A guerra seria declarada em breve. As consequências poderão ser imprevisíveis.

∙ ∙ ∙

Uriel e sua equipe foram convidadas por Lachmey a conhecer não só a grande pirâmide, como também a lua negra. Ficaram encantadas com ambos, mas a lua negra é que atraiu as maiores atenções e curiosidade.

Ela tinha cerca de oitenta quilômetros de diâmetro, oferecendo espaço interno impressionante. Lachmey explicou que a lua negra era um veículo que fora desenvolvido durante a depuração de Karion. Não era a mesma lua negra que fora usada naquele período, pois as originais já se desfizeram. No entanto, como eles ainda tinham as plantas, eles a refizeram rapidamente.

Uriel sabia que, assim como todos os objetos do mundo astral, a lua negra fora feita por ideoplastia. Todavia, os karionenses tinham desenvolvido máquinas-ferramentas que construíam outros equipamentos. Deste modo, a forma-pensamento era multiplicada grandemente e as construções, seja de prédios, de equipamentos e outros objetos, eram feitas com menor esforço mental, maior rapidez e precisão.

A lua negra era um veículo que podia trafegar entre os sistemas solares, pois tinha a possibilidade de modificar sua vibração, desde as mais baixas, que incluíam as energias do astral inferior, até as mais elevadas, do mundo mental. Lachmey explicou que nem todos os seus equipamentos tinham esta versatilidade. A lua negra era equipada com transformadores de energia que se localizavam em seu centro, operados pela vontade de seus operadores, que alterava a faixa vibratória de todo o equipamento.

Já as pirâmides tinham limitações, pois, devido ao tipo de construção mental, podiam fazer voos curtos na atmosfera de um planeta, mas não tinham equipamentos internos que pudessem multiplicar a energia mental de seus operadores e, com isto, transportar a grandes distâncias. Exigiam, portanto, que houvesse o acoplamento de uma naveta menor, operada por espíritos do mundo mental, para que, desta forma, pudessem ser, elas próprias, transportadas, quase a reboque, de um planeta para outro. Já a lua negra não tinha esta necessidade, pois vencia as distâncias colossais entre sistemas solares de um modo bem mais autônomo.

A lua negra era, portanto, um equipamento completo e, por isto mesmo, colossal, já que grande parte de seu espaço era ocupado por equipamentos que multiplicavam a força mental dos operadores. Os raios tratores exigiam várias fases de multiplicação, transformando de forma sucessiva a energia mental dos espíritos que mentalizavam o raio inicial. Além disto, ela tinha espaço suficiente para carregar três pirâmides, além de vários outros equipamentos. No seu bojo, havia também espaço para enormes enfermarias e, até mesmo, prisões especiais para encarcerar espíritos perigosos.

A equipe de Uriel visitou quase todas as dependências, tanto da lua negra como da pirâmide, que também era gigantesca. Sandalphon, também presente, perguntou a Lachmey como fora o processo de expurgo de Karion, e recebeu como resposta uma explicação detalhada, da qual somente o principal foi posteriormente divulgado a Varuna.

Karion era um planeta muito populoso, mas também bastante grande para abranger mais de quinze bilhões de espíritos renascidos, que, somados aos que estavam em erraticidade, alcançavam a fabulosa cifra de sessenta bilhões de espíritos. No grande degredo, a proporção degredada foi de um para cada cento e sessenta espíritos – bastante alta –, o que perfazia a soma colossal de trezentos e sessenta milhões de almas. Isto, por si só, já representava doze vezes mais do que o total a ser expurgado em Ahtilantê. Os espíritos administradores haviam determinado que oito planetas receberiam levas de karionenses deportados. Todos estes planetas estavam situados fora da Via Láctea, em galáxias distantes. Um dos planetas estava situado no grupo local de galáxias, mas o restante estava distribuído em vários aglomerados galácticos bem mais distantes.

O coordenador do expurgo, o messias de Karion, por mais que tivesse tido tino político, não foi capaz de costurar um acordo com os 'dragões' locais, e uma grande revolta acabou por se instituir nos planos inferiores. O expurgo, no entanto, recebeu auxílio de inúmeros obreiros de outras orbes, entre eles Gerbrandom, que muito ajudou, especialmente no planejamento de grandes equipamentos, como a própria lua negra.

A revolta havia alcançado níveis desastrosos e obrigou o uso maciço de armas psicotrônicas de alto impacto, entre elas os raios tratores da lua negra. O expurgo durou um período equivalente a duzentos anos, mas o grosso foi expurgado nos primeiros trinta anos. Para tal, as várias luas negras – mais de seis – foram de grande utilidade, pois elas foram varrendo, quadrante por quadrante, destruindo o astral inferior, e atraindo milhares de espíritos, de uma única varredura, para dentro da lua negra.

Houve, contudo, gravíssimos problemas. Os espíritos sugados pelos raios tratores chegaram em estado lastimável, com seus corpos astrais completamente arruinados, em profunda demência e catatônicos, o que retardou em mais de trezentos anos o processo de evolução dos três planetas que receberam a leva de karionenses. A recuperação era lenta, gradual, e a impossibilidade de fazê-los renascer rapidamente obrigou os administradores espirituais dos três planetas a atrasarem seus cronogramas.

Uriel, que depois transmitiria todas estas informações preciosas a Varuna, ficou definitivamente convencida de que não se poderia usar a lua negra durante o processo. Isto deveria ficar para o final, quando praticamente já não existissem mais espíritos enfurnados nos grandes abismos, ou em circunstâncias tão específicas, que poderiam ser catalogadas como raras exceções. Lachmey lhe deu toda razão; a lua negra deveria ser utilizada, no final, para destruir os resíduos mentais dos infelizes que, um dia, habitaram aquelas plagas infernais.

...

Após ter visitado a lua negra, Uriel e Lachmey dirigiram-se para uma das pirâmides existentes. Passaram algum tempo conhecendo as dependências e comentando o que deveriam fazer para adaptá-la ao tamanho maior dos ahtilantes. Lachmey, que já havia previsto tal procedimento, disse que mestre Hamaburba, o chefe da expedição karionense, estava tomando providências para alterar algumas dependências para comportar os capelinos.

Levantaram voo, e Uriel ficou encantada com a estabilidade do enorme equipamento, a sua navegabilidade e a suavidade de suas manobras. Eles se dirigiram para o umbral, onde pousariam o equipamento, perto da instituição de Sraosa e Mkara. Havia sido previsto que eles implantariam o grande aparelho no início das trevas para começarem as operações de recolhimento dos espíritos decaídos. Uriel havia marcado com Vayu e Rudra para se encontrarem naquelas paragens.

A pirâmide pousou com suavidade, fixando-se no solo argiloso do umbral. Em poucos minutos, Uriel e Lachmey saíram do equipamento, observando o lúgubre local, aguardando Vayu e sua turma de guardiões.

– Eu creio que este lugar é adequado. Mestre Vayu ficou de se encontrar conosco aqui – comentou Uriel.

Lachmey foi a primeira a observar um grupo de pessoas vindo pelas densas trevas, que ficavam a uma centena de metros deles. O local onde estavam era razoavelmente iluminado, dando para ver, a uma centena de metros, o início da escuridão, que caracterizava as trevas.

– Será que são eles que estão chegando? – perguntou Lachmey.

Uriel, observando melhor, viu que se tratava de um grupo de alambaques. Ainda estava longe para vê-los bem, mas sua vibração era inconfundível.

– Não, não são eles. Olhando melhor, eu creio que é um grupo de alambaques.

Dizendo isto, ela retirou um pequeno equipamento da cintura, e convocou:

– Guardiões para o portão principal.

Quatro guardiões de Karion saíram da nave, armados com suas armas especiais. No entanto, agora que os alambaques estavam mais próximos, e Lachmey havia perscrutado, mentalmente, suas intenções, ela falou com Uriel.

– Não se preocupe, Uriel. Eu acredito que eles venham em paz.

Uriel, acostumada com os ataques de alambaques, respondeu, um tanto incrédula:

– Alambaques em paz? Melhor prevenir do que remediar.

Os alambaques se aproximaram. Entre eles, vinham Oanes e Tajupartak, liderando o pequeno grupo. Eles pararam a uma distância de cinco metros do grupo de guardiões, olhando-os intrigados. Jamais haviam visto seres de Karion. No entanto, os líderes não se enganaram com o tamanho diminuto dos guardiões; logo viram que eram poderosos, e suas armas um tanto perigosas. Como vinham em paz, não se incomodaram com os karionenses.

Uriel, reconhecendo Oanes e seu grupo, apresentou-os a Lachmey.

– Senhora Lachmey, quero lhe apresentar o juiz Oanes e o seu grupo de alambaques de Drak-Zuen. Mestre Oanes, quero que conheça a senhora Lachmey, que veio do planeta de Karion, para nos ajudar neste grande processo de redenção espiritual, no qual os alambaques terão importante e relevante papel.

Lachmey meneou levemente a cabeça, e Oanes, que, como todo alambaque, detestava as mulheres, ficou um pouco perplexo. Tentou penetrar na mente de Lachmey para descobrir quem era, mas a única coisa que pôde notar é que a pequena senhora de Karion era um espírito de elevada estirpe espiritual e, como tal, muito poderosa. Este poder lhe deu a certeza de que falava com alguém de mando, e o respeito pelo poder mental superior de Lachmey logo se evidenciou quando, num gesto elegante, ele se curvou e cumprimentou as duas senhoras.

Após as gentilezas de praxe, o juiz Oanes perguntou:

– Se ouso perguntar, minhas senhoras, que estranha construção é esta?

Uriel não teve pejo em lhe responder, pois sabia que estes seres cavilosos eram aliados de Varuna.

– É um transportador para levar os alambaques e os seus prisioneiros para o planeta Azul.

Oanes abriu um largo sorriso de triunfo e, virando-se para Tajupartak, disse-lhe:

– Eu não disse? Deve ser parte do plano do mykael.

– Você chama Varuna de mykael? – perguntou Uriel.

— Sim. Varuna é um mykael. Um grande mago.

Mudando seu tom, Oanes perguntou de chofre:

— Ele está aqui?

— Não. Ele está no planeta Azul, mas retornará em poucos dias. Sua chegada está prevista para uma semana.

— Quando ele voltar, vocês partirão imediatamente para o planeta Azul?

— Sim. Nós estamos com pressa para começar o processo de renascimento no planeta Azul.

Oanes demonstrou estar satisfeito com esta notícia e, estufando o peito em sinal de orgulho e vaidade, perquiriu:

— Neste caso, vocês precisarão de nossa ajuda, não é?

Uriel meneou a cabeça em assentimento, e Oanes prosseguiu:

— Ótimo! Nós traremos os animais a partir de amanhã. Vocês estarão aqui, não é?

— Sim, juiz Oanes. Vocês podem trazer seus prisioneiros. Nós temos alojamentos especialmente destacados para eles. Mas não partiremos antes de quinze dias. De qualquer maneira, se vocês quiserem ficar conosco, desde já, há salões confortáveis especiais para os alambaques.

Oanes consultou rapidamente seu grupo de alambaques e respondeu, respeitosamente:

— Agradecemos a oferta, mas, por enquanto, nós temos que ficar em Drak-Zuen. Mas nós começaremos a trazer os animais que estão nos grandes abismos. Deveremos levar aproximadamente dez dias para trazer todos eles. Porém, nós só iremos para o planeta Azul, quando o mykael também for. Está correto?

Neste momento, Vayu e Rudra chegaram com um grande grupo de guardiões. Os dois grupos se olharam de modo agressivo, um suspeitando do outro, e Uriel interveio rapidamente, antes que houvesse algum entrevero entre eles.

— Chefe Vayu, este é nosso associado, o grande juiz Oanes. Ele está propondo trazer os prisioneiros deles a partir de amanhã.

Uriel, usando de um tom convincente, como se ordenasse a Vayu que não discutisse nenhum detalhe, falou:

– Você não acha que isto é uma boa ideia!?

Vayu captou seu comando mental e respondeu, incontinenti, abrindo um largo sorriso.

– Ideia excelente! Nós já tivemos oportunidade de nos conhecermos, em outras circunstâncias. Eu estou contente que nós estejamos, agora, todos no mesmo lado. É uma grande e excelente mudança! Uma verdadeira honra ter os poderosos alambaques de Drak-Zuen como nossos aliados e amigos.

Oanes fez uma reverência pomposa, sendo acompanhados dos demais alambaques. Imediatamente, Vayu e Rudra responderam da mesma forma, com uma mesura cheia de maneirismos, tão típica da civilização dos ahtilantes.

Realmente, no outro dia, uma longa procissão de alambaques, com seus mijigabaks, começou a trazer as almas decaídas provenientes dos abismos e das cavernas. Eram pessoas, quase todas em estado catatônico, que tinham que ser carregadas. O juiz Oanes havia providenciado macas para trazer os decaídos, as quais eram carregadas pelos mijigabaks e outros serviçais dos alambaques.

Uriel e sua equipe iam fazendo uma triagem e os levavam, de imediato, para enfermarias especializadas. Cada tipo de doença espiritual era catalogada pelo pequeno equipamento, que a equipe de Uriel havia desenvolvido, e os espíritos eram separados de acordo com seu padrão vibratório. Em dez dias, conforme previsto por Oanes, a nave estava cheia de prisioneiros, que já estavam sendo devidamente tratados pelos incansáveis enfermeiros de Karion e Ahtilantê.

...

Varuna e sua equipe iriam visitar ainda outros sítios, especialmente o Nilo, o rio Amarelo, o Danúbio, o Reno, as estepes dos

Guirquizes, onde grandes grupos de nômades arianos viviam, e o vale do rio Indu, no Noroeste do subcontinente indiano. Antes de deliberarem de forma definitiva, solicitariam dos superiores a aprovação final e, se fosse positiva, todos os planos seriam desenvolvidos para inserir os exilados no local mais adequado para seu desenvolvimento e o avanço social, tecnológico e econômico da Terra.

Os três meses passaram celeremente em viagens importantes de pesquisa e coleta de dados. Nada foi deixado ao acaso. Uma grande equipe terrestre estava empenhada em simular todas as circunstâncias e todas as probabilidades. Pequenas alterações genéticas deveriam ser efetuadas, para que os capelinos pudessem ser mais bem absorvidos na carne terrestre. Nenhum detalhe era considerado insignificante, até mesmo a diferença de ritmo de crescimento entre os ahtilantes e os terrestres, já que os ahtilantes nasciam bem menores e cresciam mais rapidamente do que os terrestres. Quando atingiam a idade de quatorze anos, estavam fisicamente adultos, não havendo mais grandes alterações físicas, apenas o envelhecimento natural que atinge todos em todos os orbes.

Um outro ponto longamente explorado foi a diferença de tamanho entre os ahtilantes e os terrestres. Os capelinos alcançavam facilmente os dois metros e cinquenta, enquanto que o tamanho normal para o terrestre era de um metro e setenta. O corpo astral dos capelinos deveria ser alterado no decorrer de uma determinada etapa de adaptação, para que pudesse encaixar-se plenamente no corpo físico terrestre.

Já fazia três meses que Varuna e sua equipe tinham chegado à Terra. Era preciso retornar a Ahtilantê para prepararem o exílio dos capelinos. Todos os planos tinham sido apresentados aos administradores planetários e receberam aprovação. Sarasvati solicitou permissão a Mitraton para que pudesse acompanhar Vartraghan até Ahtilantê e, desta forma, pudesse ficar perto dele, já que os dois se amavam ternamente, e também ser útil quando o expurgo ocorresse. Os superiores franquearam sua ida; seu trabalho meritório rendera-lhe benesses.

Na véspera da partida, Mitraton ofereceu uma festa para Varuna e seus amigos, desejando augúrios de feliz regresso, mesmo sabendo que haveria tristeza e sofrimento para muitos. Na hora marcada, todos estavam na plataforma de onde o veículo espacial os levaria de volta ao jardim do Éden – Ahtilantê – para a continuação de suas missões.

CAPÍTULO 6

O voo foi tão rápido como os demais e, segundos depois, chegavam a Ahtilantê. Desceram e encontraram-se com os outros membros da equipe. Atrás deles, podia-se ver um grupo de pessoas minúsculas: seres com cerca de um metro de altura, cor branca, olhos negros grandes sem pupilas, calvos e roupas estranhas aos ahtilantes.

Uriel informou a Varuna as ordens dos superiores:

– Como o grande expurgo está próximo, os nossos Maiores pediram a ajuda de espíritos de outros planetas. Um desses grupos fez questão de vir ao seu encontro, quando soube que você estava voltando do planeta Azul. Dizem que o conhecem e que querem ser úteis em tudo o que for necessário.

Varuna, como espírito aberto que era, achava toda ajuda bem-vinda, mas estranhava o fato de dizerem que o conheciam. Dirigiu-se ao grupo de anões, junto com Uriel e Sraosa. Um deles adiantou-se do grupo, falando-lhe em linguajar perfeitamente compreensível:

– Salve, gentil Helvente! Salve, nobre Varuna! Aceite os votos de seus amigos de Karion. Sou Lachmey, sua amiga.

Por um instante, Varuna ficou estático. A sua memória rebuscou rapidamente em seus arquivos mentais e lembrou-se de Karion e de Lachmey. Doce e meiga Lachmey! E ela estava ali junto dele. Seu rosto azul iluminou-se com um largo sorriso e seus olhos encheram-se de lágrimas. Doce e amada Lachmey. Varuna se ajoelhou de forma a ficar com a mesma altura dela e a abraçou emocionado. Varuna reencontrava Lachmey após cem anos de separação.

Gerbrandom havia proporcionado a Varuna a mais bela das surpresas ao convocar Lachmey e seus amigos de Karion.

O retorno de Varuna e sua pequena equipe foi muito festejado por todos. A surpresa do reencontro com Lachmey foi emocionante. Assim que cumprimentou todos, aproveitou para marcar uma reunião geral. Mas, antes de conversar com sua equipe e a própria Lachmey, procurou Saercha para lhe dar ciência do andamento das atividades na Terra.

Eles ficaram algumas horas trocando impressões sobre a Terra, o expurgo e todas as providências que deveriam ser tomadas. O ministro observou atentamente as gravações em vídeo mental que trouxeram da Terra, fazendo diversas anotações, para depois comentá-las com o coordenador do expurgo. Terminada a longa exposição, assim como os planos e conceitos que norteavam o futuro exílio, Saercha comentou:

– Esperamos até este momento para lhe informar alguns fatos importantes. Não tínhamos muita certeza, mas agora as probabilidades apontam para a eclosão de uma grande guerra em Ahtilantê.

Varuna olhava para o ministro com olhar intrigado. Saercha prosseguiu:

– A atitude dos hurukyans e seus aliados chegou a um limite que não deixa mais dúvida de que irão se confrontar com os ocidentais. Deverá ser uma guerra mais encarniçada e cruel do que as demais, já que estão próximos de desenvolver armas de poder nunca visto. Acreditamos que terminará com a destruição de um dos lados.

Varuna estava trêmulo. Armas nucleares eram desconhecidas dos ahtilantes, mas os espíritos do alto astral conheciam seus efeitos. Tivera oportunidade de ver registros de uma guerra nuclear em outro planeta e ficara horrorizado. Fora uma guerra total, com mais de oito bilhões de mortes, cerca de doze bilhões de seres atacados pela radioatividade e mais de quinhentos anos de lenta recuperação da atmosfera. As cenas que pudera ver nos registros o haviam enchido de horror, e agora tudo levava a crer que isto aconteceria no seu amado planeta.

Saercha comentou, procurando amainar a preocupação estampada no rosto de Varuna:

— Não acredito que se trate de uma guerra nuclear total. Deverá ser um conflito com armas tradicionais; todavia, estimamos que um dos lados deverá alcançar a bomba atômica antes do outro e poderá fazer uso dela para ganhar a guerra de forma mais rápida.

Varuna sabia o que isso representava. Morte e destruição de modo terrível, como nunca fora visto.

— Nós calculamos que esta guerra dure de seis a dez anos. Você deverá acelerar todas as providências para o expurgo, já que, durante a guerra, haverá uma mortalidade muito maior, facilitando a triagem dos espíritos.

Varuna ia interromper Saercha, quando este, levantando a destra, parou-o.

— Eu sei que você desejava retirá-los gradualmente, mas não será possível. O expurgo continuará sendo gradual, mas os primeiros grupos deverão ser bem maiores do que você planejou. Em que isso o afeta?

— Não sei ainda. Terei que conversar com a minha equipe, mas creio que não haverá maiores problemas. De qualquer maneira, não precisamos levar todos os exilados para o planeta Azul numa única viagem, não acha?

Saercha acomodou-se na poltrona, como se algo o incomodasse, e falou, lentamente, como se procurasse as palavras certas:

— No início, não. Mas, logo após a guerra, deveremos começar com uma grande renovação. Para tal, precisamos eliminar a existência das faixas trevosas do astral inferior. Os seus candidatos ao expurgo são os que estão situados nas faixas vibratórias densas. Precisamos, em poucos anos, limpar Ahtilantê dessa negridão, pois afeta grandemente o estado anímico das pessoas. Enquanto existirem trevas e espíritos que lá habitem, teremos obsessões, suicídios, vícios horrendos e deformações físicas e psíquicas. Temos, portanto, que retirar os que se comprazem nas trevas e levá-los o mais rápido para outro lugar. Por sua vez, a matéria astral pesada que compõe o astral inferior das densas trevas, dos abismos e das furnas profundas precisa ser destruída. Se continuasse a existir, essa vibração pesada poderia ser captada mentalmente, telepaticamente, por alguns renascidos, como acontece hoje, provocando as mais profundas doenças físicas e psíquicas.

Varuna tinha dúvidas de que, se não existissem mais espíritos trevosos, tendo sido todos removidos para a Terra, se ainda assim os renascidos estariam sob sua influência nefasta. Saercha captou sua indagação e respondeu-lhe prontamente:

— Sim, pois o material astral é apenas a exsudação dos pensamentos dos espíritos. Se a comunidade é positiva, constrói mentalmente um belo mundo. O mesmo acontece com o contrário. Ora, se o material do astral inferior permanecer, os homens continuarão a ter contato com os pensamentos antigos e devassos que geraram esse mesmo local. Tornar-se-ão cativos dos pensamentos desregrados, que irão apenas potencializar ainda mais seus próprios desregramentos. Para que entenda melhor, dar-lhe-ei um exemplo grosseiro. Vamos imaginar que, num determinado quarto, um tísico teve seus últimos momentos. Se esse quarto não for limpo e desinfetado, o próximo ocupante, se estiver com suas defesas físicas fracas, poderá contrair tuberculose. O mesmo acontece com o espírito. Se não estiver preparado, com atitudes salutares e mente elevada, poderá captar as vibrações negativas, tornando-se um doente contaminado pelos miasmas dos tenebrosos pensamentos alheios.

Saercha continuou sua exposição.

– Precisamos limpar o astral inferior, especialmente com armas psicotrônicas que irão dissolver as densas vibrações. Não é aconselhável usar essas armas enquanto existirem espíritos no local, porque o lugar atingido entrará em combustão, emanando fogo e calor insuportáveis. Naturalmente, os espíritos que estiverem lá, no momento em que estiver em pleno fogo, não serão queimados, mas terão a nítida sensação de estar sendo cozinhados vivos. A limpeza final do astral inferior é um corolário de sua missão, meu caro Varuna.

A reunião ainda prosseguiu por algum tempo, com Varuna especificando datas e atividades, numa tentativa de estabelecer um novo cronograma em face das novas modificações surgidas com o advento imediato da guerra.

Varuna tinha marcado uma reunião com sua equipe para o início da noite, onde poderiam discutir detalhadamente todos os aspectos desta nova guerra.

Ele se dirigiu para a grande sala de reunião, onde já estavam Vartraghan e Gerbrandom conversando com os demais sobre as belezas, assim como as deficiências sociológicas do planeta Azul, que todos já chamavam carinhosamente de Terra. A bela Sarasvati era o centro das atenções, já que os ahtilantes não conheciam espíritos femininos que apresentassem seios e fossem de origem mamífera. Vartraghan estava feliz em apresentar Sarasvati como sua esposa, o que a enchia de alegria e orgulho.

Varuna cumprimentou todos, procurando por Lachmey que tinha sido convidada e estava junto com um pequeno grupo de seis karionenses no fundo da sala. Varuna a viu, convidando-a a ficar perto dele, à sua direita. A maioria já conhecia os laços de amizade e amor fraternal que uniam a pequena Lachmey ao gigante Varuna, de modo que não estranharam o convite. Além disso, ela era um espírito do mundo mental, estando no astral superior por amor ao próximo e sacrifício pessoal, assim como Gerbrandom e mais dois outros karionenses.

Ele perguntou a Uriel o que já tinha sido realizado durante sua ausência. A equipe remanescente, coordenada por ela, tinha avançado bastante nos seus planos. Havia estabelecido uma espécie de fortaleza nas planícies lúgubres e escuras que antecedem as trevas. Tratava-se de uma edificação que tinha por objetivo capturar e manter sob estreita vigilância espíritos candidatos ao exílio. Era uma prisão, assim como um hospital, escola e, por fim, um transportador interplanetário.

O prédio tinha cento e vinte metros de base por cento e oitenta metros de altura. Tinha um formato piramidal. Havia uma entrada principal que dava para um hall, com mais de oito elevadores que alcançavam os últimos andares, despejando-se num imenso átrio que descortinava o interior até o último andar. Não era o maior dos transportadores que havia de ser desenvolvido. Alguns seriam gigantescos, atingindo quase quinhentos metros de altura.

Nos andares mais baixos ficavam os mais dementados, ocupando enormes galerias escuras onde dormiam profundamente. À medida que subiam até o topo do monumental prédio, iam ficando os elementos mais perigosos, assim como as áreas restritas aos alambaques, e no cimo, ficavam alojados os obreiros. Havia local para os enfermeiros em cada andar, sendo que no ápice, ficavam os ajudantes em renascimentos, os médicos e a equipe de comando.

Um dos andares era uma verdadeira fortaleza com mais de trezentos presos perigosos. A capacidade total era de treze mil exilados e mais cerca de quatro mil obreiros. Fora devidamente testado com um voo curto fora do perímetro orbital de Ahtilantê, demonstrando que era capaz de ir aonde seus operadores desejassem.

Varuna estranhou o formato e perguntou por que não foi feito um transportador retangular, e Uriel explicou-lhe o motivo de ser piramidal:

– A pirâmide, como você pode ver no visor, é totalmente negra, feita de material astral mais denso. Pode fazer voos curtos na atmosfera astral, mas não consegue cruzar grandes distâncias. Para tal, é preciso que lhe seja acoplada, como se fosse um chapéu, uma nave de cor avermelhada, dirigida por espíritos do mundo mental. Eles irão acoplar-se no cimo da grande pirâmide e levar-nos até a Terra num átimo.

Uriel explicou que a enorme nave fora desenvolvida pelos karionenses que tinham grande conhecimento de propulsão astral. Eles conheciam também a forma de construção astral bem mais rápida do que o lento sistema tradicional de mentalização. Esse processo era lento e impreciso já que dependia da mentalização do inconsciente. A médica informou que o prédio estava totalmente cheio de candidatos ao exílio, podendo ser transportado para o seu destino imediatamente. Quanto ao transporte do mundo mental, não haveria problema, já que Lachmey e seus amigos de Karion haviam vindo nele.

— Como vocês capturaram esse primeiro grupo de pessoas?

Uriel contou em detalhes como eles haviam aterrissado a grande pirâmide e como foram surpreendidos pela chegada dos alambaques de Drak-Zuen, liderados por Oanes. Ela reportou a conversa dos tenebrosos e sua intenção de ajudar imediatamente. Ela detalhou a forma como, no outro dia, eles trouxeram seus prisioneiros, e que estavam ansiosos em partir, assim que o mykael fosse para o planeta Azul.

Varuna estava satisfeito com os resultados. As coisas estavam melhor do que imaginara. Os alambaques estavam com ele, o que facilitava em muito o seu trabalho.

— Nem tudo está tão fácil. Há vários grupos que estão se organizando nas sombras para evitar o exílio. Não desejam partir e muito menos servir ao que eles chamam de o impostor, Varuna.

Vayu interrompeu a alegria do grupo, reportando os fatos mais recentes. Cntou que havia muitos dragões que não queriam partir, relutando em abandonar suas antigas posturas de ódio e revolta. Eles se recusam sistematicamente a obedecer às ordens dos guardiões.

— Acho muito natural. Os alambaques nunca obedeceram a ninguém. Não são nem sequer unidos. A maioria luta por territórios e prisioneiros. O que devemos fazer é aproveitar todos os alambaques que desejam trabalhar conosco e mandá-los o mais rápido para a Terra. Devemos deixar os que não querem ir para o final. Se no final do expurgo, dentro de algumas décadas, tivermos alambaques ainda endurecidos no mal, renitentes em viajar para a Terra, teremos que usar de força e de coerção. Para eles, não teremos condescendência, tendo que obrigá-los a baixar a cerviz. Oremos para que não haja necessidade do uso de força.

Varuna resolveu comentar a situação terrestre, explicando durante quase duas horas todos os detalhes da operação. Com a aceleração inicial do expurgo, devido à iminente guerra, algumas alterações deveriam ser introduzidas. Não se poderia fazer uma transferência lenta e gradual, exigindo que as primeiras levas fossem bem maiores do que inicialmente estimadas. Era um contratempo que não tinha sido previsto, o que representava a construção de muito mais transportadores, uma equipe maior e mais bem treinada e muito pouco tempo para eventuais falhas. Nem tudo corre como se prevê, nem mesmo no astral superior. Os espíritos superiores, cientes desses fatos, enviaram os amigos de Karion para ajudar no que fosse possível.

Lachmey pediu a palavra, que lhe foi dada por Varuna:

— Nobre Varuna, conforme já lhe foi comunicado, nós temos equipamentos disponíveis para fazer grandes naves. Algumas delas podem ser maiores do que os seus mais altos Zig-Ghurar-Teh, podendo transportar mais de duzentas mil pessoas. Esse tipo de transporte não oferece acomodações adequadas para se transformar em hospital, impossibilitando a regeneração gradativa dos seus habitantes. Pode transportar alto número de pessoas e voltar para buscar mais em pouco tempo. O maior problema é capturar os bandidos, pois muitos deles estão em lugares quase inacessíveis, a não ser para os guardiões e, obviamente, os dragões.

O comentário de Lachmey foi muito bem ouvido por todos. Transportar não seria o problema; capturar seria mais sério e difícil. Não se capturam duzentas mil pessoas com tamanha facilidade, mas parece que os karionenses tinham mais ideias do que se podia imaginar. Lachmey, portanto, ao observar a expressão de desânimo no rosto da maioria dos presentes, continuou sua tranquila exposição:

— Não desanimem, meus amigos. Nós também tivemos um grande expurgo em Karion, há setecentos anos, sendo que na época nós expurgamos cerca de trezentos e sessenta milhões de pessoas, o que é pelo menos doze vezes mais do que expurgaremos aqui, enviando para oito planetas diferentes.

Varuna olhou atentamente para Lachmey e lhe perguntou:
— Como fizeram para capturar tanta gente?
— Usamos diversos processos. Primeiro, os dragões nos ajudaram, como estão começando a fazer aqui. No entanto, não os usamos na extensão desejada. Não soubemos cativá-los para a nossa causa. Segundo, tivemos que lutar contra a maioria dos dragões que não quiseram ser exilados. Usamos armas psicotrônicas de alto impacto. Elas emitem não só a sensação de dor, como de imobilidade por algumas horas. Tivemos que formar legiões celestes para derrotar os dragões. É preciso dizer que os demônios rebeldes não formaram grandes grupos coesos. Pelo contrário, são pequenas gangues, como se fossem facções de rua compostas de transviados juvenis, o que dificulta um pouco a captura, já que elas se proliferam grandemente. Finalmente, após eliminar a resistência dos dragões, recolhemos o grande número de degredados com raios-tratores.

Varuna olhou para Lachmey com grande surpresa. O que era um raio-trator? Gerbrandom meneou tristemente a cabeça; sabia bem o que era isso. Lachmey prosseguiu sua exposição, usando para tal uma emanação mental que desenhava uma forma-pensamento, de tal modo que ele pudesse ver e entender como funcionava um raio-trator.

— Inicialmente, é preciso dizer que todos os espíritos vibram em certas faixas que lhe são próprias. Os mais evoluídos vibram em faixas mais altas, emitindo campos energéticos de alta potência. Os menos evoluídos vibram de forma mais lenta, formando campos densos que podem ser registrados em certos aparelhos. Com a emissão de um campo específico para grupos de frequências, ou seja, grupos de espíritos, podemos capturá-los como se fosse um ímã, puxando-os para um campo de força onde ficam aprisionados. Normalmente, quando um raio-trator atinge um espírito, ele desmaia, podendo ou não sentir dor, sendo literalmente guindado até o campo de aprisionamento, onde se tornará facilmente dominado. Retornará à consciência em algumas horas, a não ser que esteja em estado catatônico, pois, neste caso, continuará como estava.

Varuna achou o raio-trator uma arma que só devia ser utilizada quando o astral inferior estivesse completamente vazio de almas. Ele ficara impressionado pelas imagens que Lachmey lhe mostrara, especialmente, com ruína do corpo astral dos infelizes, capturados pelo poderoso raio. Lachmey complementou sua explicação:

— Nós fizemos naves gigantescas, com o formato de pequenas luas, para transportar até quinhentos mil prisioneiros, com enormes e poderosos raios-tratores. Eles eram capturados e levados automaticamente para bordo da nave que, quando estava cheia, era transportada para o planeta de exílio. Devemos usar os raios-tratores como muita parcimônia; estragam grandemente os corpos astrais. Podem criar sérios problemas de readaptação no planeta Terra para os cativos do raio. Entre eles, a sensação de terror que pode levar à mais profunda loucura. Devemos usá-los somente contra os mais impenitentes dos alambaques. Todavia, meus amigos, o mais grave não é capturá-los e transportá-los, mas aclimatá-los no planeta de exílio.

Todos a olhavam com muita atenção.

— Não podemos apenas descarregar duzentas mil pessoas como se fosse um transporte de carga. Não se trata de pessoas normais.

São criminosos perigosos. Precisam ser aprisionados, conduzidos gradativamente à regeneração e renascer de forma ordenada, organizada e disciplinada. É preciso, antes mesmo de capturá-los e transportá-los, organizar grandes prédios no astral da Terra para onde, quando ali chegarem, possam ser encaminhados. Eles serão internados em hospitais-prisões já previamente preparados. Deve-se dar preferência aos locais escolhidos. Por exemplo, se forem ingressar na Suméria, como parece ser o plano de mestre Varuna, deverá existir um número adequado de estabelecimentos no local, de forma a abrigar os degredados.

Varuna olhava para Lachmey embevecido. Ela era minúscula em comparação aos enormes ahtilantes, mas se comportava como uma doce princesa, expondo tudo sem afetação, sem ritos ou gestos estranhos. Suas palavras fluíam calmamente, com entonação adequada. Quando era para alertar de algo grave, seu tom tornava-se mais grave sem, no entanto, apresentar a teatralidade que muitos gostam de impor, quando vão falar algo que julgam ter importância.

Varuna olhou para Radzyel, responsável pela parte administrativa do plano, e lhe disse:

— Amigo Radzyel, creio que a ideia de Lachmey é perfeita. Além do que já foi testada no expurgo de Karion. Sugiro que você planeje, junto com Lachmey e Gerbrandom, um projeto mais amplo possível.

Radzyel assentiu e comentou.

— Aliás, a nobre Lachmey e seus amigos karionenses já nos tinham alertado para tal fato. Já temos um esboço que gostaríamos de colocar à sua apreciação.

Para Varuna era surpresa em cima de surpresa. O reencontro de Lachmey. A eclosão de uma guerra mundial. Equipamentos de que nunca tinha ouvido falar. Os planos estavam muito mais adiantados do que podia imaginar. Só lhe restava parabenizar sua equipe pelas iniciativas tomadas. A qualidade de uma equipe repousa na iniciativa que cada um é capaz de tomar, e na liberdade que o coordenador permite que seja tomada.

Radzyel começou expondo os detalhes do que já tinha feito. Explicou que agora era apenas uma adequação do projeto às necessidades da Terra. Sugeriu que, com o primeiro expurgo, um grande grupo de planejadores e inclusive alguns amigos de Karion fossem para a Terra. Varuna achou a ideia muito sábia e não via nenhum empecilho já que os seiscentos habitantes de Karion estavam dispostos a ir até lá.

A reunião durou mais algum tempo, durante o qual puderam definir alguns passos. Inicialmente, o prédio-nave, que já estava pronto e cheio de exilados, deveria ser enviado para a Terra. Essa nave ficaria lá, servindo de hospital-prisão e centro de renascimento. Varuna iria com eles e mais quantos alambaques quisessem ir. Poderiam iniciar com Mitraton os renascimentos inicialmente planejados para a Suméria e o Vale do Nilo. Varuna voltaria para dar andamento ao restante do expurgo, ou seja, em tempo hábil para fiscalizar e coordenar os eventos durante a guerra mundial, pela qual quase cinquenta por cento dos degredados seriam retirados do astral inferior de Ahtilantê. Significava dizer que, em cinco anos, mais de quinze milhões de pessoas teriam que ser transportadas para fora do planeta. Era uma média de três milhões de pessoas por ano, em quinze viagens anuais com duzentas mil pessoas. Muita gente!

Varuna retirou-se da reunião com Lachmey, levando-a para seus aposentos. Queriam colocar em dia cem anos de ausência. Ele foi logo lhe perguntando como foi que veio parar em Ahtilantê. Lachmey explicou que um expurgo é um fato importante na galáxia. Todos os planetas civilizados são informados, de tal forma que muitos são aqueles que se candidatam a algum trabalho meritório junto aos necessitados. Gerbrandom solicitara a sua presença, se fosse possível, pois sabia que laços de amizade os uniam. Além disso, sua candidatura fora bem aceita por seus superiores. Não foi à toa que Varuna fora treinado em Karion antes de renascer, nem que ele e Lachmey estavam juntos novamente.

– Minha querida Lachmey, gostaria que me contasse tudo o que lhe aconteceu neste século.

Lachmey contou sua história de forma sucinta. Ela continuara baseada em Karion. Ampliara suas atividades e sua educação formal, formando-se como médica especializada em genética interplanetária. Estivera em vários planetas, trabalhando em projetos maravilhosos os quais passaria dias relatando a Varuna. Varuna continuou escutando a vida de Lachmey durante estes cento e poucos anos de separação.

Varuna continuava, no entanto, sem entender o que Lachmey, tão evoluída – a mais evoluída de todo o grupo junto com Gerbrandom e Mitraton –, desejava em Ahtilantê. Sentindo suas dúvidas, desnudou suas mais íntimas emoções.

– Caro Varuna, ser-lhe-ei honesta nas minhas revelações e espero que, de certo modo, você possa me ajudar.

Varuna a olhou preocupado. O que seria?

– Recentemente fui recebida com carinho e atenção pelos meus superiores. Congratularam-se comigo pelo meu esforço na medicina e nas grandes realizações científicas, mas alertaram-me para algumas lacunas ainda existentes na minha evolução.

"O que poderia ser?" – perguntava-se Varuna. "Lachmey era um modelo de espírito feminino, inteligente, sensível, atenciosa e forte. Qual o atributo que lhe faltava?"

– Meus guias me disseram que havia uma distorção nos meus sentimentos. Entenda bem, caro Varuna, o ideal é que cada espírito ame todos da raça humana como se fossem seus próprios filhos. Os mais velhos devem ser amados como se fossem nossos pais; os de nossa idade, como se fossem nossos irmãos; e os mais novos, nossos filhos. É nesse ponto que meu sentimento se ressente. Amo todos em tese, em teoria. Os meus mentores dizem que preciso amar de fato, e não há nada como amar a escória, os aleijados, os criminosos, os degredados. Disseram-me que viesse a Ahtilantê e me tornasse a mãe de todos os exilados. Que viria a ser um grande espírito no dia em que os visse como meus filhos desviados do caminho do bem. Que seria uma luz no firmamento, no dia em que os exilados me vissem como sua mãe espiritual. Para isso, necessito ser útil. É preciso servir de forma humilde, com o coração amoroso e devotando a existência aos menores.

Lachmey parou de falar por um instante. Varuna analisava suas palavras, vendo que aquilo também lhe servia. Até então se via como o coordenador do expurgo. Tinha piedade e comiseração pelos exilados, mas não tinha amor. Só demonstrara esse magno sentimento em poucas ocasiões, sendo uma delas quando se condoera com a situação do homem-lagarto, mas, de resto, havia uma certa distância de tudo, como se aquilo não o afetasse. Agora via melhor. Se Lachmey deveria ser a Grande Mãe, assim como Uriel e todas as mulheres, ele deveria ser o Pai, assim como Vartraghan, Gerbrandom, Sandalphon, Radzyel e todos os homens. Ser pai não era se derreter em carinhos extemporâneos, em deleites infantis e carícias despropositadas. Aqueles exilados eram perigosos assassinos, ladrões e depravados, mas precisavam de amor e devoção; somente esse sentimento poderia destruir a carapaça dura e impenetrável que tinham construído para se proteger da injustiça aparente do mundo.

– Você sabe, meu amigo, que penso muito na mãe de uma criança mental e fisicamente debilitada. Ninguém em sã consciência deseja ter um filho excepcional; por isso, quando tal fato acontece, a mãe, especialmente ela, vê-se ludibriada em seus sonhos de mulher. Desejava afagar uma bela criança nos seus braços, embalando-a em seus sonhos cariciosos. Mas o que recebe é, muitas vezes, um monstro de feiura e de revolta. Um ser que mal se expressa, quase não anda, não sabe as mais comezinhas coisas, como beijar, pedir e agradecer. Se essa mãe supera sua revolta, amando aquele filho como se fosse a gema mais preciosa do firmamento, como se fosse o maior presente que Deus poderia lhe dar, transforma-se numa madona de comiseração, amor e piedade. Supera suas próprias fraquezas, tornando-se um baluarte de amor e compreensão. Assim devo proceder com meus filhos ahtilantes, meus capelinos, que irão para a Terra transformá-la num mundo mais civilizado. Preciso que você, Varuna, que coordena o exílio, permita que seja a mais humilde das obreiras, ajudando os mais necessitados. Se você permitir, gostaria de ser a primeira a ir à Terra, ajudando os meus filhinhos capelinos, como humilde serva, desde os primeiros renascimentos.

Varuna estava profundamente comovido. Não podia expressar nenhuma palavra. Um nó apertava seu pescoço, impedindo-o de qualquer reação. Só pôde assentir com um movimento de cabeça. Aproveitou a sua intensa emoção para segurar as duas pequenas mãos de Lachmey, beijando-as com enorme ternura. Sim, Lachmey seria a mãe dos capelinos, assim como ele seria o pai dos banidos.

No outro dia, Varuna teve uma reunião definitiva com Saercha e obteve dele a confirmação de que deveria começar o expurgo imediatamente. Já existia uma nave cheia de degredados, necessitando apenas agregar à mesma alguns chefes alambaques, assim como uma pequena equipe de operadores. A viagem foi marcada para dentro de três dias.

Nesse período, Varuna e sua equipe movimentaram-se celeremente para que todas as últimas providências estivessem prontas. Doze chefes alambaques, que tinham demonstrado disposição inusitada para partir, foram convidados a comparecer, e assim o fizeram, com grande pompa. Cada chefe chegou com dois a três lugares-tenentes, mais algumas mulheres e vinte a trinta mijigabaks. Foram chegando gradativamente no decorrer dos três dias, sendo alojados na grande nave em locais diferentes para evitar lutas e disputas inúteis entre os vários grupos.

Varuna e Lachmey fizeram questão de receber os grupos de alambaques e todos demonstraram grande respeito pelo coordenador, e surpresa em conhecer a pequena karionense. Para eles, a pequena fêmea de Karion, além de ser muito pequena para os padrões de Ahtilantê, era estranha, com sua cabeça insolitamente grande para um corpo tão diminuto. Não precisaram de muito esforço mental de perscrutação para detectarem que se tratava de um espírito elevado e, mesmo sendo pequena, tinha um poder espiritual bem superior a qualquer um deles. Após as averiguações mentais dos terríveis alambaques, Lachmey passou a ser considerada como uma pequena deusa entre eles.

A grande entrada era protegida por duzentos guardiões fortemente armados com as armas que os karionenses tinham introduzido. Na entrada da nave que dava para um grande pátio, existiam duzentos postos de atendimento para onde, à medida que as pessoas entravam, seja para visitas oficiais, seja para trazer espíritos perturbados, deviam se dirigir para triagem e registro. Ninguém não autorizado podia entrar e, diariamente, mais de mil solicitações eram recusadas e pouquíssimas aceitas, de pessoas que queriam visitar alguns dos internos a ser exilados. A recusa se devia ao fato de que aqueles infelizes podiam piorar seu estado, caso vissem pessoas que lhes foram caras durante a existência física. Por outro lado, esses seres, envilecidos na perversão dos sentidos, estavam tão diferentes do que foram quando renascidos que os eventuais amigos ou parentes ficavam chocados e enojados com suas deformações. Muitos pleiteavam visitas, mas poucos eram atendidos.

Do grande hall de entrada, onde se fazia a triagem e os registros, determinando para onde o interno devia ser encaminhado, os espíritos eram conduzidos, por enfermeiros especializados, por elevadores que davam acesso aos andares da nave-prédio. Em cada andar existiam longos corredores centrais que davam entrada para grandes enfermarias, onde deitadas estavam centenas de espíritos. Cada enfermaria tinha sido destinada a um tipo de doente espiritual, já que todo réprobo da Justiça Divina assim é considerado. Existiam enfermarias destinadas aos catatônicos, aos idiotizados, aos suicidas, aos assassinos psicopatas e assim por diante. Os mais perigosos eram amarrados ao leito e, quando começavam a urrar, uma espécie de capacete lhes era colocado na cabeça para analgesiar a mente com fluidos repousantes.

Cada enfermaria tinha um sistema de exaustão muito bem arquitetado. Se as emanações pestilenciais das mentes em derrocada permanecessem na atmosfera, não só tornariam as enfermarias um local insuportável pelo efeito deletério dos fluidos mentais densos, como também potencializariam nos outros doentes todas as suas sintomatologias patológicas. Na entrada de cada enfermaria, existia um pequeno corredor, de tal forma que quem passasse receberia uma espécie de chuveiro fluídico, para não levar material fluídico de uma enfermaria para outra e para prevenir eventuais fugas de alguns dos celerados. Um grupo de dois ou mais guardiões revezava-se na guarda das enfermarias, junto com dois médicos e dez enfermeiros.

Os chefes alambaques foram instalados em locais sem nenhuma mobília, tendo sido dada autorização para que pudessem desenvolver o seu local da forma que achassem melhor. Contudo, explicaram que não poderiam passear pela nave, por razões de segurança. Na realidade, o que se pretendia evitar eram confrontos entre turmas de alambaques e a influência nociva que tinham sobre os prisioneiros. A simples presença de alambaques na nave mudou o padrão vibratório, obrigando a limpezas fluídicas mais constantes.

Varuna e sua equipe, incluindo Lachmey, visitaram todas as dependências, procurando conhecer os vários lugares e os doentes. A maioria estava fortemente sedada, dormindo um sono povoado de pesadelos e repetições infindáveis dos seus crimes. Poucos estavam acordados, sentados na cama. No setor que apresentava as melhores condições de recuperação, havia um grupo de mais de duzentos espíritos profundamente arrependidos. Na maioria, sabiam que seriam exilados em planeta distante, onde teriam oportunidade de se redimir através de renascimentos difíceis, sem as facilidades tecnológicas existentes em Ahtilantê.

Os karionenses fizeram um segundo prédio-transportador idêntico ao primeiro e os obreiros de Varuna conseguiram trazer mais gente para lotar a segunda nave. Os alambaques fiéis a Vartraghan trouxeram mais de dez mil pessoas; e os trabalhadores da seara do Senhor, um outro tanto. Não trabalhavam juntos, mas respeitavam-se mutuamente. Foi com grata surpresa que Varuna encontrou-se com o tenebroso alambaque Tajupartak. Sua imagem já não estava tão deformada como antes e Varuna logo o reconheceu, dirigindo-se a ele com amizade e deferência, o que logo trouxe importância ao demônio perante seus pares.

— Amigo Tajupartak, é com grande satisfação que o vejo novamente.

O demônio fez uma reverência toda pomposa, no que foi correspondido por Varuna. Uma dúzia de pessoas de ambos os lados olhava a cena, aguardando o desfecho.

— Mestre Mykael, trouxe-lhe alguns seres hediondos para serem banidos do nosso planeta. Não merecem viver entre nós.

Interessante como a mente trabalha. O sujo falando do mal lavado.

— Sem dúvida. Um belo trabalho. Vejo que abandonou nosso amigo Katlach.

— Ele não serve mais aos meus novos propósitos.

Varuna perscrutou-o com a rapidez de um raio sem que o tenebroso ser o sentisse. Estava profundamente modificado. Não desejava mais apenas vingança e não destilava ódio. Havia uma nova atitude. Queria ser um guia de homens, um chefe, um rei e um deus. Varuna pensou consigo mesmo: "Você o será, meu amigo, você o será".

No dia marcado, com todos a bordo, incluindo Varuna e Lachmey, a nave preparou-se para a partida. A nave capitaneada pelos karionenses sobrevoou a grande construção e encaixou-se sem dificuldades no topo. Começou uma leve vibração. Pouco a pouco a nave-prédio foi subindo, deixando o solo argiloso e grudento do baixo astral onde estava localizada. Após alguns minutos de suave subida, vibrou numa tonalidade mais elevada e num átimo, foi atraída de Ahtilantê para a Terra.

Para cruzar o universo físico, através do mundo astral e mental, era necessário que todo o conjunto constituído da grande pirâmide negra e de sua nave propulsora acoplada no topo vibrasse numa mesma frequência. Para tanto, os que estavam no seu interior também passariam a vibrar em frequências mais elevadas. A simples alteração vibracional desses espíritos degredados induziu-os ao mais puro terror. Os evoluídos que estavam no interior da nave não sentiram a viagem, sendo esta mudança vibracional uma sensação deliciosa. Os alambaques e os banidos, especialmente os que estavam acordados, no entanto, sentiram grande pavor.

Havia dois transportadores. O primeiro partiu com Varuna e Lachmey, enquanto que o segundo partiria dentro de alguns dias. Tajupartak estava no segundo voo. Viu quando o primeiro transportador foi enganchado por uma naveta pequena, vermelha, rubra como fogo em brasa, mal dando para ver devido à intensa luminosidade. Ela chegou voando alto e fez uma longa curva até aproximar-se e encaixar-se no topo do transportador em forma de pirâmide. Na hora de levantar voo, a nave, encaixada na imensa construção astral, começou a vibrar e emitir um zumbido alto. Tajupartak olhou assustado. Que estranho encantamento!

Quando a nave alcançou uma determinada altura, começou a mudar de cor, indo do vermelho ao azul, transformando o imenso prédio negro numa grande bola de fogo e, subitamente, no meio de estrondos atordoantes e raios que cruzaram os céus para todos os lados, desapareceu. Tajupartak ficou estarrecido, bestificado, atordoado e amedrontado. Que magia fantástica!

O voo para os evoluídos foi uma delícia. Num minuto estavam em Ahtilantê; no outro já tinham chegado à Terra, exatamente no lugar previamente determinado por Varuna e Mitraton. A grande porta se abriu e saíram no astral médio terrestre. Mitraton já os esperava. Cumprimentaram-se efusivamente e Varuna apresentou Lachmey a Mitraton.

A primeira leva de capelinos tinha chegado à Terra para um desterro que, para uns, seria longo e insuportável; para outros, relativamente curto, prenunciando um retorno triunfal a Ahtilantê com os louros da vitória. Algumas horas depois de ter chegado, a maioria, inclusive os alambaques, alguns guardiões e enfermeiros, estava completamente arriada pela poderosa força gravitacional terrestre. Os guardiões e enfermeiros receberam tratamento que lhes possibilitou adaptarem-se rapidamente, enquanto que para os demais – alambaques e prisioneiros – o sono prolongado foi o melhor remédio.

Varuna deixou Lachmey como coordenadora, por ser a mais evoluída do grupo, com recomendações para providenciar os renascimentos o mais breve possível. Pelos planos de Mitraton, os primeiros renascimentos só iriam acontecer dentro de dez a quinze meses, já que seria esse o tempo mínimo necessário para que o corpo astral perdesse a vibração ahtilante e adquirisse a energia mais material da Terra. Enquanto isso, Lachmey e Mitraton teriam muito o que fazer; seria fundamental planejar detalhadamente os primeiros renascimentos de forma a possibilitar uma boa implantação dos capelinos entre os terrestres.

Varuna fez questão, antes de partir para Ahtilantê, de participar do planejamento dos primeiros renascimentos. Mitraton e sua equipe de planejadores tinham estabelecido vários grupos na Suméria. As aldeias de Shurupak, Erech, Sin, Eridu, Lagach, Kish, Adab e mais algumas outras receberiam os primeiros capelinos. Na nave tinham vindo quase vinte mil exilados, o que permitia que houvesse bastantes espíritos para serem renascidos numa primeira leva.

...

Num desses dias em que as coisas parecem estar mais calmas, Gerbrandom encontrou-se com Saercha e trocaram um dedo de prosa. Gerbrandom, que acompanhara a grande revolta dos 'dragões' de Karion, estava sempre preocupado que a situação dos alambaques pudesse se deteriorar. Entretanto, Varuna acompanhava pessoalmente o desenrolar dos fatos e, muitas vezes, ia pessoalmente tratar com algum alambaque mais reticente, negociando de forma a trazê-lo para o seu lado. Havia, no entanto, alguns que ele não procurava, pois eram aqueles de quem ele recebera notícias de que não queriam sequer falar com ele. Varuna tinha em mente deixá-los para o final; ele sabia que o mal se exaure por si só.

Gerbrandom comentou com Saercha sobre vários alambaques revoltosos, e mais especificamente sobre Razidaraka. Intrigava-o o modo tenaz e persistente com que este alambaque se aferrava a posições que a lógica demonstrava serem insustentáveis.

– O que me deixa preocupado é a motivação deste ser em especial. Ele tem se destacado mais do que os outros alambaques. Algo me diz que há mais do que o simples medo de ser deportado para um lugar estranho e o inevitável receio dos renascimentos purgatoriais a que eles terão que ser submetidos.

– Você não deixa de ter razão. Quando Varuna conversou comigo sobre Razidaraka e vários outros revoltosos, também fiquei intrigado. Após a saída de Varuna, resolvi perscrutar os arquivos para descobrir quem eram alguns deles. A maioria são criminosos comuns que nos odeiam pelas razões mais estúpidas, como achar que fomos privilegiados pelo destino, ou por Deus, e eles não o foram. No entanto, Razidaraka é bem mais complicado.

– Bem que eu imaginei!

Saercha olhou para Gerbrandom e lhe disse com um ar sério.

– Vou lhe franquear as informações sobre Razidaraka, mas não quero que Varuna saiba de nada.

Gerbrandom olhou-o, surpreso. Saercha complementou:

— Quando você conhecer a história dele, você verá o motivo por que eu não quero que ele saiba. Como há um envolvimento dele diretamente na história, ele poderá levar para o lado pessoal, e isto não é aconselhável. O diretor do expurgo deve ser neutro, não tomando partido emocional, pois isto pode obliterar seu julgamento.

— Eu entendo, mas, se conheço bem Varuna, nada poderá obliterar seu julgamento, pois ele foi imparcial ao degredar seu próprio pai pelos crimes cometidos em Guersuem.

— Concordo, mas prefiro não correr riscos. O trabalho de Varuna já é por demais estressante, para adicionarmos mais um componente complicador.

Gerbrandom concordou com Saercha; poupar os amigos de problemas indesejados também é uma forma de amá-los.

Saercha manipulou seus visores e a história de Razidaraka apareceu nitidamente.

...

A imagem retornou há seiscentos anos antes daquele instante, mostrando como era um dos grandes continentes de Ahtilantê. Era uma época feudal, com características muito parecidas com o mesmo período terrestre. Grandes impérios haviam ruído, substituídos por milhares de pequenas propriedades, dominadas por senhores severos, que exigiam mais do que seus servos podiam dar. Poucas cidades existiam, sendo a maioria localizada no cruzamento de vias de comércio, que era permanentemente assaltado por malfeitores e grupos de fora da lei.

Num dos feudos mais importantes, que congregava a cidade de Tchepuat, havia um nobre, nem tanto pelas suas características morais, e sim por sua dominação implacável sobre a população tornada servil. Ele pertencia à família dos Mainyu, uma clã rica, que assim se tornara devido a saques, roubos e outras ignomínias. O chefe da clã, Deorócico Mainyu, tinha tido vários filhos, sendo que seus primogênitos eram gêmeos. Esses dois meninos, nascidos com uma diferença de minutos, chamavam-se Spenta e Angra Mainyu.

Os dois foram educados para serem governantes, sendo que o pai Deorócico tomava muito cuidado, educando um para ser rei e outro para ser seu braço-direito. Tudo parecia correr a contento, pois, mesmo sendo gêmeos, eles eram diferentes no modo de agir. Spenta, o primogênito, era calmo, polido, simpático e um político inato. Já Angra era um guerreiro implacável, dominando as armas com rara maestria.

Dois fatos iriam acontecer para modificar os fados. Um foi o aparecimento de um grande profeta, que traria uma revolução nos costumes e hábitos, assim como na forma de encarar a vida. O segundo foi o descobrimento de uma substância química explosiva, extremamente parecida com a pólvora. Esses dois fatos aconteceram durante o reino de Deorócico, o pai dos gêmeos.

O profeta Makenrah havia pregado a existência de um único Deus, a superioridade racial dos azuis sobre os demais povos, a instituição de Tchepuat como cidade santa e, perfeitamente mancomunado com o rei Deorócico, ele pregava a superioridade de Tchepuat sobre as demais cidades de Ahtilantê. Este homem levava uma vida santificada, mas ainda não estava preparado para os altos voos da espiritualidade que não reconhece a superioridade de nenhuma raça, credo ou pessoa, a não ser aquela adquirida pelo amor e alta moral, e, por isso, havia criado uma religião extremamente xenófoba e violenta. A violência estava incrustada em suas palavras, pois ele incentivava a guerra santa contra todos os infiéis, especialmente aqueles que não eram de Tchepuat. Ele afirmava que todo guerreiro de Tchepuat, que morresse em combate, iria direto para um paraíso, cuja descrição mais parecia um harém de mulheres fabulosas, festas intermináveis e depravações inesquecíveis.

Já a descoberta da pólvora, por falta de um termo melhor, havia lançado uma série de inventos na área bélica, que mudaria a face da guerra. Nos tempos de então, os combates eram feitos com armamentos similares aos terrestres da época feudal, ou seja, espadas, lanças, arco e flecha. Os exércitos se movimentavam sobre carroças e viviam da comida que conseguiam no campo.

Deorócico morreu e Spenta assumiu o trono. Em pouco tempo, a grande afeição que existia entre os irmãos gêmeos deteriorou-se. Angra, o segundo-em-comando, um soldado inato, queria usar o novo poder bélico contra os feudos vizinhos, mesmo tendo que passar por cima de tratados seculares que haviam trazido a paz à região. Spenta era contra este tipo de ação. Achava que seria melhor tentar unir os povos vizinhos numa espécie de confederação de cidades-estados amigas, mas cada uma mantendo sua liberdade de escolher seus dignitários e mandatários.

Angra, baseando-se na nova religião do falecido profeta Makenrah, se deixava inflamar por esta religião um tanto exótica e muito particular, pois pregava que somente os azuis iriam ao paraíso, enquanto os das demais cores – verdes, púrpuras e cinzas – iriam para o inferno. Na realidade, Angra nem era tão religioso como apregoava, mas aquela religião lhe era favorável na consecução de seus objetivos escusos, e ele a usava como base de seus raciocínios.

Os dois irmãos passaram a ter discussões acaloradas. Angra queria a formação de um grande exército e partir para conquistas territoriais, tudo em nome da religião de Makenrah. Spenta achava que o povo de Tchepuat não precisava disto. Ele acreditava que o povo queria paz e prosperidade, e seu plano era aprimorar as técnicas agrícolas e artesanais, expandindo-as e exportando-as.

Angra, vendo que seu irmão estava inflexível em suas resoluções e que estas barravam seus planos de conquista, glória e poder, começou a formar um grupo palaciano que lhe daria apoio em suas pretensões. Ora, o que ele propunha eram conquistas e, a partir delas, os saques, as anexações e a riqueza fácil. Com isto, ele foi formando uma súcia que, também como o intuito religioso, foi lhe dando força e sustentação. Em breve, ele se achou suficientemente poderoso para derrubar o irmão.

O golpe palaciano se deu numa manhã quando as duas luas de Ahtilantê estavam alinhadas – fato raro que só acontecia uma vez em cada oitenta anos. Spenta foi deposto por um Angra Mainyu irredutível, que mandou encarcerá-lo. No entanto, o povo amava Spenta, que diminuíra os impostos, incentivara o comércio e transformara Tchepuat num grande centro de peregrinação religiosa. Deste modo, o povo foi à rua, demandando que Spenta voltasse ao seu legítimo lugar.

Angra não titubeou: mandou seus guardas dissolverem a manifestação a golpes de espada e tiros, uma novidade que usava a pólvora recém-descoberta. Os guardas usaram de força máxima e acabaram com a passeata pacífica, com enormes perdas de vida humana. Finalmente, vendo que, enquanto Spenta estivesse vivo, ele corria o risco de ser deposto, assim como ele havia deposto seu irmão, mandou matá-lo na prisão em que se encontrava.

Com o povo de Tchepuat sob seu tacão e sem o risco de o irmão voltar ao poder, ele partiu para a consecução de seu plano. Antes disto, eliminou dois irmãos mais novos, que poderiam ser considerados seus herdeiros, já que não era casado nem tinha filhos.

Durante alguns meses, ele ampliou seu exército, armando-o com as novas armas, que lhe dava a superioridade de que ele necessitava sobre seus vizinhos. Para dar legitimidade à sua sede de conquista, ele propagava que seria uma guerra santa. Assim que se viu pronto, atacou.

A mente humana funciona de um modo muito particular. No início de suas conquistas, ele não acreditava que Deus estivesse ao seu lado, mesmo que realmente ele estivesse seguindo as determinações do profeta. Com o decorrer dos anos, ele foi se convencendo de que Deus o havia, de fato, escolhido como a espada que levaria a verdadeira fé a todos os homens do planeta, pois todos deveriam se curvar à nova fé.

232 | A Saga dos Capelinos

Unindo a força e a ignorância do povo, ele, além de conquistar os feudos vizinhos, também ampliou suas forças e toda a região tornou-se não somente sua, como grande fornecedora de homens dispostos a conquistas, glórias e até a morrer para irem para o paraíso devasso que o profeta houvera por bem imaginar.

Nada resistia a seu poder e, quando assim o faziam, pagavam um preço altíssimo. Quando um feudo resistia, Angra o devastava, matava todos os seus habitantes, aprisionava suas belas filhas, possuindo-as e, depois de se saciar, mandava matá-las. Quanto mais cruel e sanguinário se tornava, mais ele se tornava religioso. Estranha forma de apaziguar sua consciência culpada de tantos opróbrios. Ao afirmar para si mesmo que tudo que ele fazia era para maior glória de Deus, ele encontrava justificação para todas as suas conquistas, massacres e destruições. Afinal das contas, pensava ele, ele agia desta forma, não só para maior glória de Deus, como também para converter os infiéis ao verdadeiro credo. E eles se convertiam aos milhares; a opção contrária era a morte.

Enquanto Angra expandia suas conquistas, ele deixava a administração do reino para um homem aparentemente pacífico, mas que era um excelente administrador e um político de mancheia. Este homem chamava-se Huruky e, como homem inteligente, não aparecia. Era a eminência parda, cujo poder ele consolidava gradualmente. Angra não via nele nenhum tipo de perigo, pois acreditava que aquele homem de modos delicados, sempre prestativo, que jamais lhe dizia não e o adulava de modo muito discreto nunca poderia sequer sonhar em tirar-lhe o poder.

Angra, durante várias décadas, fez o que mais gostava: guerrear e matar. Suas conquistas eram de tal modo feroz, que na província de Katabalan ele matou cerca de oito mil habitantes que se haviam refugiado na cidade; após cortar-lhes a cabeça, empilhou-as no portão da frente, fazendo uma pirâmide mórbida. Tudo isto, naturalmente, para maior gloria de Deus e a expansão da verdadeira fé; isto era no que ele acreditava firmemente.

Angra não foi abençoado com filhos vivos. Suas várias esposas, ou eram estéreis, ou geravam natimortos. Os sacerdotes consultados lhe afiançavam que se tratava de magia negra de seus inimigos e ele os perseguia, fossem desafetos reais ou imaginários.

Como só há de acontecer com todos que habitam o mundo físico, a morte lhe fez uma visita num dado dia. Foi de um modo que ele não esperava, pois ele sempre contava morrer em combate para receber seu harém no outro mundo. Contudo, nos últimos três anos de sua vida, ele foi lentamente carcomido por um câncer linfático, que, nos últimos momentos, se alastrou, tomando-lhe todo o organismo e o fazendo sofrer de forma excruciante.

Começou aí o início da revolta de Angra. Como é que Deus podia tratá-lo desta forma, enviando-lhe uma doença fatal, que o matava aos poucos e com dores insuportáveis? Ele, o maior campeão da fé, o que havia espalhado e convertido o maior número possível de infiéis! Por que Deus havia permitido que o diabo o vencesse na tentativa de ter um filho, que poderia prosseguir sua descendência e ocupar o trono que ele havia ganho com tanta luta e sacrifícios? Logo ele que havia dedicado toda a sua existência à propagação da grande verdade, da fé única, do Deus único, do Inigualável!

Com o agravamento da doença, ele não podia mais se locomover, pois o câncer se espalhara para os ossos, e cada movimento era um tormento. Quando, então, o carcinoma atacou a garganta, impedindo-o de falar, fazendo com que cada bocado de comida e cada gota sorvida fossem um tormento extraordinário, ele se escondeu em seu castelo sombrio, sendo atendido por poucos serviçais. Suas mulheres, que jamais o amaram, afastaram-se dele, pois inúmeras erupções cutâneas o enfeavam, transformando-o num mostrengo pútrido.

Enquanto ele se isolava do mundo, Huruky consolidava ainda mais seu poder. Não havia sucessores, nem pessoas distantes da família Mainyu que pudessem reivindicar o trono. Por outro lado, os modos polidos de Huruky cativavam todos, que estavam cansados dos ataques de ira de Angra. Estando há vários anos no poder, como eminência parda, Huruky não teve dificuldades de ser aceito, antes mesmo de Angra morrer.

Angra, sentindo que sua morte era iminente, convocou Huruky e lhe entregou uma carta manuscrita, onde se lia as suas últimas vontades. Huruky, cheio de mesuras e de docilidade aparente, jurou cumprir as determinações de Angra. Ele ordenara que seu mais feroz general assumisse o trono, pois o via como o único capaz de suceder-lhe, já que não tinha filhos ou parentes próximos. Assim que Angra morreu, Huruky, que era tão sanguinário quanto o déspota, só que não tinha a coragem de executar com suas próprias mãos os atos tenebrosos, mandou envenenar o general que deveria suceder ao tirano, e ainda colocou a culpa do crime numa de suas concubinas, que foi degolada após um arremedo de julgamento.

Angra ingressou no mundo espiritual desacordado, sendo imediatamente preso pelos alambaques, que o aprisionaram nas densas trevas. Ele passou alguns anos sem se dar conta de onde estava, entrando e saindo do seu estado comatoso espiritual. Quando, finalmente, despertou e tomou consciência de que não estava no paraíso, que Deus em pessoa não veio recebê-lo com uma coroa de ouro, como havia sido predito pelos sacerdotes de sua religião e que ele estava na região dos grandes juizes, dos temíveis alambaques, sua revolta cresceu a níveis de completa loucura.

Durante anos, completamente enlouquecido, ensandecido de revolta, com um profundo ódio por Deus, por se achar traído pelo Criador, de acordo com sua concepção, e constantemente perseguido por uma malta de espíritos, que o acusava de todos os seus crimes hediondos, Angra foi se habituando àquelas plagas infernais. Por outro lado, vários alambaques o viam como um mijigabak poderoso e o tomaram a seu serviço. Se Deus o havia abandonado, então ele se tornaria o maior inimigo do Altíssimo.

Angra foi aprendendo as técnicas espirituais de obsessão, de persuasão mental, de influência espiritual, e tornou-se um devoto aprendiz. As décadas de aprendizado o transformaram num mestre; sua mente superior, sua vontade férrea, seu ódio canalizado, sua extraordinária determinação o transformaram de Angra em Razidaraka, grande dragão.

Para completar seu ódio, ele descobriu que Huruky havia apagado seu nome da história, transformando sua lembrança numa simples lenda. Não havia estátuas, nem praças, nem ruas e avenidas com seu nome. No livros de história, ainda muito restritos e limitados, as extensas conquistas de Angra, na realidade, apareciam como obra de Huruky. O império que ele havia conquistado transformara-se no império hurukyan, e agora um filho de Huruky estava sentado no trono.

Angra não existia mais na mente daquele ser. Agora ele se transformara em Razidaraka, o imperador do mal, o adversário de Deus, e em sua mente completamente doentia, ele se perguntava se realmente existia uma divindade criadora. Onde estava este Deus pelo qual ele conquistara quase um continente inteiro? Onde estava o paraíso que lhe haviam prometido caso ele se tornasse o guerreiro de Deus? Onde estavam seus amigos, seus seguidores, seus fiéis vassalos, seus guerreiros? Por que não estavam ali para adorá-lo, bajulá-lo e endeusá-lo?

Ele se voltou contra a religião, os poderosos, os religiosos, os políticos, os corruptos e, na sua loucura, criou seu próprio domínio. Até os demais alambaques tinham receio dele; seu poder mental era fortíssimo. Ele aprisionava as antigas prostitutas; já que Deus não lhe dera o harém prometido, ele mesmo produziria o seu.

Alguns poucos espíritos superiores tentaram catequizá-lo, mas suas palavras perderam-se ao vento. Razidaraka não aceitava explicações, lições filosóficas, argumentações teológicas. Nada o demovia de sua ideia fixa: tornar-se o inimigo da obra de Deus, se é que Ele existia, pois agora esta nova ideia o visitava com insistência.

Descobriu que existiam várias vidas – fato em que nunca acreditara quando fora renascido –, quando foi atraído por um ser humano físico. Depois de muito perscrutá-lo, descobriu que se tratava de Huruky renascido. Viera como um homem pobre, serviçal de um rico potentado, que o tratava como lixo. Razidaraka, surpreso com sua descoberta, concentrou todo o seu poder sobre o infeliz, **que** rapidamente sucumbiu à sua obsessão. Ele o levou ao crime, e obviamente à prisão. Foi encarcerado numa masmorra fétida, de onde só sairia para uma cova rasa, vinte anos depois. Durante este tempo, Razidaraka o fustigava com raios deletérios, levando-a ao enfraquecimento físico e mental, aumentando o seu tormento. Sua vingança tornou-se perfeita assim que o infortunado serviçal morreu, sendo aprisionado por Razidaraka que se serviu dele das formas mais hediondas e tenebrosas possíveis. Muitas décadas se passariam, quando os guardiões resgatariam o antigo Huruky das trevas, com isto, levando Razidaraka aos cumes da ira, da revolta e da indignação. Então, aqueles privilegiados lhe haviam roubado seu inimigo mortal debaixo do seu nariz? Um ato imperdoável.

Por outro lado, a descoberta de que existiam várias existências não foi um lenitivo para sua mente desvairada. Pelo contrário, ao aprender que todos renascem e, através de novas existências, evoluem e que dentro deste processo resgata-se os crimes e as culpas engendradas no passado, Razidaraka tomou-se de um pavor. Já mais consciente de seus crimes e sabedor que teria que sofrer na pele o que provocara aos outros, enfurnou-se no interior de si mesmo, à procura de um reduto interior, onde pudesse fugir da inelutável lei do renascimento. Idealizou que, se fosse um demônio de grande poder, ninguém poderia obrigá-lo a renascer e, com isto, fugiria de seus compromissos. Tola proposta de um insano, como se pudesse fugir da luz enfurnando-se nas trevas. O dia há sempre de se seguir à noite.

A imagem do visor foi se apagando e Gerbrandom havia entendido o processo de extrema loucura que se apossara de Razidaraka. Ele, no entanto, tinha uma dúvida, a qual externou a Saercha.

– Você me falou que Varuna não deveria saber disto? Por quê? Por acaso ele foi Huruky?

– Não, ele foi Spenta Mainyu!

Gerbrandom sorriu. Era óbvio que os espíritos superiores estavam tentando unir os irmãos novamente. Será que conseguiriam?

CAPÍTULO 7

Numa noite escura, o presidente da Confederação Norte-ocidental reuniu-se com seus ministros para lhes falar da declaração que recebera de Katlach.

– Recebi uma comunicação do ministro das relações exteriores do império hurukyan. Katlach acaba de declarar guerra contra nós.

Não houve entre os presentes nenhuma comoção especial; todos já esperavam isto há vários anos. Desde que Varuna ainda fora vivo, eles vinham se preparando para isto. Haviam modernizado seus equipamentos, treinado seus homens, feito várias alianças com países menores e com a Confederação Sul-Ocidental da qual eram parentes raciais e excelentes parceiros comerciais. Estavam prontos para o pior.

– General, quais são as nossas chances de vencermos este conflito, que se afigura gigantesco? – perguntou o presidente ao seu general em chefe.

O general, que havia se preparado anos a fio, não era um sanguinário, ansioso por glórias militares. Era um homem realista que sabia que o império hurukyan era extremamente poderoso.

– As nossas possibilidades são boas, mas será uma guerra longa. Uma guerra longa e terrível.

Um dos ministros presentes, preocupado com certos boatos que haviam sido ventilados, desferiu uma pergunta que estava na mente de todos os presentes.

– Dizem que Katlach está desenvolvendo uma bomba nuclear, capaz de nos destruir completamente. É verdade?

O general, sempre bem informado, respondeu-lhe, calmamente:

– Bem, isto não é completamente verdade. Ele ainda está longe de ter a bomba. Nós também estamos desenvolvendo artefatos nucleares e temos que empreender todos nossos melhores esforços para conseguirmos antes dele.

O presidente ordenou-lhe, então:

– Então, dê toda a prioridade à construção da bomba.

Outro ministro, com muita propriedade, redarguiu:

– Nós temos que impedir, de algum modo, que Katlach obtenha esta arma. O que podemos fazer?

O general não quis entrar em muitas explicações, mas seus espiões lhe haviam revelado que os cientistas hurukyanos ainda estavam nos primórdios da exploração nuclear. Tinham acabado de construir uma fábrica onde pretendiam produzir água pesada, óxido de deutério, sem a qual não poderiam controlar os radioisótopos e qualquer artefato nuclear não sairia do papel. Ele respondeu, então, indo direto ao assunto.

– Meu plano é destruir as instalações onde o hurukyanos estão desenvolvendo a água pesada. Sem isto, eles não poderão dominar o átomo.

O presidente perguntou:

– Mas estas instalações devem estar fortemente protegidas. Como você pretende destruí-las?

– Nós não podemos bombardeá-los do ar. Eles têm uma defesa aérea extremamente forte. Mas um comando de soldados, muito bem articulado, pode se infiltrar e destruir a fábrica. Porém, é uma missão suicida, já que não podemos recuperá-los depois da missão cumprida.

Um dos ministros falou, de forma fatalista.
– É o custo da guerra.
O presidente concordou e todos calaram, sabendo que era vital no esforço da guerra acabar com a possibilidade de Katlach ter artefatos nucleares. Se ele tivesse bombas nucleares, ele acabaria com todos, sem nenhum remorso ou pejo.
– Faça tudo que for necessário.
Com esta frase, terminou-se a reunião, e o general saiu para colocar em ação seu plano.
A guerra eclodiu com extrema violência. Os hurukyans foram os primeiros a agredir a confederação Norte-Ocidental e, depois disso, o mundo inteiro uniu-se para destruir o poderio crescente do império. No grande conflito que se estabeleceu entre o império hurukyan e os demais países de Ahtilantê houve batalhas as mais empedernidas. Algumas duraram meses, com a perda de valiosas vidas em ambos os lados. No entanto, houve um ataque que foi crucial para o desenrolar da guerra. Este combate, efetuado por um grupo pequeno de homens da Confederação Norte-ocidental nem sequer foi citada como uma batalha, ou um feito grandioso. Os livros de história de Ahtilantê não fazem menção, pois foi um ataque secreto a um alvo aparentemente sem importância, mas que foi fundamental para a vitória das confederações, e a destruição de Katlach e seus aliados.
Este ataque se deu alguns meses depois da declaração de guerra, quando as forças hurukyans ainda levavam vantagem sobre os seus oponentes. Um grupo de homens, que sabia que estava indo numa missão suicida, foi levado de noite, numa espécie de helicóptero, para perto da fábrica de água pesada. Esta fábrica era fortemente protegida, mas oferecia uma única opção de ataque, que seria por terra, à noite, por um grupo de homens que teriam que se infiltrar pelas cercas e muros que a protegiam.
O grupo conseguiu entrar nas primeiras defesas da instalação e penetrou na fábrica. No entanto, assim que ingressou no ambiente

fabril, o alarme foi dado. O que se seguiu foi um combate feroz, tanto com o uso de armas como com lutas corpo a corpo, e o pequeno grupo foi sendo dizimado pelos guardas hurukyanos. No entanto, alguns deles conseguiram plantar as bombas que traziam, junto aos equipamentos que destilavam a água pesada. O chefe do grupo, já mortalmente ferido e perseguido para fora das instalações, conseguiu disparar o mecanismo das bombas e destruiu as instalações, reduzindo todo o complexo a cinzas.

No momento final, quando estava para acionar o botão que iria fazer explodir toda a fábrica, já com suas reservas físicas esgotadas, sangrando abundantemente, prestes a desmaiar, ele recebeu uma força energética de um dos espíritos que acompanhavam essa missão. Essa última carga de vontade levantou suas últimas forças e o fez acionar o detonador. Após tal ato de bravura, expirou.

Os espíritos também participavam da guerra. A maioria dos alambaques e seus mijigabaks apoiavam Katlach, assim como também investiam sobre seus inimigos com o intuito de atrapalhá-los, induzindo-os à covardia, ao erro e à discórdia entre eles. Os espíritos, especialmente os da falange de Saercha, que tinha seus guardiões especiais, atuavam no sentido de impedir que a guerra se alastrasse. No entanto, a atuação dos alambaques revoltosos era muito mais eficiente do que a atuação dos guardiões de Saercha, pois o homem em guerra vibra no mais baixo patamar da bestialidade, aproximando-se mais da vibração pesada dos alambaques do que dos espíritos de grau médio, que constituíam as falanges de Saercha.

A luta foi renhida durante anos, mas o império hurukyan não era páreo para todas as nações do resto do mundo reunidas. Aos poucos, as suas primeiras vitórias foram se transformando em amargas retiradas, com derrotas em todas as frentes de batalha. Katlach, cada vez mais histérico, perdia o controle da situação. Ao se lançar contra a Confederação Norte-Ocidental, ele não imaginava que os demais povos de Ahtilantê se unissem contra ele. Imaginara vencer rapidamente os confederados e, com isto, os demais países, acovardados, iriam ser anexados mais a golpe de pena do que por luta armada.

O que ele não contava, mesmo que houvesse sido alertado pelos seus espiões, é que o discurso de Varuna, no dia de sua morte, iria produzir muito mais efeito do que simples palavras lançadas ao vento. Quando Varuna falara para todos, e ali estava não só a nata da Confederação Norte-ocidental, mas também vários líderes políticos de muitos países que deviam enormes favores ao grande estadista, alertando-os para o perigo de uma guerra com Katlach, muitos não o levaram a sério. Imaginaram que havia um rancor pessoal de Varuna contra Katlach por ter dado um golpe de estado no país de origem do estadista. No entanto, quando souberam que foi Katlach que havia encarregado pessoalmente um esquadrão de assassinos para matar Varuna, viram que as palavras dele eram mais do que um simples conselho era uma ordem imperiosa que devia ser cumprida à risca. A partir deste fato, o assassinato de Varuna – que acabou não sendo em vão –, os países se uniram contra qualquer agressão de Katlach. O assassinato de Varuna foi que derrotou, em última instância, o despótico Katlach.

Durante oito anos eles lutaram em vários continentes, destruindo cidades e matando a juventude em combates horrendos. No final, as duas confederações conseguiram desenvolver artefatos nucleares e explodiram diversas cidades hurukyans, entre elas Tchepuat, a capital imperial. A guerra terminou imediatamente após a explosão das bombas nucleares e com a morte de Katlach. Durante este negro período do planeta, morreram mais de cem milhões de pessoas em decorrência dos combates, indo engrossar ainda mais os candidatos ao expurgo.

Logo após a destruição de Tchepuat pelas bombas nucleares da Confederação Norte-ocidental, Garusthê-Etak que havia se homiziado nas trevas, quando da explosão, retornou ao abrigo destruído de Katlach. Seu espírito estava jungido ao corpo, ou ao que se podia imaginar que havia sido um dia o corpo de Katlach. Garusthê-Etak não teve dificuldades em retirá-lo do local, levando-o consigo. O espírito apresentava-se calcinado, irreconhecível, uma pasta fluídica mal cheirosa, completamente inconsciente.

Garusthê-Etak levou-o para a fortaleza de Razidaraka e adentrou o grande salão, arrastando aquela massa disforme e nojenta. Os demais alambaques, agora um grupo bem mais reduzido do que o inicial, afastaram-se dele, tomados de asco. Até mesmo aqueles espíritos acostumados a ver deformações tenebrosas nos demais espíritos acharam aquilo por demais repulsivo. Razidaraka, sentado em seu trono, ainda cheio de empáfia, olhou, apreensivo, a entrada grotesca de Garusthê-Etak.

O demônio encaminhou-se até o trono do grande dragão, jogou o seu fardo imundo aos pés de Razidaraka e falou, com sua voz quase indecifrável:

– Ele morreu.

Razidaraka, tomado de profundo desgosto, tapando as narinas devido ao odor nauseabundo que emanava daquela massa pútrida que jazia aos seus pés, retrucou, com certa ferocidade.

– Tire este lixo daqui, seu idiota!

Garusthê-Etak não se fez de rogado e, pegando Katlach, lançou-o contra uma parede, com violência extrema. Katlach bateu na parede e caiu no chão como um boneco desconjuntado. Dois mijigabaks, obedecendo a um comando gestual do chefe, o agarraram e o tiram do salão. Começaria o longo tormento de Katlach.

Razidaraka observou a expressão de desalento dos seus poucos seguidores. Seu grande grupo havia desertado paulatinamente. O trabalho de persuasão dos alambaques aliados a Varuna, e os maus tratos constantes de Razidaraka haviam feito um trabalho lento e gradativo. No entanto, ainda havia muitos mijigabaks sob o comando mental do velho dragão e, por isto, sua força de atuação ainda era bastante poderosa. Razidaraka resolveu insuflar ânimo nos seus poucos aliados e vociferou, com uma alegria malsã na voz.

— Se vocês pensam que fomos derrotados só porque este lixo não obteve sucesso em dominar o mundo, vocês estão enganados. O sofrimento que nós impusemos já é uma grande vitória.

Um dos alambaques remanescentes perguntou-lhe:

— Sim, mas agora que a guerra terminou, o que vamos fazer?

— Lutar. Nós vamos lutar até o fim. Ordene seus mijigabaks para agirem nos cartéis de drogas e nos grupos étnicos de forma que se produzam limpezas étnicas nos países pouco desenvolvidos. Atuem sobre os grupos minoritários, criando dissensões e revoltas. Lancem uns contra os outros. Joguem marido contra esposa e filho contra pais. Façam as pessoas ricas gastar o dinheiro em coisas inúteis, pois assim iremos gerar revolta nos pobres. Explorem o sexo e a pornografia. Usem de tudo para gerar injustiças, desequilíbrios sociais e psíquicos. Injustiça! Este é o ponto principal de nossa luta. Criem injustiças em todos os níveis.

Outro alambaque estava preocupado com o aprimoramento dos guardiões astrais, pois eles estavam cada vez mais numerosos e mais bem treinados. Além disto, muitos tinham armas diferentes, armas que haviam sido trazidas de Karion e adaptadas às condições de Ahtilantê. Este alambaque perguntou a Razidaraka.

— Os guardiões estão mais bem armados. Nós não alcançaremos grandes resultados. Eles estão com atordoadores psicotrônicos extremamente poderosos. Isto irá dificultar em muito nosso trabalho.

O velho demônio, colocou a mão no queixo e, após refletir por alguns segundos, falou com a voz arrastada:

— Capture alguns guardiões. Eu quero saber que tipo de armas eles estão usando. Nós faremos algumas também para nós.

Um dos alambaques, respondeu com entusiasmo:

— Boa ideia. Eu me encarregarei disso.

Razidaraka, de certa forma, contaminado com o entusiasmo de seu aliado, começou a falar, já um tanto destrambelhado, apresentando um estado anímico de modo crescente e demonstrando que a loucura estava se instalando de forma lenta, mas irreversível em seu íntimo.

– Nós faremos uma guerra total. Agora é conosco. Nós veremos se este mykael nos derrotará. A vitória final será nossa.

Um outro alambaque presente, que vinha mostrando sinais crescentes de defecção e de alarme por sentir que todo aquele esforço era inútil, falou com um tom desesperado, que mostrava bem seu estado depressivo.

– Mas para onde tudo isso nos levará?

Razidaraka era um espírito desesperado. Sentia que a vitória final seria das forças da luz, mas não queria aceitar este fato como consumado. Achava que já havia ido longe demais para recuar. Sabia que retroceder seria entregar-se ao mykael, ser deportado, renascer no planeta Azul, expiar seus crimes por milênios, para, no final de um período de sofrimento excruciante, insuportável, alcançar a luz da fraternidade plena. Só em pensar neste caminho, sua alma se confrangia, e dentro de seu desespero, ele encontrava força para se revoltar, e assim permanecer. Deste modo, histriônico, como era seu estilo, respondeu com um urro:

– Para o inferno!

...

A guerra havia acabado já alguns anos, e os primeiros capelinos já haviam renascidos. Seguindo o plano traçado por Mitraton e Varuna, os primeiros a renascer foram conduzidos a famílias sumérias, sendo espalhados em várias aldeias, de forma a não estabelecer uma sociedade exclusivamente capelina. A suméria havia passado por uma grande enxurrada, e o momento era propício para grandes mudanças. A mortandade havia sido enorme entre os sumérios, e as famílias remanescentes choravam a morte de vários de seus filhos. Este estado lastimoso era adequado para o recebimento de novos rebentos, especialmente alguns que teriam características bem diferentes dos demais.

Lachmey, Vayu e Rudra observavam um pequeno grupo de dez crianças sumérias brincando. Outro grupo de dezoito crianças estava sentado debaixo de uma árvore, assistindo às outras crianças brincar. Eles tinham os olhos angustiados e tristes, com idades que variam de seis a dez anos.

Lachmey comentou com os seus guardiões:

– É fácil distinguir os capelinos dos terrestres. Vejam a expressão angustiada, como se eles não pertencessem a este lugar. Há, até mesmo, uma certa perversidade no olhar.

Os dois guardiões observaram o grupo destacado dos demais. A vibração espiritual de suas auras podia se destacar dos demais. Enquanto os terrestres tinham auras claras, eles apresentavam auras escuras, mesmo ainda sendo crianças.

– Por enquanto, eles não despertaram completamente. Mas, quando eles forem crescidos, dominarão os terrestres facilmente. Há uma diferença enorme de inteligência e sagacidade entre eles e as pessoas primitivas da Terra.

O comentário de Vayu era pertinente. Mas, no fundo, era isto que se esperava dos capelinos. Era esta sua função junto aos terrestres: implantar a civilização.

Neste instante, uma das crianças que brincava com seus colegas de mesma idade aproximou-se do grupo de capelinos renascidos e, jovialmente, fez um amável convite, tipicamente infantil:

– Você não quer jogar conosco, Nimrud?

O menino de dez anos, com um ar de desprezo, respondeu, de forma grosseira.

– Não me perturbe! Se você pensa que eu vou brincar seus jogos estúpidos, está muito enganado. Vá embora!

Os outros amigos de Nimrud olharam o menino com desprezo. Ele retornou para junto dos seus amigos, triste por tido sido menosprezado.

Lachmey e os dois guardiões observaram a cena, e o grande espírito de Karion, comentou:

— Como você pode ver, a vibração de capelinos desafina em relação aos demais. Não só eles são mais amadurecidos, como também acreditam que são superiores aos terrestres. Eles já estão formando um grupo somente seu, atraídos pela afinidade vibracional de seus corpos espirituais.

Rudra, que sempre fora o mais circunspecto dos guardiões, demonstrou sua preocupação.

— Dentro de alguns anos, teremos que despertar e libertar os alambaques. O que acontecerá, então?

Os alambaques estavam dormindo um sono profundo, em parte induzido pelos guardiões e obreiros, em parte devido ao pesado material astral terrestre e sua gravidade acachapante para os capelinos.

— A tendência dos alambaques é de procurarem as criaturas da mesma categoria vibratória e eles agirão sobre elas. Por intermédio deles, os renascidos de Capela dominarão facilmente a sociedade primitiva. Temos que esperar para ver o que irá acontecer, mas posso antever violência extrema nesta parte do mundo.

Os três partiram, volitando rapidamente. Ainda não era a hora de libertar os alambaques.

...

O grande expurgo de Ahtilantê passaria por três fases distintas. A do início que durou até o final da guerra, em que vinte e poucos milhões de pessoas foram banidas em grandes lotes. Enquanto este processo era implementado em Ahtilantê, na Terra, os capelinos que demonstravam um mínimo de reajuste psíquico renasciam na Suméria.

Após a guerra devastadora de Ahtilantê, houve um período intermediário, quando foram dadas oportunidades redentoras a grandes contingentes populacionais. No entanto, o período intermediário não foi pacífico e tranquilo, como se poderia imaginar. Os alambaques que não haviam partido para a Terra tinham se dividido em duas tendências. Uma aceitava o exílio como fato consumado e até ajudava as falanges de Varuna; e outra, sub-repticiamente, começou um processo nefasto contra os renascidos, com o objetivo de levar consigo o maior número possível de degredados. Seu raciocínio era extremamente pervertido e constava de uma máxima: se eu me dano, então minha alegria é que todos se danem comigo.

Vinte anos após a grande guerra, Varuna, no retorno de uma de suas muitas viagens à Terra, reuniu-se com Uriel para uma reunião de trabalho. O ministro Saercha e Gerbrandom estavam juntos com o coordenador.

— Cara Uriel, peço-lhe que nos relate os graves acontecimentos por que Ahtilantê está passando.

Uriel começou expondo sucintamente:

— Mestre Varuna, a situação está se tornando cada vez mais insuportável. Há grandes grupos de alambaques espalhados pelo planeta implementando as piores infâmias. Até depois da grande guerra, expurgamos metade dos alambaques. Eles foram de livre e espontânea vontade e muito nos ajudaram na captura, guarda e banimento dos degredados. Nós os tratamos como se fossem obreiros especializados. Metade dos que ficaram continua trabalhando em conjunto com os guardiões. Alguns raros, ansiosos para evitar o degredo, pediram renascimentos difíceis, tendo recebido novas oportunidades em situações penosas.

Varuna acompanhava pelo grande visor o que Uriel falava. Muitos tinham renascido entre os cinzas, sofrendo na carne o próprio preconceito que nutriram por tantos anos. Alguns, em extrema miséria, sem arrimo, mas com grande desejo de progresso. Outros vinham cegos, ou mudos, ou com deficiências inúmeras que os impediam de recalcitrarem no crime. Estavam acontecendo grandes devastações, tanto naturais como provocadas por guerras. Nesses lugares, as crianças morriam de fome nos braços de suas mães. A maioria era composta de antigos alambaques, mijigabaks e lugares-tenentes desses caliginosos seres, purgando existências dificílimas.

– Mas há um grande grupo que sabe que não pode fugir do expurgo. Reconhecem a força majestática dos Maiores e insularam-se num tal processo mental que, se forem banidos, tentarão levar o maior número de indivíduos possível com eles. Além disso, para complicar ainda mais o aflitivo quadro, existe a miridina que leva ao vício milhares de jovens.

O visor mostrava como as grandes redes de distribuição da potente droga haviam se organizado pelo mundo inteiro. Atacavam as crianças, os adolescentes, os executivos das grandes empresas, os miseráveis e os ricos. Tratava-se de um grande negócio, com ramificações em todos os lugares do mundo. Além disso, era um poder que corrompia políticos, administradores e policiais.

– Temos usado os artistas para divulgar boas ideias, a fraternidade e o amor. No entanto, eles também têm usado as artes para seus propósitos. Há músicas delirantes que falam explicitamente no poder do mal e de Razidaraka, o Grande Dragão, o conceito do próprio mal personificado. Há filmes e peças teatrais que enfatizam a violência, a destruição, plasmando nas mentes infantis e adolescentes o vírus da maldade e do terror. Com isso, têm aparecido mais e mais gangues infanto-juvenis que destroem, seviciam e atacam as pessoas. Grande parte desses acontecimentos é efeito das graves distorções econômico-sociais que os alambaques usam para destilar ódio, desesperança e desavenças.

Varuna, após escutar o relatório de Uriel, falou:

– A evolução espiritual exige que o ser passe por todas as fases, de forma a aprender em cada uma delas as nuanças da realidade. Os alambaques estão nos seus derradeiros estertores. Sabem que dentro de alguns anos serão irremediavelmente banidos, aprisionados e levados à força para o planeta Azul, onde terão que regenerar-se, seja por bem, seja por mal. Fizemos, e você bem o disse, tudo o que podíamos fazer. Demos bons exemplos. Conscientizamos através de peças ficcionais que o bem é o único tesouro duradouro, pois incrusta-se no interior do ser, levando-o ao aprimoramento. Entretanto, Deus usa o mal para o bem. O contato da humanidade ahtilante com os alambaques, com o vício e a degradação, se faz alguns baquearem pelo caminho, faz a maioria progredir e evitar a abjeção de um comportamento inadequado e lascivo. Não podemos protegê-los de tudo e de todos. Queremos aves fortes que saibam voar em dias de tempestade e não frágeis passarinhos que não consigam sair do ninho sem a ajuda de zelosos pais.

Uriel perguntou a Gerbrandom:

— Mestre Gerbrandom, será que, em outros expurgos, tomaram-se algumas medidas defensivas contra os alambaques?

Gerbrandom pensou um pouco e respondeu com segurança em sua voz:

— Em todos os lugares, os dragões empedernidos tornaram-se um instrumento de resolução de problemas e cancros seculares. Explico-me: durante séculos, os seres foram constituindo sociedades onde imperaram determinadas elites. Essa classe social dominou por meio de leis e instituições sociais as demais classes, nunca permitindo que crescessem além de um determinado limite. Agora, com a atuação dos alambaques, com os meios de comunicação, com a religião levada aos extremos, as classes começam a entrar em conflito.

Gerbrandom fez uma pequena pausa.

— Não pensem que, neste nível de evolução, os homens resolvem suas diferenças com o uso da razão. Pelo contrário, as diferenças são resolvidas com lutas armadas, guerras fratricidas e verbalização acirrada. No entanto, não me canso de repetir que Deus, nosso Amantíssimo Pai, usa o mal para o bem. Todos esses conflitos resolvem os problemas, mesmo que a primeira impressão seja a de que eles estejam sendo agravados. Uma guerra fratricida acaba por solucionar os problemas que estavam aparentemente esquecidos. Eles trazem à tona velhos ódios que acabam sendo resolvidos com doses superlativas de dor e sofrimento.

Fez-se um silêncio constrangedor na sala. Todos sabiam que Gerbrandom estava certo, mas era triste saber que haveria tanto sofrimento, desgraça e destruição quando tudo podia ser resolvido com bom-senso e sentimento de fraternidade. No entanto, os mais sábios sabiam que não se pode pedir a alguém o que ele não tem ainda.

Varuna falou de forma doce, mas categórica:

– Bom! Temos que tomar algumas atitudes práticas. Devemos lançar nossos guardiões contra os alambaques empedernidos, aprisioná-los e bani-los para a Terra o mais rápido possível. Temos que atacar seus redutos e combatê-los com as armas poderosas que trouxemos de Karion. Deste modo, iremos minando suas forças e destruindo gradativamente quadrante por quadrante do astral inferior.

Com estas palavras, ele trouxe todos de volta ao magno problema que tinham pela frente. Vartraghan tornou-se o responsável pela operação, já que seus guardiões seriam largamente utilizados. Alguns obreiros de Karion, especialistas em emissão de raios, ofereceram-se, já que sua alta tecnologia iria favorecer em muito. Os raios desintegradores eram superiores aos usados em Ahtilantê, que atingiam áreas pequenas, exigindo grande consumo de energia mental por parte dos operadores. Karion tinha desenvolvido um multiplicador de força mental que fazia com que o que fosse mentalizado seria grandemente aumentado.

•••

Enquanto os fatos se desenrolavam em Ahtilantê, na Suméria, Lachmey, de acordo com o plano traçado por Mitraton e Varuna, preparava-se para acordar os alambaques. Naturalmente, dentro do plano minucioso e detalhado, não iriam acordar todos, mas apenas alguns, especialmente aqueles do grupo de Drak-Zuen, que fora um dos primeiros a virem à Terra.

Lachmey com Vayu, chefe dos guardiões ahtilantes localizados na Terra, dirigiram-se para uma série de hangares, localizados no novo umbral da Terra. O planeta ainda não tinha astral inferior, que logo seria criado pelas emanações mentais dos alambaques e dos mijigabaks; portanto, os hangares estavam no limite dos planos astrais médios e inferiores, ainda a serem criados.

Dentro de um dos hangares, havia várias linhas de camas onde estavam dormindo não só vários alambaques, como também inúmeras pessoas deformadas. Lachmey e Vayu conversavam, enquanto passavam por entre as filas de cama.

— Mestre Vayu, é tempo de acordar os alambaques. Os renascidos de Capela já alcançaram a maturidade. Está na hora dos alambaques agirem sobre eles, influenciando-os e conduzindo-os às grandes realizações da civilização.

Vayu, de forma um tanto sombria, pois conhecia bem aqueles espíritos decaídos, respondeu, taciturno:

— Também é tempo de violência e guerra.

Lachmey, que já acompanhara o expurgo em seu planeta natal, também conhecia as sequelas do despertar da civilização, quando consumada por espíritos degradados.

— É inevitável!

Vayu entrou por uma das passagens entre as camas e dirigiu-se para um dos leitos ocupados por ninguém menos do que Oanes. Em sua mão, ele tinha um pequeno equipamento que emitia um baixo zumbido. Ele começou a passar o aparelho, iniciando pelos pés do adormecido em direção a cabeça, liberando pequenas doses de energia. Ele estacionou o equipamento nos vários centros de força por alguns instantes, que começavam perto das zonas sexuais, subindo até a cabeça. Oanes estrebuchou ligeiramente e despertou gradativamente. O alambaque se estirou e se ergueu da cama, olhando em volta para retomar a consciência de onde estava. Passado alguns minutos, ele reconheceu Vayu e se levantou.

Enquanto Oanes se recuperava, Vayu, sob a assistência de Lachmey, acordou vários outros do grupo de Drak-Zuen, sempre repetindo o mesmo procedimento. Decorridos longos minutos de recuperação, o grupo de alambaques acompanhou Vayu para fora do hangar.

Vayu os levou num rápido voo até as planícies da Suméria. Oanes e seu grupo se assustaram com o aspecto seco do lugar. Não se parecia em nada com as imagens que Varuna havia externado, quando de sua visita a Drak-Zuen, para convencê-los a virem de bom grado para aquele lugar.

– Mas que tipo de lugar é este? É aqui que o mykael nos disse que nós nos tornaríamos reis, deuses e profetas?

Vayu, com um sorriso irônico nos lábios, respondeu-lhe, com uma pitada de sarcasmo.

– É aqui mesmo, juiz Oanes. Há tudo para ser feito. Siga seu instinto. Seja atraído pela força dos renascidos e aja sobre eles, orientando-os.

Mudando de tom, como se quisesse alertá-los para os perigos da evolução, falou num tom mais severo.

– Tenha cuidado, entretanto, para não os conduzir aos caminhos da guerra e do sangue. Não se esqueçam da lei. Tudo o que vocês fizerem, vocês receberão de volta!

Assim dizendo, Vayu partiu, deixando-os a sós na Suméria. Os alambaques não estavam nada satisfeitos com os arranjos e o clima inclemente da Suméria. Imaginavam encontrar um lugar já pronto, onde só precisariam atuar sobre os renascidos, recebendo homenagens e presentes.

Oanes se concentrou, como se perscrutasse o ambiente. Ele parecia um grande animal farejando o ar à procura de odores. Em poucos minutos, sua mente parecia ter localizado uma fonte de pensamentos similares aos seus, e ele partiu, voando junto com seu grupo. Eles, atraídos por uma indefinível vibração mental, chegaram perto de um grupo de homens jovens que estavam descansando e conversando, debaixo de uma árvore.

Tratava-se da aldeia de Shurupak e o grupo era liderado por um homem jovem, chamado Nimrud. Ele estava queixando-se da vida aos amigos.

– Este é o lugar mais aborrecido do mundo! Não acontece nada de novo. Eu estou cansado de não fazer nada. Detesto trabalhar nos campos.

Um dos seus amigos respondeu. É Urgar, seu inseparável companheiro.

– E você espera o que deste lugar horrível?

– Eu não sei. Qualquer coisa.

Oanes prestou atenção àquela conversa. No início, a diferença de língua o impediu de entender o que eles diziam; portanto, ele se concentrou na mente do interlocutor e, durante alguns minutos, o perscrutou detidamente.

– Eu conheço este homem. Ele tem um corpo diferente, mas eu juro que eu o reconheço.

Ele se demorou mais alguns segundos, analisando Nimrud, para, subitamente, como se tivesse sido tomado de uma revelação, exclamar para seus amigos.

– Eu já sei! Ele era Mureh, meu mijigabak favorito.

Os demais conheciam bem Mureh. Um mijigabak de estirpe, quase um alambaque. Oanes, satisfeito com sua descoberta, soltou uma gargalhada e falou com sarcasmo.

– Você pode correr, mas não pode se esconder. Quer dizer que agora você se chama Nimrud. Muito bem, Nimrud, nós veremos o que podemos fazer para lhe dar alguma ação. Se é ação que você quer, nós lhe daremos em quantidades superlativas.

Os alambaques se sentem em casa: descobriram seus iguais. Satisfeitos, começaram a perscrutar os demais, descobrindo velhos conhecidos, quase todos mijigabaks de Drak-Zuen. Iriam começar a atuação sobre os renascidos. Faltava apenas uma circunstância propícia para dar início ao processo de civilização.

...

Quinze guardiões se aventuraram nas trevas. Um deles havia visto um dos seus parentes e, sem as armas adequadas, foram à procura do infeliz. O chefe do grupo acreditava que estava longe dos principais centros de alambaques e, no máximo, iriam encontrar transmudados e espíritos decaídos. Ele não sabia que Razidaraka havia dado ordens para capturar guardiões com as novas armas.

O chefe do grupo estava preocupado, e os alertava constantemente.

– Nós estamos nos aventurando em terreno perigoso. Nós teremos que voltar, em breve.

Um dos guardiões insistia em continuar, pois seu amigo estava certo de encontrar seu irmão, caído há muitos anos nas trevas.

– Um de nossos homens está buscando o irmão que deve estar perto daqui. Nós devemos estar bem perto do lugar onde ele o viu no outro dia.

Arrependido de ter autorizado a incursão, o chefe do grupo queria retornar, o mais rápido possível.

– Sim, eu sei. Mas nós estamos bastante desprotegidos. Nós não temos as armas novas de Karion. Neste território, os alambaques levam nítida vantagem sobre nós.

Naquele instante, para desespero do chefe do grupo, começam a cair sobre eles bolas negras de material fluídico, que feriu vários guardiões.

– Protejam-se. Tentem atirar nos que estiverem mais próximos.

Uma verdadeira batalha se iniciou. Os guardiões, por orgulho, não queriam abandonar o campo de luta, mas os alambaques estavam levando nítida vantagem sobre eles, devido ao seu maior número. A luta tornara-se desigual, e o chefe do grupo deu ordem de retirada.

– Retirem-se rapidamente. Reagrupem-se e partiremos imediatamente.

Os guardiões começaram a se reagrupar, para num único bloco, volitarem para longe daquele lugar insalubre. A vibração do lugar era acachapante e não permitia rápidos voos individuais, para aquele tipo de almas. Todavia, três deles estavam feridos e caídos no chão. Imediatamente, os mijigabaks se apossaram deles.

O chefe do grupo tentou ainda uma manobra para resgatá-los e ordenou um ataque desesperado.

– Voltem e vamos libertá-los.

O grupo, já reagrupado, retornou os poucos metros que os separavam dos três prisioneiros, mas os mijigabaks, sob o comando de um poderoso alambaque aliado de Razidaraka, barrou-lhes a passagem. Nestas paragens hediondas, os guardiões, que eram na maioria mijigabaks arrependidos, não eram mais poderosos do que os antigos companheiros. Podiam estar se dedicando ao bem, mas ainda não tinham o poder mental que permitiria dominar os revoltosos com sua vibração superior. Agora, no ponto crucial da refrega, mais alambaques apareceram, vindos de todos lugares, e os guardiões se viram forçados a fugir, enquanto deixavam os três companheiros nas mãos dos alambaques, que se rejubilaram com uma das raras vitórias sobre as forças da luz.

Os prisioneiros foram levados, desacordados, para a fortaleza de Razidaraka e aprisionados numa masmorra subterrânea. Havia sempre quatro monstruosos mijigabaks tomando conta deles. Não havia como fugir; estando desacordados, não se podia esperar nenhuma reação por parte deles. Um espécie de capacete fluídico, negro, viscoso, envolvia a cabeça dos guardiões aprisionados, fazendo-os ficar em estado de profundo coma.

Razidaraka, exultante, recebeu os vitoriosos em grande estilo. A magra vitória foi celebrada com estardalhaço e o número de prisioneiros foi exagerado enormemente. A divulgação para os outros alambaques revoltados foi feita imediatamente. Razidaraka, no entanto, escondeu o fato de que esses incautos nem sequer faziam parte do grupo de Vartraghan, e muito menos de que eles não tinham as armas psicotrônicas especiais dos karionenses. Mas, para quem estava sendo derrotado em todas as frentes e vendo a deserção frequentando suas fileiras em número insuportável, qualquer vitória de polichinelo era motivo de júbilo.

– Vitória! A vitória é nossa. Os privilegiados não sairão vitoriosos desta confrontação. Nós lutaremos até a nossa vitória final. Salvem os poderosos alambaques.

Os remanescentes do grande grupo inicial também exultaram. Tudo devia ser feito para tapar a verdade.

Neste ínterim, o chefe do grupo se reportou ao seu superior, que, após as devidas e enérgicas repreensões, informou a Saercha. O Ministro convocou Varuna e sua equipe com urgência.

Minutos depois, Varuna se encontrou com o seu chefe imediato e foi informado do ocorrido. Vartraghan perguntou a Saercha:

– O senhor sabe que grupo de alambaques nos atacou?

– Não. Cabe a vocês descobrirem. Meus guardiões não estão tão bem preparados quanto os seus para recuperarem seus colegas. O que você pretende fazer?

Todos olharam para Varuna. Ele respondeu com serenidade.

– Primeiro, vou contatar os alambaques que nos são fieis e eles investigarão quem nos atacou. Para tal, Vartraghan, peço-lhe que converse com eles, imediatamente. Tenho fortes suspeitas de quem seja o grupo que iria se aventurar a tentar capturar nossos guardiões, mas aguardemos a confirmação de Vartraghan.

O guardião-mor saiu da sala, volitou com rapidez até as densas trevas e conversou com um grupo de alambaques que trabalhava em conjunto com seus guardiões. Como Razidaraka já havia alardeado sua vitória em todos os cantos, com o intuito de recuperar seu abalado prestígio, foi fácil detectar o responsável, e onde estavam os prisioneiros. Vartraghan retornou, num átimo, e informou a Varuna.

O coordenador do exílio baixou a cabeça, contristado, e, após alguns segundos, falou num tom decidido.

– Tenho resistido à tentação de usar a lua negra de Karion. Sei dos seus efeitos terríveis sobre o corpo astral, danificando-o grandemente, o que torna a recuperação demorada e dolorosa. No entanto, pelos relatórios que recebi das equipes de Vartraghan, a fortaleza de Razidaraka é protegida por densos campos de energia que os guardiões têm dificuldade em vencer. Deste modo, vamos cercar a sua fortaleza e solicitarei de mestre Hamaburba que bombardeie a fortaleza de Razidaraka.

Imediatamente Vartraghan, extremamente preocupado, obtemperou:

– Mas, mestre Varuna, nossos homens estão encarcerados no seu interior. O raio-trator irá atingi-los também.

– Bem lembrado, caro Vartraghan, mas meu plano é retirá-los antes que o raio atinja a fortaleza.

– Mas como? A fortaleza é inexpugnável aos meus guardiões. Eles não conseguem varar as pesadas vibrações que o cercam.

– Eu sei. Mas eu não terei nenhum problema de penetrar naquele antro.

– Você pretende recuperá-los? Pessoalmente? Sozinho? – perguntou, atônito, Saercha.

– Posso levar Vartraghan comigo, mas tenho um assunto pessoal a resolver naquele lugar.

Saercha olhou para Gerbrandom de forma inquisitiva. Será que Varuna conhecia a história dos irmãos Mainyu? Gerbrandom respondeu-lhe mentalmente que achava que Varuna não sabia deste fato. Ele, pelo menos, não mencionara nada ao coordenador do exílio.

Com o silêncio que caíra sobre todos, Varuna levantou-se e ordenou, sereno, a Vartraghan.

– Vamos! Os prisioneiros não devem ficar presos muito tempo.

Eles saíram da sala, enquanto Uriel se comunicava com Hamaburba, o chefe dos karionenses, que haviam ficado em Ahtilantê, para ajudar no expurgo. Ela lhe deu as coordenadas e a grande lua negra de Karion começou a se movimentar rapidamente para se localizar sobre a fortaleza de Razidaraka, a milhares de quilômetros de altura. Para tal, ela devia baixar o seu próprio padrão vibratório e preparar-se para lançar uma carga majestosa de raios-tratores. Seria a primeira vez que ele entraria em ação em Ahtilantê.

As forças de Vartraghan cercaram a fortaleza de Razidaraka, em menos de duas horas. As bombas luminosas riscavam o céu, caindo sobre a fortaleza, mas não lhe causavam nenhum tipo de destruição estrutural. A vibração da fortaleza era extremamente densa, constituída de resíduos mentais não só de Razidaraka, como também dos seus alambaques e mijigabaks. Assemelhava-se a um grande depósito de lixo e, por esta razão, as energias lançadas contra ela se dissolviam em contato com as energias deletérias. Os guardiões, na medida em que chegavam perto da aura negra, sentiam-se mal, com ânsias de vômito, tonteiras e mal-estar generalizado, como se estivessem atacados de uma febre malsã.

Varuna olhou para as tropas de Vartraghan, que despejam bombas luminosas, e comentou:

– Estou observando que seus guardiões não estão usando as armas de Karion.

– Realmente. Descobrimos que elas são muito mais sofisticadas do que se podia imaginar. Elas foram idealizadas para serem usadas por um determinado tipo de espírito, e a maioria dos meus guardiões não tem a capacidade de operá-las. Deste modo, tive que recrutar e treinar espíritos do astral médio, já quase do astral superior. Não foi muito fácil, pois almas deste quilate não têm muita aptidão para serem guardiões.

– E onde estão?

– Trabalhando na crosta. O trabalho nas trevas obriga-os a baixar demais o padrão vibratório e provoca a perda momentânea de poder energético e é por demais sofrido para eles. Só os uso para capturas na crosta.

– Qual é a sua sugestão?

– Temos que destruir o astral inferior e obrigar os alambaques e mijigabaks a partirem para a crosta e lá nós os capturaremos com facilidade.

Varuna pensou por uns instantes e decidiu-se:

– Vamos aprisionar Razidaraka e depois destruiremos o astral inferior, quadrante por quadrante, avisando aos alambaques renitentes o que iremos fazer. Quem se render será tratado com leniência. Os que recalcitrarem serão atingidos pelo fogo astral. No final, usaremos a lua negra, e somente para aqueles que estiverem enfurnados nos grandes abismos, onde a captura seria por demais cansativa e demorada.

Vartraghan sorriu. Era isto que ele queria. Na realidade, ele preferia passar a lua negra sobre todos, mas Varuna sabia que isto seria um terrível castigo. Ele preferia ser mais metódico, até porque existiam muitos deportáveis ainda renascidos. De nada adiantava exterminar os focos de resistência, se os próprios renascidos os alimentavam com suas atitudes deploráveis.

– Vamos ingressar na fortaleza.

Varuna segurou o braço de Vartraghan para levá-lo para dentro. Ele precisava vencer a barreira vibracional. Para um espírito do astral superior tal façanha era de grande simplicidade; bastava concentrar-se, vibrar em padrão mais elevado que todos aqueles fluídos deletérios nem sequer o atingiriam.

Num átimo, ele e Vartraghan entraram como um raio de luz na fortaleza, chegando às masmorras. Ele baixou sua vibração e apareceu para os quatro mijigabaks que montavam guarda. Ao aparecer, assim de supetão, os mijigabaks se assustaram. Como reação natural ao susto de ver um espírito 'materializar-se' no seu plano, eles o atacaram incontinenti. Varuna levantou a destra e os acalmou com sua energia serena. Eles pararam, estáticos, como se tivessem sido adormecidos de repente.

Varuna lançou uma vibração sutil que envolveu a cabeça dos prisioneiros, destruindo o capacete fluídico que os envolvia. Com isto, eles acordaram e se livraram das correntes que o prendiam. Reconhecendo o guardião e o coordenador do exílio, precipitaram-se em sua direção.

– Mestre Varuna! Nós fomos apanhados. Como podemos sair deste lugar?

– Da mesma forma que nós entramos. Segure os braços de Vartraghan, que ele os levará para fora.

– Você não vem conosco? – perguntou Vartraghan.

– Ainda não. Tenho um compromisso muito especial com alguém deveras importante. Vão, agora! Eu sairei a tempo.

Os três guardiões se apressaram. Um deles se agarrou no braço direito do guardião-mor, enquanto os outros dois se seguraram no braço esquerdo. Vartraghan mudou seu padrão vibratório e como uma flecha saiu da fortaleza, levando consigo os guardiões.

Varuna andou pelos corredores escuros, passando por vários soldados alambaques, sem que eles percebessem sua presença. Ele entrou no grande salão do trono e, assim que o fez, baixou seu padrão vibratório e se tornou visível.

O choque de sua entrada foi enorme. Vários alambaques ficaram estáticos e alguns mijigabaks cobriram o rosto, pois a luz que ele emanava os cegava. Razidaraka não o conhecia, mas de tanto ouvir descrição de seu poder e de seu modo elegante de tratar os demais alambaques, suspeitou que devia se tratar do grande mykael. Reagindo, quase por instinto, ele comandou seus mijigabaks.

– Agarrem o mykael.

Antes que os mijigabaks pudessem se recuperar de seu susto, Varuna ergueu os braços e uma luz saiu de suas mãos, iluminando ainda mais o enorme e lúgubre salão. A luz choveu sobre os mijigabaks, que assimilaram aquela luminosidade serena e se tranquilizaram. Muitos ficaram estáticos, com uma expressão estúpida, anestesiados pela dulcíssima emanação do mykael. A luz que saia de Varuna começou a derreter o palácio de Razidaraka, como o fogo derrete a manteiga. As paredes começaram a se esmigalhar lentamente e pedaços do teto desabaram no salão.

Varuna se encaminhou, decidido, como se deslizasse, flutuando a poucos centímetros do solo, em direção a Razidaraka.

– Meu negócio é com você, Razidaraka.

Razidaraka levantou-se do trono e, cheio de ódio e com uma expressão má, vociferou.

– Isso é o que você pensa, seu mykael de m... Eu vou acabar com sua empáfia.

Razidaraka se concentrou e de suas mãos saiu uma gosma negra, viscosa, imunda. Ele criou uma grande bola negra, de um metro de diâmetro, e a arremessou contra Varuna, que calmamente ergueu a destra. A bola, na medida em que viajava em sua direção a alta velocidade, se transformou em milhares de minúsculas pétalas luminosas, que iluminaram ainda mais o lúgubre local. Razidaraka, furioso, tentou novamente. Desta vez, a bola foi menor; seu poder estava se esvaindo. Varuna repetiu o gesto e, novamente, a bola preta se transformou em pétalas luminosas, que se espalharam pelo ambiente. Na terceira vez, absolutamente fora de si, Razidaraka, tentou lançar uma pequena bola negra, que, antes que pudesse sair de suas mãos, Varuna transformou em uma bola de luz, que atingiu Razidaraka. A bola de luz o acertou no meio do peito, no centro de força cardíaco, eletrificando-o e lhe deu um choque brutal. Razidaraka caiu de joelhos, sem forças, sob o impacto da energia luminosa. Quando ele tombou, os alambaques fugiram amedrontados. Em poucos segundos, o grande salão ficou vazio. Ficou somente Varuna e Razidaraka.

O grande espírito, que mantivera a serenidade, o tempo todo, começou a falar de um modo plácido, gentil e amoroso. Há um calor humano em sua voz.

— Meu amigo. Não tente mais qualquer outra coisa. Venha comigo. Logo, este lugar será completamente destruído. Não há mais nenhuma razão para você continuar esta luta.

O velho demônio tentou se levantar, mas suas forças o haviam abandonado. Ele se esforçou para resistir e falou com grande dificuldade.

— Me render, jamais. Ir para onde com você? Para o planeta Azul? Você pensa que eu vou querer renascer novamente?

— Renascer é a lei, meu amigo.

— Não para você, seu privilegiado. Você não tem que renascer novamente, não é mesmo?

— Não há nenhum privilégio para quem quer que seja. Todos, sem exceção, têm que renascer muitas e muitas vezes. Se alguns alcançaram os ápices da luz, e não há mais necessidade de renascer, é porque eles passaram por todos os sofrimentos de várias existências. Você também poderá alcançar estas dimensões. Venha comigo! Eu o ajudarei por todos meus meios.

Razidaraka, ainda sob a influência da imensa descarga energética que o havia atingido, respondeu, num tom de voz choroso. Na realidade, ele não redarguira a Varuna, mas a si próprio.

— Você não entende. Eu não posso renascer. Eu conheço muito bem a lei. Eu terei que pagar por todos os crimes que cometi. A dor seria insuportável. Eu serei humilhado e terei que renascer incontáveis vezes. De minha atual personalidade, o grande Razidaraka, só ficará pálida lembrança. Serei estropiado e esmigalhado pela roda do destino, que há de me dilacerar como se eu fosse feito de papel. Não, isto não pode acontecer comigo. O castigo é por demais terrível. Minhas dívidas para com a lei são imensas.

Varuna não podia ficar indefinidamente argumentando com ele. Em breve instantes, a lua negra estaria sobre eles, e Hamaburba tinha ordem de atirar assim que estivesse em posição. Varuna, por estar vibrando em outra dimensão, não seria afetado, mas ele queria salvar Razidaraka de si mesmo.

– A lei é dura, mas não obriga ninguém a carregar um fardo mais pesado que ele pode levar. Você não pagará todos seus crimes em uma única existência. Você terá bastante tempo para modificar sua atitude. Venha comigo. Nós não temos muito tempo. A lua negra estará logo sobre nós.

Neste momento, Razidaraka lembrou o vaticínio da velha feiticeira – até ela o abandonara, fugindo de sua crueldade e maus tratos. Ele lembrou que ela havia previsto que ele só seria derrotado quando as três luas se alinhassem. Ele não conhecia a lua negra artificial que viera de Karion e, reunindo as últimas forças, buscando do fundo de seu ser o ódio comburente, vociferou, em voz agora já mais forte, levantando-se de sua posição prostrada e humilhante.

– Eu nunca serei derrotado. Isto só acontecerá quando as três luas estiverem alinhadas. Não há uma terceira lua em nosso mundo. Isto só pode significar que, no final, eu serei vitorioso.

Varuna, respondeu-lhe, apontando para cima:

– Então, olhe. A lua negra está se alinhando com as duas luas de Ahtilantê. Seu tempo findou-se. Esqueça toda esta tolice e venha comigo.

Razidaraka olhou para cima e viu uma lua negra que se postou em frente às duas outras luas naturais, eclipsando-as. As três luas estavam perfeitamente alinhadas. Subitamente, ele ficou horrorizado. A velha tinha razão, afinal. Por alguma estranha magia daquele mykael detestável, ele fez aparecer uma lua negra. Mas seu orgulho, sua vaidade, sua prepotência e sua soberba eram doentios, e, no meio de sua insanidade, ele reagiu. Sentiu que fora derrotado, mas queria cair com a cabeça erguida. Ele, Razidaraka, o símbolo do mal, a personificação do diabo, iria ao fundo como um capitão em seu navio, como um general derrotado que se lança à morte na frente de seus soldados e como um tolo que não sabe reconhecer uma derrota.

– Não! Eu não irei. Eu estarei em meu trono.

Num último rasgo de loucura, de completa insanidade, sem atinar que a lua negra lançará um raio que irá dilacerá-lo em tiras e pedaços, lançando-o na mais sórdida das loucuras por séculos, ele se arrastou até o seu trono, símbolo de sua majestade. Com extrema dificuldade, sentou-se no seu trono, um tanto torto, quase decomposto, e bradou:

– Eu sou Razidaraka, o mal supremo de Ahtilantê.

Varuna baixou a cabeça. Uma profunda tristeza tomou conta daquele grande ser. Ele também havia sido derrotado; desejava a regeneração daquele ser mais do que qualquer outro. Sentindo que a lua negra ia disparar seu raio, ele volitou para fora como uma seta, deixando o grande salão, com o demônio derribado sobre o trono.

Naquele instante, um grande raio de luz prateado saiu da lua negra e atingiu a fortaleza que derreteu como manteiga no fogo, com uma velocidade assombrosa, quase instantânea. O estrondo era ensurdecedor, como se milhões de relâmpagos houvessem caído ao mesmo tempo.

O raio tinha a propriedade de destruir tudo que está dentro daquela frequência, mas também atraía todos os espíritos que vibravam naquele diapasão. Por isto, dentro do raio, podia-se ver as almas que eram guindadas em alta velocidade até a grande esfera negra. Razidaraka foi atingido em cheio pelo raio, desmaiando, e foi sugado com extrema violência, arrancado de sua fortaleza, sendo levado para dentro da lua negra.

Dentro do imenso navio esférico, as almas decaídas reapareceram, 'materializadas', fortemente queimadas, desfiguradas e desfalecidas. Alguns enfermeiros ahtilantes as levaram em macas sob a vigilância de guardiões fortemente armados e as transferiram para enfermarias especializadas. Razidaraka foi colocado numa das várias enfermarias. Ele estava em estado lamentável, gemendo de dor e desacordado.

Varuna e seus principais assessores foram até a lua negra, para ver o estado em que estavam os infelizes. Andaram por várias enfermarias, até que chegaram ao leito onde um Razidaraka irreconhecível estava em decúbito dorsal. Varuna aproximou-se dele e, com um olhar profundamente triste, proferiu palavras, que quase pareceram uma prece, àquele espírito transviado, mas poderoso.

– Não precisava ter sido deste modo, meu irmão. Eu espero que Angra Mainyu deixe de existir em seu coração e que um homem novo possa renascer no planeta Azul.

Gerbrandom, que estava ao seu lado, se deu conta de que Varuna sabia que Razidaraka havia sido seu fratricida irmão Angra Mainyu. Desde quando ele conhecia esta fementida história? Seria um mistério, pois Varuna jamais mencionou ou mencionaria este episódio de sua sofrida existência, em nenhuma época.

Enquanto a lua negra se afastou de onde havia sido a fortaleza de Razidaraka, os raios vermelhos do sol Capela, finalmente, conseguiram atingir aquelas paragens de sofrimento e ignomínias, levando a luz do Amantíssimo Pai.

...

Após passarem mais de duas horas, observando os recolhidos pelos raios-tratores da lua negra, um dos guardiões informou algo a Vartraghan que o fez comentar, um tanto contrariado.

– Nós capturamos quase todo mundo, mas Garusthê-Etak e um grupo grande de mijigabaks fugiram para a crosta de Ahtilantê.

Varuna sabia que aquele demônio, em especial, era um perigo em potencial. Sua atuação sobre Katlach fora de grande importância na declaração da guerra. É verdade que ele apenas empurrou o ditador para o objetivo que ele tinha se proposto, mas não se deixa um ser tão vil solto, especialmente na crosta, onde os renascidos não teriam como se proteger de sua vibração caliginosa. Varuna respondeu, com certa urgência em sua voz.

– Agora, será bastante fácil capturá-los. Vamos atrás deles imediatamente. Eles deixaram um rastro visível. Mas, desta vez, traga seus novos guardiões com as armas de Karion. Esta será a batalha decisiva para testá-los.

Eles partiram da lua negra, enquanto Vartraghan dava ordens para um dos seus imediatos para reunir a nova guarda para um combate que se antecipava como memorável. Ele também desejava mostrar sua nova tropa a Varuna, e estava ansioso para prender Garusthê-Etak.

O rastro fluídico indicava que os fugitivos haviam se homiziado num grande matadouro, numa das cidades de grande porte de Ahtilantê. Eles haviam fugido para longe da fortaleza de Razidaraka, evadindo-se quando Varuna entrara no grande salão. Vendo que o mykael em pessoa vinha atrás deles, eles partiram, deixando Razidaraka ao seu próprio destino.

Varuna chegou ao matadouro junto com Vartraghan. Em poucos minutos o céu se encheu de riscos luminosos. Eram centenas deles cruzando o espaço. Vinham em direção a Varuna e, na medida em que tocavam o solo, transformaram-se em seres espirituais. Era a nova guarda de Vartraghan.

Sua presença era bem diferente dos guardiões comuns, que se apresentavam vestidos quase sempre de preto. Eles usavam uma roupa prateada, com um capacete da mesma cor, com laivos de dourado. Podia-se notar que eram espíritos bem mais evoluídos do que os guardiões tradicionais. Se estavam fazendo tal trabalho, era por abnegação e devotamento a uma causa superior, pois não tinham as feições grosseiras dos exércitos de mijigabaks redimidos, que eram os guardiões tradicionais.

Vartraghan e Varuna, com o grupo de novos guardiões, entraram no matadouro de animais. O ambiente não podia ser pior, pois, além da vibração dos animais mortos, havia um odor pestilencial no ar, formado pelas emanações dos mijigabaks.

– Aqui estão eles. Agora está na hora de mostrar o poder dos meus novos guardiões.

Havia centenas de mijigabaks, conduzidos por Garusthê-Etak. Eles estavam no matadouro, muitos deitados, outros conversando num linguajar chulo, enquanto, num canto, estava Garusthê-Etak, sugando de modo horroroso a vitalidade dos animais mortos. Ele parecia estar em êxtase, drogado e aparentemente feliz.

Vartraghan deu a ordem de aprisionar todos. Os guardiões se movimentaram a uma velocidade incrível. Os mijigabaks, sentindo que estavam sendo cercados por forças poderosas, mesmo que ainda invisíveis, começaram a rugir como animais acuados. No entanto, os guardiões, com as armas de Karion, que pareciam um prolongamento de suas mãos, encaixadas como se fossem luvas, começaram a atirar. Eles haviam colocado os disparadores na vibração dos mijigabaks e, com isto, o raio, ou melhor, a onda vibratória, ao atingi-los, os derrubava, inconscientes, ao solo.

Garusthê-Etak estava tão enlouquecido, após sugar os fluídos vitais dos grandes animais, que estava num canto, devaneando. Vartraghan, deu ordem a dois de seus guardiões, apontando para o monstro:

– Eu quero Garusthê-Etak. Capture-o.

Os guardiões se deslocaram por trás de Garusthê-Etak, que não os podia ver. Eles colocaram um tipo de rede em torno dele e a acenderam. Aquilo criou um vórtice de energia impressionante, despertando o demônio e o fazendo entrar em pânico. Ele tentou fugir, gritando terrivelmente, mas, na medida em que o vórtice se intensificava, ele recebeu uma descarga maciça, como se fosse uma corrente elétrica percorrendo seu corpo. Alguns pedaços de seu corpo astral se despregaram, sob o efeito da descarga fluídica, e ele caiu no chão, estrebuchando de forma horrível. Após alguns segundos de horror, ele parou, abriu os olhos de forma desmesurada, sua bocarra, cheia de dentes pontiagudos e sujos, se fechou num aperto de dor e, finalmente, ele desmaiou. Os guardiões fecharam a rede, envelopando-o, e o carregaram embora, como se fosse uma trouxa de roupa suja.

Varuna, que acompanhava a cena, estava entristecido, pois seu coração compassivo não gostava de ver seres, por pior que fossem, sofrendo. Nesta hora, ele comentou com Vartraghan:

– Do jeito que este espírito está endurecido e animalizado, ainda escutaremos falar muito dele, no planeta Azul.

Vartraghan meneou a cabeça em assentimento. Sim, Garus-thê-Etak ainda iria provocar muita carnificina.

CAPÍTULO 9

Começaria a fase final do expurgo, quando os covis dos demais alambaques revoltosos seriam destruídos, obrigando-os a sair para a luz do dia, onde se tornariam presas fáceis dos guardiões. Vartraghan e os seus guardiões contatariam os chefes alambaques, convidando-os para dentro de dois dias se juntarem na frente da Instituição Socorrista de Sraosa, onde a primeira operação teria efeito. Os amigos de Lachmey operariam os aparelhos, e os alambaques que viessem poderiam mentalizar suas energias mentais para os equipamentos, dando-lhes energias adicionais, que ajudariam a acelerar o processo. Os que não quisessem estariam avisados que raios e trovões cruzariam os céus negros do astral e que deveriam se abrigar da melhor maneira que pudessem.

Durante dois dias, os guardiões e os próprios chefes alambaques fiéis a Varuna correram todos os cantos espalhando as notícias. Em alguns lugares, os espíritos vociferavam e gritavam insultos aos guardiões, urrando que fossem procurar ajuda em outro lugar. Mas muitos, especialmente os que já estavam há muitos anos no astral inferior, estavam ansiosos por renovarem-se sentiram enorme prazer em trabalhar e se comprometeram a ajudar.

No hora marcada, Varuna e toda a sua equipe composta de mais um milhão de obreiros e cerca de seiscentos karionenses estavam numa enorme planície. Oito operadores estavam sentados numa máquina estranha, que parecia ter oito canhões apontados para o céu, em volta de uma roda gigantesca de vinte e cinco metros de diâmetro e dezesseis rodas menores, colocadas em torno dos referidos canhões.

Durante mais de uma hora que antecedeu o grande momento, chefes alambaques fiéis a Varuna foram se apresentando com seus mijigabaks. Era um desfile de seres estranhos, reptiloides, enormes, mal-encarados, com dentes proeminentes e roupas exóticas. Mais de cinquenta mil seres estavam olhando de forma abrutalhada a máquina que dominava o cenário. Era dia, mas a luz emitida pelo grande sistema duplo de sóis de Capela não conseguia vencer as densas trevas do astral inferior. Os espíritos evoluídos, tanto de Ahtilantê, como de Karion, estavam num outro plano astral, de tal forma que não podiam ser vistos pelos alambaques, mesmo que pudessem facilmente distinguir cada um deles. Dimensionalmente, eles ocupavam o mesmo espaço no tecido espaço-temporal, mas, espiritualmente, eles se sobrepunham e se interpenetravam. Os alambaques não os viam, mas podiam sentir que aquele lugar transmitia a paz e o prazer que lhes faltavam no âmago do ser.

Varuna e Vartraghan estavam visíveis aos olhos dos alambaques, assim como os pequeninos seres operadores de Karion. Os chefes alambaques mais velhos e que detinham maior poder dirigiram-se a Varuna, expressando-lhe saudações e sendo recebidos pelo grande espírito como fraternos irmãos. Ele fez questão de colocá-los em posição de honra, do seu lado direito e informar-lhes que estavam todos esperando a hora marcada.

No momento certo, o equipamento começou a emitir um zumbido e a grande roda, onde repousavam oito canhões apontados para o alto, começou a girar. Varuna olhou para os chefes alambaques e telepaticamente os informou do que estava para vir e que ficassem tranquilos. Eles iriam ver grandes maravilhas, mas que nada poderia atingi-los enquanto estivessem com Varuna. À medida que a grande roda girava cada vez mais depressa, as rodas menores que sustentavam os canhões começaram a girar em falso, iluminando-se e emitindo chispas de luz em todas as direções. Subitamente, um dos canhões disparou um raio para cima. O estrondo que se seguiu foi aterrador. Nada podia ser mais alto e grave do que aquilo. O raio, por sua vez, descreveu um longo arco, como se acompanhasse a curvatura do planeta e, longe dali, caiu como se fosse um meteoro luminoso sobre a superfície do astral.

O estrondo de sua queda foi sentido, e o seria mesmo que tivesse caído a mais de trezentos quilômetros do local onde estavam os alambaques, já que a potência do raio era inimaginável. O chão tremeu a ponto de os alambaques perderem o equilíbrio, e até mesmo os mais velhos dos dragões, acostumados aos piores efeitos de limpeza fluídica que era encetada vez por outra pelos administradores planetários, sentiram um imenso pavor. Os chefes que estavam perto de Varuna sentiram um terror quase incontrolável, mas quando olharam para Varuna à procura de proteção, vendo-o calmo, sentiram-se mais seguros. Menos de dez segundos depois do primeiro disparo, um segundo foi dado, com o mesmo estrondo, e, logo depois um terceiro, um quarto e assim sucessivamente. Os primeiros tiros saíam com diferenças de seis a sete segundos, mas foram se tornando cada vez mais rápidos. De repente, após uns três minutos, cada canhão dava um tiro por segundo.

O barulho era ensurdecedor, mas muito pior era onde os raios caíam. Eles desciam como gigantescas bolas de fogo vindas do céu, vermelhas, atingindo o chão negro, explodindo de forma espetacular. Cada explosão fazia tremer o chão do astral inferior como se fosse um terremoto. Os espíritos que estavam por perto ficavam apavorados. Alguns, que estavam desacordados em profundo coma espiritual, acordavam de forma súbita, ficando totalmente atordoados. Não sabiam onde estavam; sentiam fortes tremores de terra e viam raios rubros riscando o céu, alguns caindo sobre eles de forma impiedosa. Alguns foram atingidos em cheio pelos raios e sentiram uma ardência extremamente forte. Naturalmente, o espírito é imortal, portanto, não podia ser destruído, mas a sensação de dor, terror e da própria morte estampava-se vivamente nas suas mentes. Muitos achavam que iriam morrer, pois não sabiam sequer que já estavam fisicamente mortos.

Varuna orava, elevando seu pensamento para Deus, pedindo que tudo corresse bem e que nenhum de seus irmãos em sofrimento ficasse excessivamente aterrorizado, a ponto de enlouquecer. Sua prece era tão fervorosa e tão dedicada que ele começou a vibrar internamente. De seu peito, onde repousava um coração compassivo e amoroso, começou a brotar uma luz que invadiu todo o seu ser. Um facho fortíssimo de luz, vindo de cima, atravessando as trevas densas, o atingiu, iluminando-o de forma inacreditável. Esse facho de luz foi absorvido por ele, e deu a impressão aos demais de que ele aumentava de tamanho.

Realmente, os espíritos planetários estavam injetando fluidicamente em Varuna uma quantidade de energia impressionante. Ele cresceu a olhos vistos, mesmo que não se desse conta desse fato. Varuna atingiu a altura de trinta e cinco metros e os alambaques, especialmente os chefes que estavam mais perto, ficaram surpresos e admirados. Um deles levantou sua lança acima da cabeça e começou a bramir vigorosamente:

– Mykael, Mykael!

Os demais o acompanharam e, em menos de dez segundos, mais de cinquenta mil vozes alambaques gritavam:

– Mykael, Mykael!

Seus gritos eram ritmados e empolgantes. Varuna era seu deus, seu líder, seu pai. Era um ser que eles podiam compreender, em quem confiavam e os tratava como se fossem seus amigos. Era justo e severo com os renitentes, sendo compassivo e indulgente com os arrependidos.

— Mykael, Mykael!

Os canhões atiravam labaredas quase contínuas, que espalhavam fogo fluídico sobre a cabeça dos alambaques. Tornara-se tão intenso que o barulho das explosões fora substituído por um chiado inacreditavelmente alto, quase insuportável. Enquanto isso, os aterrorizados alambaques gritavam "Mykael" de forma ritmada e constante. De suas mentes, na altura de suas cabeças, começara a sair uma luz inicialmente negra, de um material viscoso, como se fosse piche. Gradualmente, à medida que os alambaques se empolgavam e gritavam o cognome de Varuna, a luz escura começou a se transformar numa luz vermelha, extremamente viva. Essa luz se dirigia para a fronte de Varuna, que a recebia e a transformava em luz branca que voltava para os alambaques, banhando-os e trazendo uma impressão de conforto e alegria aos endurecidos no mal, que retribuíam com mais emissão de luzes vermelhas vivas que pareciam pequenas línguas de fogo ou fogos fátuos a volitar por toda a parte. O local estava começando a ficar profusamente iluminado e alguns alambaques não podiam suportar tal luminosidade e cerravam os olhos.

O fogo fluídico, astral e luminoso, que saía dos canhões dos operadores de Karion, estava varrendo sistematicamente cada quadrante do planeta, tornando o astral inferior incandescente, como se sua superfície estivesse em fogo. Os espíritos, aos milhões, corriam de um lado para outro, fugindo do fogo astral, que da[va] impressão de queimar, mas que, na realidade, não os afetav[a] guns, tão abalados, tinham a nítida impressão de que sua[s] queimavam e que eram repostas imediatamente para a[]queimadas novamente. De fato, era um suplício terrível [para a]las mentes tão endurecidas no mal.

A grande maioria tinha desmaiado de medo e nã[o] nada. Outros, especialmente alguns chefes alamb[aques] res de Varuna, sentindo por ele uma natural rep[ulsa pelo] fato de ele ser mais evoluído e, por isso, um p[]

nião distorcida desses espíritos, logo que viram que aquele fogo não os podia destruir, tornaram-se mais calmos e controlados. Mas, vendo que a maioria estava alucinada, correndo de um lado para outro, com as vestes em chamas e gritando como se fossem dementes, esses chefes e seus sequazes começaram a torturar os alucinados, dando-lhes golpes de clava, agarrando as mulheres e obrigando-as a coisas inconfessáveis; os mais fortes, surrando-os impiedosamente; os fracos, sodomizando-os e torturando-os.

As cenas que se seguiram instigadas pelos chefes alambaques rebeldes foram algo de tão inimaginável que grande parte da noção de inferno transmitida aos habitantes da Terra foi gerada naqueles instantes de horror. O fogo que parecia consumir a todos, junto com os terríveis chefes e mijigabaks revoltados, torturando os infelizes, especialmente os recém-chegados, tornou-se o paradigma do inferno.

Esta mesma operação teve que ser repetida inúmeras vezes. Varuna dividira Ahtilantê em quadrantes e, sistematicamente, atacava com suas forças cada um deles. Inicialmente, eles avisavam os alambaques da região a ser depurada, e muitos modificavam suas atitudes quando viam as fitas de vídeo da destruição em outros ‛gares. Outros, mais embrutecidos, achavam que era uma truca- — um engodo – e não quiseram abandonar suas cidadelas. A ‛o era, então, levada a cabo, com a destruição das paragens. ‛mpa soava alto e distante, durante longos e lúgubres ‛ sinal de que a área iria sofrer a limpeza. Após isso, ‛lcral se fazia. Aos poucos, vindo de longe, um ‛ explosões e luzes cortava os céus enegrecidos ‛ólicas. À medida que a tempestade se apro- ‛ondos estrepitosos se faziam ver e ouvir. ‛ de deformados tomavam-se de terror. ‛, encetadas de tempos em tempos ‛ios, que eram muito parecidas ‛ diferente. O barulho era en- ‛a mil vezes mais poderosa.

Os raios começavam a cair dentro das cidades astrais e, como se fosse uma bomba atômica, esfacelavam toda a área. As casas, os palácios soturnos, as ruas e praças sórdidas volatilizavam-se como manteiga no fogo, com fragor aterrorizante. Os raios atravessavam os corpos astrais dos alambaques e de seus amigos degenerados, dando a sensação de intensa dor, e muitos ainda presos às sensações físicas acreditavam ter sido mortalmente atingidos, caindo no chão, estrebuchando como se estivessem efetivamente morrendo. Muitos desmaiavam. À medida que o local se volatilizava, a luz solar penetrava com intensidade, criando forte fotofobia em alguns alambaques. Outros lugares, situados abaixo da crosta, pulverizavam-se, mostrando a crueza das rochas e das cavernas. Os obreiros entravam em ação logo depois que os raios e as explosões haviam dissolvido os locais, recolhendo os espíritos dementados, assim como aprisionando os alambaques. Era uma operação complexa que envolvia inúmeras áreas e faixas vibratórias do mundo espiritual.

...

A oportunidade de começar a civilização na Suméria não tardaria a surgir. O canal que os homens de Shurupak começaram a construir logo foi interrompido pelos habitantes de Kulbab. Com isto, os anciãos de Shurupak enviaram seus dignitários e, como não conseguiram reaver suas ferramentas, uniram-se para ir até a aldeia adversária.

Oanes soube do ocorrido e questionou seus pares.

– Que confusão é esta que esses beócios estão armando?

Tajupartak, um dos alambaques de maior projeção do grupo de Drak-Zuen, respondeu, com enfado.

– Tudo isto é por causa de um canal que os aldeões estavam abrindo e os idiotas de Kulbab não deixaram abrir.

– Mas o canal também não ia atender aos habitantes de Kulbab?

– Esses homens são uns parvos.

— São mesmo.

Os alambaques acompanharam o grupo de Shurupak, especialmente porque os seus mijigabaks renascidos iam juntos. Chegaram na aldeia de Kulbab e viram as primeiras gritarias. Oanes, acostumado à violência dos civilizados de Ahtilantê, achou aquela pantomima toda muito fastidiosa.

— Onde eles querem chegar com essa gritaria toda?

Um dos alambaques, já sentindo o cheiro de sangue, fervilhando de emoção, respondeu, com a voz embargada de ódio contido.

— Vamos acabar logo com esta m...!

Não foi preciso muito para que os demais alambaques, tomados do mesmo ódio, atuassem diretamente sobre Nimrud e sua turma. Oanes transmitiu sua raiva sobre Nimrud, que, assimilando aquela vibração densa, passou a ter o mesmo diapasão, partindo para o ataque.

O que se seguiu foi a carnificina que deu origem ao conhecido massacre de Kulbab. A circunstância havia sido propiciada pela ignomínia dos alambaques, com a ajuda dos capelinos renascidos.

Alguns dias depois, quando a aldeia de Shurupak estava ainda em polvorosa com os trágicos acontecimentos, Oanes teve uma ideia que daria a verdadeira dimensão ao episódio.

— Estes meninos são fantásticos. O que eles fizeram em Kulbab foi notável. Se nós tivéssemos um grupo maior poderíamos dominar este lugar.

Um dos alambaques, o mais sanguinário deles, lembrou-se de que havia outros capelinos em outras aldeias, nas redondezas. Oanes concordou:

— Vamos trazê-los. Atuem sobre eles e vamos uni-los sob o comando de Nimrud e Urgar.

Tajupartak lembrou-se de ter visto um grupo de capelinos em Erech, quando Nimrud havia ido, recentemente, ao mercado negociar a safra de seu pai. Oanes exultou:

— Vamos até Adab. Vamos trazê-los para Shurupak.

Em alguns dias, Mesanipada e seu grupo de capelinos da aldeia de Adab adentrava Shurupak, dando início ao processo de recrutamento do exército de Nimrud.

...

Durante vários anos, a limpeza foi sendo efetuada em todos os locais estabelecidos. Muitos alambaques corriam para a crosta para se livrar dos raios desintegradores. Na superfície, eram facilmente dominados pelos guardiões que aplicavam carapaças vibracionais em torno deles.

Estando ainda em outra vibração, os guardiões aproximavam-se do alambaque a ser capturado, cercavam-no e aplicavam uma espécie de gaiola vibracional que o envolvia. Mudavam a vibração da clausura e de si próprios e, com isso, aprisionavam o alambaque. O choque elétrico o atordoava, e muitos desmaiavam. O efeito psíquico sobre os demais era aterrador. Subitamente, saída não se sabe de onde, uma luz envolvia o demônio numa espécie de redemoinho, e dois ou três guardiões fortemente armados apareciam no meio da luminosidade, derrubando o capturado que desfalecia incontinenti. Para um espectador desavisado, o susto era grande e tirava qualquer vontade de lutar. Muitos dos acompanhantes do alambaque aprisionado se entregavam em meio a crises de choro convulso. Outros fugiam espavoridos apenas para ser capturados mais adiante por alambaques sob a tutela das forças de Vartraghan.

Com as limpezas fluídicas periódicas proporcionadas pelos espíritos, Ahtilantê apresentou algumas melhoras psíquicas e culturais. A principal atividade a que os ahtilantes começaram a se dedicar com maior ênfase foi uma sistemática luta contra a miséria e as desigualdades sociais. Além disso, um combate contra o crime, a corrupção e as vilanias foi implementado por todos os governos. Aos poucos, no decorrer dos séculos, após terminado o expurgo, os países de Ahtilantê foram se aprimorando de forma gradual, alcançando notáveis níveis de desenvolvimento econômico-social e político.

Na fase final, nos últimos dois anos, os espíritos ahtilantes e os amigos de Karion usaram a lua negra para volatilizar os grandes abismos e as profundas cavernas subterrâneas, para onde haviam fugido alguns alambaques renitentes. Havia a bordo dessa nave negra, raios-tratores que atraíam magneticamente os espíritos adormecidos, os dementados que ainda estavam nas trevas e nos abismos.

Os pestilentos dejetos mentais que formavam o astral inferior, em contato com as luminosidades emitidas, pulverizavam-se como a água em contato com o fogo. A grande nave sobrevoava à distância as trevas e os grandes abismos, agora vazios de seres, e sua luz branco-azulada dissolvia os últimos resquícios de insanidade que, um dia, houvera por mal instaurar-se nos filhos do Altíssimo que teimavam em negar a sua divina procedência.

Após este período, Ahtilantê tornou-se apta a ingressar nos mundos de evolução superior com uma humanidade mais fraterna. Não que não houvesse mais problemas a serem solucionados, mas que seriam resolvidos com uma atitude mais racional e um sentimento mais purificado. Ahtilantê estava no limiar do seu ingresso no concerto dos planetas elevados e, desta forma, iniciando um intercâmbio absolutamente fantástico com outras humanidades de igual quilate espalhadas pelo universo.

Cinquenta anos antes de terminar a extensa purificação de Ahtilantê, quase que totalmente desconhecida dos renascidos, Varuna ia e vinha inúmeras vezes entre os dois planetas. No planeta Azul, Lachmey comandava os capelinos, trabalhando em estreita cooperação com Mitraton. Em Ahtilantê, Uriel coordenava o processo junto com os irmãos Nasétias, dois espíritos de Karion que pareciam gêmeos de tão parecidos que eram. Gerbrandom ficava mais na Terra do que em Ahtilantê, mas andava sempre muito próximo de Varuna que escutava os seus excelentes conselhos.

• • •

Tinham-se passado vinte e três anos desde que o expurgo começara, e Varuna, numa de suas muitas viagens entre Ahtilantê e a Terra, fora visitar, com Lachmey, alguns lugares onde os capelinos haviam renascido. Os primeiros exilados já tinham renascido, há cerca de vinte anos, na Suméria. Lachmey, que coordenava o grupo de capelinos mais evoluído da Suméria, convidou-o para ver o que estava acontecendo, pois os guardiões de Vayu tinham-na avisado de que movimentos revolucionários estavam ocorrendo perto de uma cidade minúscula chamada Erech. Muitos chefes alambaques estavam concentrados nas vizinhanças da aldeia e a excitação era muito grande.

Varuna dirigiu-se para a Suméria acompanhado de Vartraghan, Lachmey e Gerbrandom. Volitaram rapidamente até a aldeia de Erech, baixando o padrão vibratório para que pudessem ser percebidos. Na entrada da aldeia, encontraram uma dúzia de guardiões observando uma longa coluna de homens que se aproximavam. Devia ser por volta de cinco horas da tarde, com o sol começando a declinar no horizonte. A canícula era menos intensa e podia-se observar que a coluna se arrastava lentamente, suada e cansada, pela estrada de terra batida.

Varuna dirigiu-se a Vayu, chefe dos guardiões, que logo o reconheceu, saudando-o como se deve a um grande espírito. Varuna cumprimentou-o e pediu explicações sobre aquela coluna. O guardião-mor logo contou detalhadamente o motivo daquele aglomerado de homens que dentro de minutos alcançaria a aldeia de Erech.

— Houve uma batalha entre os homens de Erech e uma turba grande, bem treinada e armada que se instalou em Shurupak. Os homens de Erech foram derrotados, sendo que, na maioria, foram mortos durante os violentos combates.

Varuna perguntou a Lachmey se aquela turba era de capelinos ou terrestres. Lachmey lhe respondeu:

— Os chefes são capelinos. Mais de dois terços da tropa também o são. O restante é terrestre. Estão vindo de vinte e poucas aldeias sob o comando de um capelino cujo nome atual é Nimrud.

Varuna olhou para a coluna, vendo que estava acompanhada de vários alambaques. Cerca de oito grandes vultos negros, com roupagens tipicamente de capelinos púrpuras, estavam volitando pesadamente em torno da coluna. Varuna perguntou a Vayu:

— Você observou aqueles alambaques?

— Sim, mestre Varuna. Temos monitorado a atividade desses alambaques junto aos terrestres. Eles têm influenciado grandemente quase todas as atividades do grupo. Usam muito dois deles de nomes Antasurra e Akurgal, com os quais conseguem se comunicar por meio da intuição, e o tal de Nimrud, que são guiados com relativa facilidade. Um dos renascidos é um perigoso psicopata, um assassino de Ahtilantê, que os alambaques dominam completamente, denominado Urgar.

O guardião olhou Varuna com forte interesse e complementou:

— Eles têm acompanhado esses rapazes há pouco mais de seis meses, quando começaram a acontecer vários tipos de problemas e situações inéditas aqui em Sumer.

Varuna perguntou a Lachmey se os alambaques estavam sob suas ordens e ela assentiu. Sim, os alambaques tinham sido liberados para atuar sobre os jovens.

— Sim, de fato. Estão indiretamente sob minhas ordens. Eles têm, no entanto, demonstrado forte aptidão para a violência. Devemos vigiá-los para coibir os abusos que possam porventura praticar. Os guardiões estão em vigília permanente.

— Sim, mestre Varuna. Nós temos nos revezado constantemente, para não deixá-los muito soltos. Estamos muito atentos a todos seus movimentos.

— Traga-me os alambaques para que possamos conversar com eles. Convide-os para parlamentar comigo – ordenou gentilmente Varuna a Vayu.

Imediatamente, ele deu ordem e todos os guardiões volitaram para perto dos alambaques. Venceram os dois mil metros que os separavam em menos de um segundo. Os alambaques estacaram, ouviram o convite, menearam a cabeça em sinal de assentimento e seguiram os guardiões. Volitaram vagarosamente de volta para onde estava Varuna, sendo seguidos pelos alambaques. Em dois minutos, o grupo chegou e os espíritos magníficos baixaram o padrão vibratório ainda mais para poderem ser vistos pelos 'dragões'.

O mais velho dos alambaques, Oanes, já conhecido de Varuna, cumprimentou-o em grande estilo, reverenciando-o com pompa, imitado pelos demais. Varuna não ficou atrás e também cumprimentou os alambaques como se fosse um grande imperador saudando súditos importantes. Os alambaques ficaram satisfeitos com o ritual; isso fazia parte da cultura capelina, tão cheia de mesuras e pompas. Varuna pediu que todos se acomodassem embaixo de uma pequena palmeira e perguntou ao alambaque-mor.

– Juiz Oanes, explique-me o motivo daquela coluna de homens.

Ele respondeu, sem pestanejar:

– Estamos seguindo as ordens dos Maiores, sendo os artífices da evolução humana. Lideramos esses homens para a implantação de uma civilização.

Varuna leu os pensamentos dos alambaques e viu o que tinham feito. Observou como estimularam o ódio e a raiva desenfreada de Nimrud e o ataque dele à pequena aldeia de Kulbab, matando homens e mulheres, que teria como consequência o início de uma cruzada de recrutamento de soldados, treinamento e mortes. Varuna olhou preocupado para Lachmey que lhe respondeu mentalmente:

– A ordem que dei foi a de que ativassem as mentes dos capelinos para que começassem a desenvolver a civilização. Era de se esperar que criminosos comandando bandidos gerassem violência e terror.

Varuna concordou. Realmente, essa era a função dos alambaques junto aos capelinos. Varuna olhou sério para o velho demônio Oanes, dizendo-lhe, com uma voz grave, num tom solene:

– A ordem foi a de ativar o desenvolvimento da civilização e não de chacinar os terrestres.

O alambaque dobrou a cerviz em sinal de humildade e assentimento.

– Grande Mykael, entenda a nossa dificuldade. Só podemos induzir para que os homens realizem o que sabem fazer. Não somos instrutores, nem sábios. Não podemos transformar lobos em cordeiros, assim como não podemos ajudar os ahtilantes a se tornarem evoluídos da noite para o dia. Dessa forma, ativamos as bases de qualquer sociedade humana, ou seja, a ganância, o egoísmo, o desejo de ter poder, de dominação e, principalmente, de reconhecimento, de fama e notoriedade. Além disso, a violência é inerente a este tipo de sociedade. O senhor sabe das imensas dificuldades em modificar a atitude das pessoas simples e ignorantes, como são os terrestres. Eles só se alteram mediante o uso da força e do medo. Peço-lhe perdão se abusamos do nosso poder, mas a intenção foi a de estabelecer uma sociedade menos primitiva.

Varuna olhou bem para o seu interlocutor, vendo que estava sendo sincero. O pior daquelas palavras era que aquele ser ignóbil tinha toda razão. Nenhuma grande sociedade saiu do primitivismo para a civilização urbana sem violência e sofrimentos.

– Entendo que estão tentando fazer o que está dentro de suas limitações. Eu sugiro que procurem estabelecer-se em Erech sem violências. Reúna os comandantes esta noite e procurem intuir na mente dos líderes que a civilização inicia-se em grandes cidades, com novos artefatos, novas profissões e divisão do trabalho. Incentivem as invenções como a roda, os transportes, a necessidade de terem excedentes das plantações e da criação do gado. Estabeleçam o comércio com outros lugares. Façam com que, após dominarem Erech pela nova cultura, as novas ideias sejam espalhadas por toda a região.

Os alambaques escutavam atentamente, assim como os guardiões. Varuna prosseguiu:

– Observem que Sumer é pobre de tudo, a não ser de uma terra rica. Terão que ir buscar tudo de que precisam em outros lugares. Usem o comércio e a troca. No entanto, é possível que tenham que usar a guerra em certos casos, mas não abusem desse artifício; é uma estrada de duas mãos. O sofrimento que impingirem lhes será imposto de volta com igual ou maior intensidade. Saibam que a civilização é processo que exige muito mais energia para se manter do que para se implantar. O que solidifica uma cultura são suas leis e a correta aplicação da justiça. Portanto, estabeleçam decretos justos e equânimes, sem o que não haverá base para uma cultura próspera.

Os alambaques o olhavam, absortos por suas palavras.

– Em resumo, usem Erech como base. Façam-nos crescer em torno desta cidade. Unam as várias cidades e aldeias da região numa confederação, onde cada local poderá decidir seu próprio destino, mas sob a tutela de um poder central que os impeça de lutar entre si. Essa união poderá fazê-los crescer e a sinergia entre as várias localidades trará progresso. Procurem melhorar a agricultura. É através dela que vocês implantarão a riqueza. Essa permitirá que os homens se ocupem também de outros afazeres. Façam com que todos os artistas e inventores sejam incentivados. Mandem trazer todas as invenções que aparecerem, escolhendo as que realmente são importantes.

Varuna, endurecendo seu semblante, alertou-os:

– Não se esqueçam, no entanto, de que, se desviarem estes povos das sendas do bem, sentirão o peso destes crimes quando, fatalmente, renascerem entre eles e tiverem que suportar as consequências de seus próprios atos. Todo alambaque renascerá entre os terrestres, seja como rei, líder, profeta, simples vassalo ou escravo. Tudo o que plantarem será colhido da mesma forma.

Oanes repudiou esta ideia imediatamente, mas houve alguns chefes alambaques que sentiram que a palavra de Varuna era verdadeira. Eles teriam que renascer, mais cedo ou tarde; esta era a Lei.

Varuna e os alambaques ainda falaram por alguns minutos, mas o tempo estava contra eles, já que a coluna ia entrar na aldeia. Os alambaques precisavam controlar os capelinos renascidos para que não usassem de força excessiva contra a população local. Despediram-se, cheio de mesuras e rapapés, e os alambaques volitaram para perto da coluna de homens.

Varuna retornou ao seu nível, enquanto Lachmey lhe dava algumas importantes informações a respeito dos chefes capelinos da coluna que estava prestes a entrar em Erech.

Nimrud fora um hurukyan, líder de gangues de rua, traficante e tenebroso assassino. Notabilizara-se entre as várias gangues pela audácia, forte liderança e completo destemor. Mandara eliminar seus desafetos sem o menor remorso, matando-os com requintes de crueldade. Urgar, que agora o acompanhava como chefe de armas, fizera parte de seu grupo, como principal homicida, tendo sido, em existência anterior, um famoso militar, responsável por extensos morticínios. Conseguiram enriquecer de forma ilícita com o comércio de drogas, assaltos à mão armada e prostituição.

Os dois facínoras morreram violentamente há mais de cem anos, tendo sido feitos prisioneiros pelos alambaques, logo após suas mortes. Com o decorrer das décadas, Nimrud tornara-se lugar-tenente de Oanes, que o guiava. Urgar era o seu grande amigo e irmão de infortúnio, assim como Mesanipada fora seu aliado e comparsa de crimes em Tchepuat.

Varuna escutou como Lachmey e sua equipe organizaram os renascimentos dos futuros líderes, aqueles que tinham potencial para o comando de homens. Foram espalhados assim como quem semeia, não se colocando todas as sementes na mesma cova. Em pouco tempo, iriam aparecer vários outros, como Shagengur e Urbawa, que ainda não haviam desabrochado.

Oanes, devidamente alertado por Varuna, liderou a reunião dos conquistadores de Shurupak daquela noite. O grupo se perdia em discussões estéreis até que o velho alambaque começou a nortear a mente dos renascidos.

Seguindo as orientações do coordenador do exílio, ele sugeriu que eles se fixassem em Erech e que construíssem a muralha. Ele usava a mente de Antasurra, pois ela se apresentava mais flexível; de vez em quando, a mente de Nimrud tinha seus próprios pensamentos, sendo difícil demovê-lo de algo em que se obstinava. Já Antasurra era mais elástico, sujeitando-se às intuições dada por Oanes com maior facilidade.

Quando os renascidos se perderam na forma de como motivar os sumérios a construir o que eles queriam, Oanes tentou dominar Antasurra, mas ele estava entusiasmado e sua concentração tornara-se dispersiva. Oanes, então, procurou entre os presentes quem pudesse receber suas ordens. Em segundos, ele observou o adamado Akurgal e viu que ele era ainda mais fácil de ser influenciado. Deste modo, ele se apossou da mente de Akurgal e falou com voz tonitruante:

– Usem o terror sem usar a força. O grande deus Anu, senhor dos céus, que nos protege, deve ser glorificado. Levantem para ele um grande templo. Não há quem não queira trabalhar na sua construção, pois isso irá trazer boa sorte a todos. Para proteger o templo, será necessário fazer-se uma muralha, que envolverá não só a casa do grande deus, como também toda a cidade. Deste modo, usando o medo do deus Anu, vocês conseguirão o que desejarem do povo.

Esta seria a tônica daquele momento em diante: usar o terror dos deuses, estabelecendo uma religião em que se pudesse obrigar o povo a fazer o que a elite desejasse. Naquele instante, quase mágico, Oanes conseguiu controlar seu grupo e também obter o que ele e os alambaques mais desejavam: sacrifícios de sangue, animais ou humanos, que lhes propiciassem fluidos vitais que os entorpecia, dando-lhes a nítida sensação de estarem num corpo físico, sentindo todas as sensações físicas como as libações ventripotentes e viripotentes.

∙ ∙ ∙

Quando o processo do exílio estava chegando ao final, Varuna, que mantinha contato permanente com Terapitis, foi ao seu encontro. Ele havia recebido notícias de que ela estava para renascer, e queria vê-la antes que isto acontecesse.

O encontro se deu no plano médio, pois Terapitis estava vivendo com o seu pai, Bahcor, que havia se recuperado quase completamente. Por outro lado, Bradonin, o irmão parricida, havia sido internado numa instituição socorrista no astral médio. Ele havia sido calcinado na grande explosão nuclear de Tchepuat, quando estava cumprindo a sua sentença de prisão perpétua pelo assassinato de seu pai. Os seus mentores, no entanto, aproveitaram as últimas oportunidades que estavam sendo dadas a todos os alambaques, mijigabaks e criminosos comuns que queriam se regenerar e, com isto, evitarem de ser expurgados, desde que se reabilitassem a tempo.

Haviam instituído um plano de renascimento muito interessante. Bradonin iria renascer numa família de classe média, bastante religiosa, rígida, que lhe daria uma excelente criação, com uma sólida base moral, calcada no ação humanitária e fraternal. Ele iria se casar com Terapitis, que também renasceria, só que na mesma família que ela ajudara a criar com Varuna. Ela voltaria como parente dela mesmo. No momento azado, desposaria Bradonin renascido, e teria vários filhos, entre eles o próprio pai Bahcor. Deste modo, Bradonin renascido poderia devolver a vida que ele ceifara de seu pai, que passaria, nesta existência, a ser seu filho.

Bradonin já havia renascido, tendo cinco anos de idade, e Terapitis estava sendo preparada para a imersão na carne, em breves meses. Bahcor, totalmente recuperado da loucura que se havia apossado dele após a sua terrível morte, trabalhava com afinco e estudava as justíssimas leis divinas com um encantamento crescente.

Varuna encontrou os dois, num momento de grande ternura e encantamento. Ele abraçou tanto Bahcor, seu antigo sogro e benfeitor, e num rasgo de gratidão e respeito, beijou-lhe as mãos, carinhosamente. O velho debulhou-se em lágrimas e o abraçou com força.

Passaram algumas horas trocando impressões e, no final do emocionante encontro, Varuna se despediu com os olhos úmidos, reafirmando que, apesar da enorme distância, manteria contato com os mentores deles para saber como estavam se desenvolvendo, rezando ao Pai Altíssimo para que a nova oportunidade redentora e evolutiva pudesse ser coroada de êxito. No outro dia, partiria para mais uma viagem à Terra, uma das mais memoráveis, que marcaria sua personalidade para sempre.

...

Nesta ida à Terra, Varuna encontrou-se com Lachmey num belíssimo platô, de onde se descortinava uma vista radiante, de tirar o fôlego. Ao longe, o sol amarelo começava a se esconder atrás da curvatura do planeta, alaranjando o céu com seus raios; do outro lado, a lua prateada despontava, e a quase mil quilômetros abaixo, a Terra azulada rolava no espaço negro. Os dois vinham de reuniões diferentes e se encontraram para trocar impressões. Varuna estava preocupado com alguns aspectos de somenos importância e externou-os à amiga:

— Sabe, minha querida Lachmey, quando nós nos mudamos, devemos fazê-lo de forma integral. Temos que nos mudar não só de corpo, mas principalmente de alma.

— Concordo com você, mas o que o aborrece?

— Muitos dos nossos amigos colaboradores, especialmente dos planos médios, estão apresentando dificuldades de adaptação. Suspiram por uma Ahtilantê que já não existe mais, mas que em suas mentes ainda permanece bela e viçosa como antes da guerra.

— Realmente, isso acontece com muitos. Aceitam mudar de lugar, mas ainda vivem presos mentalmente aos locais anteriores, comparando o que têm e o que deixaram de possuir. Serão sempre infelizes, pois nunca se adaptarão a nenhum lugar.

— Sim, é verdade. Creio que a melhor forma de se viver num determinado lugar é esquecer o anterior e cortar todas as lembranças, substituindo-as por novas. É fundamental que se possam ver as belas coisas do novo lugar e esquecer o que se tinha antes.

Varuna olhou para Lachmey e disse-lhe suavemente:

— Nós temos que dar o exemplo. Não posso continuar com esse aspecto totalmente diferente dos terrestres. Eu ainda mantenho o aspecto gigantesco em comparação aos espíritos coordenadores terrestres. Por outro lado, você é muito pequena em relação a eles, seus olhos são diferentes e não tem cabelos. Gostaria de convidá-la a se alterar para ficarmos o mais parecidos com eles e sermos um exemplo para nossos povos. É preciso esquecer Ahtilantê; aqueles que forem ficar na Terra, sejam ahtilantes, sejam de Karion, deverão se adaptar às novas condições. O que você acha?

— Amado Varuna, você está completamente certo. Não vamos obrigar ninguém a se modificar, mas vamos alertá-los amorosamente para que sigam nossos exemplos.

Dito isso, foram juntos procurar Mitraton e lhe comunicaram a decisão. Ele confirmou que a modificação seria facílima, bastando que se concentrassem mentalmente e a mudança ocorreria espontaneamente. O corpo astral é moldado por ideoplastia e era necessário apenas concentrarem-se para que seus moldes mentais se alterassem e, consequentemente, o resto seguiria a nova modelagem mental. Mitraton propôs induzi-los a uma forma de hipnose autossugestiva que os ajudaria muitíssimo. Sem a hipnose, haveria maior dispêndio de material mental e o resultado seria mais demorado; os bloqueios naturais do inconsciente não permitiriam mudanças bruscas.

Dirigiram-se ao Templo da Divina Consagração, nas bordas do plano mental com o plano astral superior, e lá encontraram muitos espíritos trabalhadores oferecendo suas preces vespertinas. Mitraton procurou o hierofante cujo templo lhe era afeto e conversou com o mesmo durante alguns instantes na presença de Varuna e Lachmey.

O hierofante era um figura impressionante. Ele era muito alto, medindo perto de dois metros, sua pele era negra, tinha longas barbas e cabelos lisos cor de azeviche a lhe cair nos ombros másculos e portentosos. Magver era proveniente de outro sistema solar e alcançara o plano mental num planeta tão avançado como Karion. Seu imenso e alvo sorriso logo demonstrou sua vontade em ser útil. Segurou Varuna pelo braço como se fosse um velho amigo e ajoelhou-se perante a pequenina Lachmey e, pegando na sua mão minúscula, falou com eles:

— Este é um momento de grande relevância. Irão renascer espiritualmente, morrendo para o passado. Abandonem seus nomes antigos, abracem novos nomes e façam disso um motivo para um renascimento interior. Começa agora a verdadeira saga do seu povo, que, junto com o nosso, tornar-se-á uno na presença do Altíssimo. Não haverá mais duas estirpes e, sim, uma única. Você, Varuna, grande chefe dos ahtilantes escolherá um novo nome; e o mesmo se dará com você, bela Lachmey.

Magver disse mais, tomado da mais viva e impressionante empolgação, como se milhares de espíritos lhe insuflassem suas palavras:

— Um feito notável como esse deve ser motivo de júbilo público. Chamem seus amigos, seus colaboradores. Encham este átrio. Lotem o templo; é chegada a hora de rebatizá-los.

Assim dizendo, levantou as mãos para os céus, numa voz grave e bela, convocou todos os amigos e colaboradores de Varuna e Lachmey para que estivessem presentes ao extraordinário feito, exortando em tom alto e cristalino que ecoou nos mais distantes lugares, como se fosse um potente alto-falante, convocando todos para a solenidade:

— Espíritos amigos da Terra, de Karion e de Ahtilantê, venham ao Templo da Divina Consagração e louvem ao Senhor Altíssimo.

A voz do poderoso hierofante foi ouvida a milhares de quilômetros e, em breves minutos, compareceram centena de milhares de espíritos do alto astral. Para os presentes, o santuário parecia cobrir todos, e suas colunas pareciam ser transparentes. O templo subitamente tornou-se enorme e abrigava milhares de espíritos evoluídos dos três planetas.

Magver olhou para todos e lhes disse:

– Espíritos imortais, filhos do Altíssimo, obedientes servidores dos Maiores em sua cocriação divina, ouçam as minhas palavras e que possam calar fundo em seus corações amorosos e compassivos, ansiosos por ainda mais luzes, como o esfaimado anseia por alimento. Perante mim, humilde e insignificante hierofante deste venerável Templo, estão Varuna Mandrekhan e Lachmey, espíritos que amam a Deus como a si próprios. Cientes de que sua missão está acima das formas das convenções humanas, acharam por bem abandonar suas antigas roupagens por novas, para melhor servirem ao Altíssimo. Assim como eles, meditem na necessidade de libertarem-se dos antigos hábitos, pois nada representam aos olhos do Senhor. Não é a vestimenta, nem a forma, nem a cor, nem o sexo, nem todos os paramentos externos que louvam a Deus e, sim, o coração puro, imaculado e ardente de amor fraternal, e também uma mente racional, lógica e temperada que trabalha para o aprimoramento pessoal e coletivo.

Dirigiu-se primeiro para Lachmey e lhe disse em tom grave e sereno:

– Você, Lachmey, grande espírito, não tem por que estar aqui. Se assim preferiu, foi por amor aos seus semelhantes. Nada a impedia de ascender às alturas de novos reinos maravilhosos e gozar legitimamente sua excepcional condição de espírito liberto dos liames da matéria. Se prefere unir-se aos degredados de Ahtilantê é porque seu coração transborda de dedicação pelos infelizes da Terra.

Lachmey fechara seus grandes olhos pretos e orava para que o Senhor lhe desse sempre força para superar o egoísmo e o culto à personalidade. Mais importante do que qualquer ser, era Deus;

todos somos suas humildes criaturas. Magver olhou para o alto, de onde surgiam flocos de luzes cristalinas que caíam sobre Lachmey e lhe disse em tom forte e amoroso:

— Querida filha de Karion, você aumentará seu aspecto externo para acompanhar o que já é enorme no seu interior. Exteriorize no seu novo semblante a sua missão, a de ser a mãe espiritual desta nova raça.

Fachos de luz incidiam sobre Lachmey a ponto de ofuscar todos os presentes. No final de um curto tempo, Lachmey despontou de dentro da luz. Tinha-se transformado. Apresentava-se agora com um metro e setenta, cabelos negros longos que alcançavam sua cintura. Seu rosto tornara-se terrestremente humano, com um nariz pequeno, lábios e faces levemente rosadas. Seus olhos, amendoados, negros, com longos cílios escuros que lhe davam um olhar extremamente doce, transmitiam uma energia poderosa. Vestia uma túnica prateada, com um cinto azul-claro, que lhe marcava a cintura delgada, acentuando ainda mais seu colo bem proporcionado. Seu rosto era belo como uma aurora e havia um sorriso meigo que lhe coroava a beleza interior. Varuna ficou espantado com a transformação, assim como todos os presentes. Magver exultou com a bela aparição e lhe disse, pleno de alegria, totalmente dominado pela energia dos espíritos superiores, que acompanhavam a sessão, em outra dimensão:

— Em nome dos Maiores, eu a rebatizo de Grande Mãe. Você será conhecida doravante como Phannuil — a face de Deus.

Os presentes estavam maravilhados com sua esplendorosa beleza, embora não importe o aspecto exterior, pois um grande espírito, por mais que se apresente como um humilde servo, demonstrará sempre uma beleza interior insuperável.

Magver voltou-se para Varuna, olhando-o fixamente. Ele se ajoelhara e curvara sua fronte em total submissão aos desígnios do Senhor. O poderoso e glorificado hierofante disse:

– Você, Varuna Mandrekhan, recebeu dos Maiores a espinhosa missão de trazer para este orbe os irmãos ensandecidos e tresloucados na matéria. Aqui neste mundo primário, irão evoluir e fazer os nossos irmãos primitivos se desenvolverem. Trarão novas técnicas que impulsionarão o progresso material, que é fundamental para a evolução do espírito. Ensinarão artes e ciências, mas também aprenderão através de terríveis confrontos a se municiarem de novas armas. Aprenderão, pelo caminho da dor, do sofrimento, dos renascimentos continuados e do sacrifício, aquilo que poderiam ter apreendido em seu planeta sem passar por tais provações. Deus é compassivo e bom. Deus não é um ser discricionário como muitos pensam. Muito pelo contrário, Ele asperge suas benesses sobre todos indistintamente e, por isso, terão sempre novas oportunidades.

Olhando para cima, totalmente tomado por luzes que desciam sobre sua fronte, Magver, o hierofante, parecia crescer e falava não mais para Varuna, mas para todos:

– Este belo ser será o exemplo do ser angélico. O anjo é aquele que consegue se equilibrar entre duas asas, sendo uma da razão plena; e a outra, do sentimento puro. A combinação e o amálgama dos dois transformam o homem num ser divinizado.

Olhando-o nos olhos, Magver lhe disse em voz alta:

– Olhe para dentro de si e redesenhe seu exterior. Para conviver aqui, no seu plano de existência, diminua seu tamanho exterior e aumente sua luz interior.

Varuna começou a se metamorfosear lentamente. Magver continuou sua prece, agora totalmente possuído de milhares de mentes poderosas que o ajudavam na metamorfose.

– Seu esplendoroso tamanho deverá diminuir para que, ao se humilhar, seja exaltado.

Varuna começou a diminuir até alcançar a altura de um metro e noventa. Tornara-se humano de forma bela e proporcionada. Sua pele azulada tornou-se branca e alva, seus olhos azuis escuros tornaram-se mais claros e sua grande testa calva e pronunciada encheu-se de cabelos castanho-dourados, caindo até seus ombros.

Magver continuou sua exortação:

– Varuna Mandrekhan, qual será o seu novo nome?

Varuna não havia pensado nisso e não lhe ocorria nenhum nome. Lachmey, então, que estava próxima dele, observando, maravilhada, a sua transformação, sussurrou para o hierofante:

– Mykael.

Magver escutou e mentalmente entendeu que esse era o nome de Varuna Mandrekhan junto aos alambaques. Era o grande mago. O poderoso comandante. O arcanjo de espada flamejante. O arcanjo da justiça, aquele que pesa as almas dos banidos e as lança no fogo da redenção interior. Sim, nada mais justo. Mykael seria o novo nome de Varuna.

– Pois que assim seja. Eu, pelos poderes a mim conferidos pelos Logos Planetários, o rebatizo como Mykael. Você será conhecido pelos homens como o Arcanjo do Senhor, aquele que conduz a humanidade para o caminho do Altíssimo, aquele que traz as grandes mudanças. Você que foi o messias de Ahtilantê, o eleito dos Maiores, também será conhecido como o chefe dos arcanjos e o dominador dos dragões. Mykael será o protetor da Terra e o condutor das nações.

Sobre o novo Mykael, choveram milhares de flocos de luzes de variadas cores e todos os presentes estavam tomados da mais viva emoção. Varuna Mandrekhan cessara de existir. Agora, Mykael tomara seu lugar para os próximos milhares de anos, para ajudar aos povos de Ahtilantê e da Terra a encontrarem os verdadeiros caminhos do Senhor, Pai de infinita bondade, Doador da vida, riquíssimo em oportunidades para seus pequenos filhos ainda incapazes de grandes voos da alma.

Após esses exemplos de humildade e de aceitação da nova missão, milhares de espíritos alteraram seus aspectos exteriores para que pudessem se adaptar melhor às novas condições. Começaram pelos espíritos dos planos mais evoluídos e, depois, desceram aos espíritos dos planos astrais médios.

Gerbrandom modificou-se, ansioso que estava para assumir nova personalidade, sendo ele também rebatizado, ganhando o novo nome de Raphael e assim passou a ser conhecido.

O enorme Vartraghan alterou-se também para que sua missão de vigiar os temíveis alambaques se tornasse mais adequada ao seu novo formato terrestre. Tomou o nome de Kabryel. Aliás, ele tinha, em contato com o amor de Sarasvati, amenizado suas feições. Ao invés de seu aspecto brutal, ele apresentava, agora, uma face mais humana. Ele era extremamente parecido com Sarasvati, sendo a sua contraparte masculina. Na realidade, o amor transforma seres tão díspares em pessoas que se complementam, tornando-as quase similares. Com o decorrer dos tempos, tornam-se almas gêmeas, mesmo mantendo suas características pessoais.

Vayu, braço direito de Vartraghan, passou a se denominar Samael. Muitos o iriam confundir com Lúcifer, o Portador do archote ou da luz, Príncipe decaído das lendas, figura mítica dos próprios capelinos. Tudo isso por ser o executor seveííssimo das ordens de Mykael. No entanto, ele tornar-se-ia de suma importância para os arianos, sendo conhecido como um poderoso deus, e para os semitas, seria o acusador de Israel.

A cerimônia tornou-se completa quando, subitamente, o céu pareceu rasgar-se de alto a baixo, e uma luz dourada banhou profusamente o recinto. Do meio da luz, apareceu a mais bela forma feminina jamais sonhada e a maviosa voz de Himalda se fez ouvir:

– Amorosos filhos do Altíssimo. Que este dia seja conhecido como o verdadeiro começo da civilização dos homens. Que os espíritos capelinos e terrestres se mesclem até que não se possa distinguir um do outro.

Himalda fez uma pausa e prosseguiu, enquanto sua imagem flutuava entre os presentes. Ela não estava ali de fato, só a sua projeção mental.

– A você, meu amado Mitraton, está reservada a coordenação da evolução global da Terra, em conjunto com Mykael, o arcanjo dominador dos dragões.

Todos olharam para Mitraton, que desde o início da cerimônia estava com os olhos marejados d'água, possuído de intensa emoção.

Os dois citados aproximaram-se um do outro e, em fraterno amor, abraçaram-se. A imensa multidão ovacionou os dois enquanto um coro de milhares de vozes começou a entoar um canto celestial ao Senhor. A bela imagem de Himalda foi se apagando, deixando no ar uma doce fragrância que encantou a todos.

Phannuil olhou para Mykael com um olhar doce e pensativo. Realmente, o verdadeiro trabalho estava apenas começando. Longo seria o caminho dos anjos decaídos para retornarem ao seio do Senhor, e Mykael teria muito o que fazer, pois era agora que realmente se iniciava *a saga dos capelinos*.

Esta edição foi impressa em outubro de 2014 pela Yangraf Gráfica e Editora Ltda., São Paulo, SP, para o Instituto Lachâtre, sendo tiradas duas mil e quinhentas cópias, todas em formato fechado 155mm x 225mm e com mancha de 115mm x 180mm. Os papéis utilizados foram o Off-set 75g/m^2 para o miolo e o Cartão Supremo Triplex 300g/m^2 para a capa. O texto foi composto em Berkeley LT 12/14,4, os títulos foram compostos em Berkeley 24/28,8. A revisão textual é de Cristina da Costa Pereira e Kátia Leiroz, e a programação visual da capa é de Andrei Polessi.